余绍宋传

余子安 著

浙江工商大学出版社
ZHEJIANG GONGSHANG UNIVERSITY PRESS
·杭州·

总序一

　　早就听说龙游是一个历史悠久的古县，有着深厚的文化积淀。到龙游工作后，随着了解的深入，我对这个城市有了深刻的印象。这里有将近一万年前人类生活的遗址；春秋时期是姑蔑国的中心区域，现在的县城就是当时的姑蔑城所在；秦始皇统一六国之后，在姑蔑地建太末县，成为浙江省境内最早设立的县治之一，屈指一数，建县历史已有 2200 多年。

　　历史悠久，文化积淀当然丰厚：一大批凝聚着龙游人民智慧和汗水的地方戏曲、民间舞蹈、匠作工艺、民俗饮食等地方文化结晶，演绎了独具魅力的龙游区域文化。千古之谜龙游石窟，为龙游一方故土增添了神秘色彩。龙游民居苑古建筑，见证着龙游商帮的历史荣耀，讴歌了"无远弗届"的创业精神，谱写了"遍地龙游"的千古佳话。傍着县城东流的衢江，曾是历史上的一条交通干线，有不少骚人墨客，受龙游山水风光的感染而写下锦词丽句，使得这段水道成了历史上又一条"唐诗之路"。2018 年，更有建于元代的姜席堰入选世界灌溉工程遗产，再一次证明了龙游人民改造自然的优良传统和不凡的创造能力，成为龙游地方文化的又一张"金名片"。当我在加拿大萨斯卡通现场接过"世界灌溉工程遗产"牌匾之际，一种自豪感油然而生，我为龙游骄傲，为龙游人民骄傲。

　　龙游的历史上，曾有《文心雕龙》的作者刘勰、"初唐四杰"之一的杨炯、抗金名将宗泽等在此任地方官，也涌现出不少出生龙游、名载史籍的文化名人，如南朝以"箬叶学书"传为佳话的学者徐伯珍、唐代诗人徐安贞、宋代"南渡名宰"余端礼、元代天文奇才赵友钦、明代天台宗师释传灯、近代方志学家余绍宋、革命战士兼学者的华岗等，为我们留下宝贵的精神财富。更有无数龙游先贤撰著了一批儒学、宗教、天文、历史、医学、工器、类书等方面的著作，创作了大量立意深远、讴歌家乡山水风光的诗词歌赋。这一切，为这片古老大地赢得了"儒风甲于一郡"的美誉，既是无比珍贵的文化遗产，也是我们回顾历史、开展地方文化研究的水之源、木之本。由于时空更迭、沧海桑田，不少珍贵的文化遗产已湮没在历史的尘埃之中，留存至今的也被深藏于国内外各图书馆的善本书库之中，在我们龙游，反而是难以寻觅了。

文化是一个地方的血脉渊源和精神家园，为此我们遵循党的十九大精神，本着传承优秀文化，增强文化软实力的初衷，启动了龙游文库文化工程。一方面是通过历史文献的整理重印，让这些古籍回到家乡，使龙游百姓和后代子孙得以亲睹先贤著作，使尘封已久的文化瑰宝为现实的生产建设提供丰富的精神食粮，使人民看得见历史、记得住乡愁。我们通过影印本的形式，在国家图书馆出版社的支持下，《龙游历史文献集成》8函74册古籍已于2017年得以重印出版。另一方面，一些比较重要的前贤诗文集和各种旧县志，为了方便大家阅读，县史志办公室进行点校整理，由中华书局出版发行。

文化需要传承，更需要创新。龙游文库文化工程的历史文化研究系列，重点围绕新时代改革发展的大环境，编著出版一批新的地方文化著述，以新视野、新观点、新角度，赋予龙游地方文化新的内涵。通过梳理完善，将原先分散的文化亮点串连起来，使龙游的文脉更加完整更加清晰，从而发挥整体效应和时代效应，紧密结合社会主义核心价值体系建设，坚定发展信念，为全县经济社会科学发展注入新的活力，凝聚更多文化认同，汇聚更大精神力量。

习近平总书记说："坚定文化自信，离不开对中华民族历史的认知和运用。历史是一面镜子，从历史中，我们能够更好看清世界、参透生活、认识自己；历史也是一位智者，同历史对话，我们能够更好认识过去、把握当下、面向未来"。我相信，通过《龙游文库》

这个载体，对龙游地方文化全面、系统、扎实的整理和研究，必将有效提升龙游文化软实力，助力区域明珠型城市建设，为全面建设"活力新衢州、美丽大花园"做出贡献。对此，我愿与各方关注龙游文化的有识之士共勉。是为序。

中共龙游县委书记 刘晓峰

2019 年 1 月 18 日

总序二

龙游，历史悠久、人文荟萃，素有"姑蔑故都、万年文明"之誉。源远流长的历史，留下了丰厚的文化积淀。从史前文化到古代文明，从近代变革到当代发展，龙游历经千百年的传承与创新，形成了具有鲜明龙游特色、深厚历史底蕴、丰富思想内涵的龙游商帮、姜席堰等一批地域文化，这是龙游人民共同创造的物质财富和精神财富的结晶，是龙游文化发展的动力和源泉。

习近平总书记曾指出："从区域文化入手，对一地文化的历史和现状展开全面、系统、扎实、有序的研究，一方面可以借此梳理和弘扬当地的历史传统和文化资料，繁荣和丰富当代的先进文化建设活动，规划和指导未来的文化发展蓝图，增强文化软实力，为全面建设小康社会、加快推进社会主义现代化提供思想保证、精神动力、智力支持和舆论力量；另一方面，这也是深入了解中国文化、研究中国文化、发展中国文化、创新中国文化的重要途径之一。"我们今天实施龙游文库的编撰工作，其目的和意义也在于此。

如何让龙游历史文化的深厚底蕴、优良传统为当代所用，为县域发展服务，这是历史传承给我们的一项艰巨任务，也是历史赋予我们的一项神圣使命。在这件工作上，时代是出卷人，我们是答卷人，人民是阅卷人。2014 年，龙游文库编写工作正式启动，它将深藏于国内外各图书馆中涉及龙游历史的古籍进行收集、整理，或影印，或点校，采用适合当代人阅读的方式进行系统出版，此为文献整理；同时又组织县内外的专家学者，对历史文化中的重点领域进行课题式研究，此为专著编撰。

这两大类书籍的出版，必将丰富、发展龙游文化的外延，进一步增强龙游文化的创新能力、整体实力、综合竞争力，发挥文化在促进龙游经济、政治和社会建设中的作用，这是当今龙游人的文化自觉和责任担当，具有重要的现实意义和深远的历史意义。

文章合而时为作。《龙游文库》的编撰，是对龙游区域文化历史和全景风貌的展示，既能让人看到文化发展脉络的延续，同时也能让人感受到它的发展方向，因此，文库在史料性、知识性、学术性、创新性、时代性、可读性等方面都要有所体现，其编撰难度可想而知。我来龙游后，抽空也认真阅读了一些有关龙游历史文化的书籍，真切地感受到大家对龙游文化的热爱，以及编写者对历史的高度负责态度和严谨学术精神。正是有这样一批辛勤奉献的文化人，才使龙游的历史文化得以精彩地展现，也正是有史志办等相关部门的共同努力，才会使龙游文库变得更加厚重丰实。当然，总体来说我们的研究还刚刚起步，面对万年龙游的深厚积淀，还需要一个持续、长远的坚持。同时，也由于研究力量相对薄弱，完成时间相对紧张，一些作品中难免还有一些失漏、讹误等遗憾。对于这些问题，也希望广大学者和读者能够批评指正。相信，随着研究力量的增强和研究水平的提升，龙游文库的作品一定会越来越好。

当前，龙游文化建设正站在一个新的历史起点上，面临千载难逢的机遇，也面临十分严峻的挑战。如何抓住机遇，迎接挑战，始终保持龙游文化旺盛的生命力，真正走在衢州乃至全省的前列，力争上游，是需要我们认真研究、不断探索的重大课题。我们要以习近平新时代中国特色社会主义思想为指导，以更深刻的认识、更开阔的思路、更有力的措施，大力推进龙游文库研究工程，努力实现在文史研究上"多作贡献、走在前列、当好表率"。

奋斗创造幸福，实干成就梦想。我们期待有更多的优秀成果问世，以展示龙游文化的实力，使龙游文化强县建设更上一个新的台阶。

中共龙游县委副书记
龙游县人民政府县长　　　耘东

2019 年 1 月 18 日

目　录

绪 言

余绍宋（1883—1949），字越园，早年曾用樾园、粤来、觉庵、映碧斋主人等字号，抗日战争时期曾用沐尘遁叟、老越等字号，46 岁后易号寒柯。浙江省龙游县人。

余绍宋早年留学日本，学习法律。宣统二年（1910）回国，以法律科举人授外务部主事。辛亥革命后南归，就任浙江法政专门学校教务主任兼教习。1912 年底赴京，任众议院秘书，旋任司法部佥事兼署参事。1914 年任参事。1921 年 3 月任司法次长（总长董康），12 月辞次长职，旋任法律馆顾问、善后会议法制专门委员、宪法起草委员会委员。1926 年 3 月再任司法部次长（总长卢信），金佛朗案起，辞官以示抗议。1927 年司法储才馆成立，任学长（即副馆长，馆长为梁启超）。1912—1928 年之间，兼任北大、清华、北师大教授，北京法政大学、北京美术专门学校教授及校长。1927 年秋辞去一切职务，侨居天津近一年。1928 年秋南归，定居杭州，从此结束了在京的宦游生涯，徜徉于湖山之间，以书画自娱、自给，过着闲云野鹤般无拘无束的生活。1937 年抗日战争爆发，打破了他平静的隐逸生活，开始了颠沛流离的八年艰苦岁月。是年 10 月，他携眷移居故乡龙游县的沐尘村，旋又避居云和、永康等地。抗战期间曾被选为浙江省临时参议会参议员、副议长，1943 年又被任命为浙江省通志馆馆长。日本投降后，于 1945 年 10 月回到杭州。1949 年元月被公推为浙江人民促进和平委员会主任委员。同年 6 月 30 日，因患败血症治疗无效，在杭州萱寿里寓所病故，享年 67 岁。

余绍宋是活跃在 20 世纪上半叶的著名学者、书画家。他在方志学、书画理论、目录学、法学等方面都有杰出的贡献。其在方志学和书画理论方面的贡献，尤令世人瞩目。1925 年纂修完毕的《龙游县志》42 卷，梁启超为其作序并认为其有十大长处。1943 年，历时 6 年完成了《重修浙江通志初稿》125 册，为搜集和整理浙江省地方文献不遗余力。余绍宋在方志学方面的造诣和贡献为现代方志学家所公认，被认为是继章学诚之后将中国方志学更推进一步的重要人物。

在书画理论领域，余绍宋在以书画家身份从事书画创作的同时，还研究中国传统书画理论，著《书画书录解题》12 卷，1932 年由北平图书馆出版。该书搜罗了中国历代有关书画著作 800 余种，广征博引，分类辑录，堪称当时中国古代书画理论之总汇，为中国系统研究书画理论的开始。

在书画艺术领域，余绍宋是 20 世纪早期新传统派的领军人物之一，但其艺术成就多少被他在方志学和书画理论方面的成就所掩盖。因此，关于其书画作品，论者说法不一。与他同期的梁启超、袁励隽、黄节、林志钧等，对他的书画作品知之甚深，推崇备至。而当代的许多美术史论家对其在艺术史上的地位也极为推崇。如王朝宾在《尚势出新的民国时期书法》一文中说："继沈曾植之后，王世镗、余绍宋、靳志、郑诵先等家之章草苍古妍润，皆自成面目。"①万青力在《南风北渐——民国初年南方画家主导的北京画坛》一文中说："余绍宋在美术界已经是众望所归，确立了作为北京画坛领衔画家之一的地位。余绍宋是民初美术史上南风北渐的重要人物，他对北京画坛的形成，有重要贡献。"②

余绍宋从小受到的是传统的中国式教育，所以有着以儒家思想为主导的民族文化的深厚底蕴。后来又留学日本，宦游北京，接受了来自东、西方的各种文化营养，使他除了儒家思想之外，又具备许多时代的新思想。这些多元化的思想都反映在他的各种著作之中。如在《浙江通志》的重修过程中，旧志有"星野说"一门，余绍宋以为其与科学不合，就请教竺可桢，竺教授著文论证，认为不科学，于是他毫不犹豫地取消了"星野说"。又如他的《书画书录解题》，对每部书画理论著作都进行了详细考证，每书必亲见才下结论，最后以科学的方法进行分类，使书画类图

---

① 《书法》1988 年第 6 期，第 5 页。
② 《荣宝斋》2002 年第 4 期（总第 17 期），第 87 页。

书的分类法从《四库全书》的三位类发展到五位类,向前迈进了一大步。该书后又附了多种表格,如著者时代及著书年份表、书画书录解题著作索引等,使中国书画类著作的发展情况一目了然,读者亦可借此方便地检索到自己所需的书籍。余绍宋的思想和著作植根于传统,又不拘于传统,不仅跟上了时代发展的步伐,而且常常走在时代前列,足以领一时风气之先。

至于余绍宋一生在政治上的活动,则勇于任事又以名节自持,堪称传统正直文人士大夫的典范。无论是在辛亥革命、五四运动、金佛朗案、三一八惨案中,还是在抗日战争时期,他均持以公正为本、民族为先的原则,站在民族和人民的立场上。历史自有公论,而读者在读完此书后也会有自己的结论。

余绍宋在去世后的第三年(1952)被龙游县追判为"官僚反革命分子",不仅他的所有遗产被没收,其子孙后代数十年内也都遭受牵连。而且他一生的贡献和成就,再也无人敢提及,以至于有些方志工作者、书画家等竟不知余绍宋为何许人。拨乱反正后,其子孙后代不断申诉,至1983年底得到邓小平同志的批示,在省、市领导的关怀下,此案于1984年9月才得以平反。如今时距余绍宋去世已多年,朋辈凋零,史料散佚,要写一本完整的《余绍宋传》实在有很大的困难。

历史进入了21世纪,中国的面貌发生了翻天覆地的变化,百废俱兴,文化事业自然也得到空前的发展。新世纪伊始,为总结浙江文化发展史,浙江省社会科学院组织专家,撰写一套关于浙江文化巨子们的传记丛书,名之为"浙江文化名人传记丛书"。余绍宋幸得入选,我又幸得为其作传,此书出版之后,让人们看到了一个客观全面的余绍宋。

笔者从事图书馆工作20多年,而且数十年来为搜集整理近现代史料不遗余力,对我的祖父余绍宋先生的有关文字尤为关注。凡是余绍宋的著作,友人的著述,新旧报刊,港台出版物,先生之日记、手稿、书画作品、信札、遗物,以及前辈们的口述,等等,皆尽力搜集。然而毕竟已时隔半个多世纪,有许多年份的史料仍然十分匮乏,如先生早年的,尤其在日本留学时的史料几乎是空白的。又由于本人学识所限,见闻不广,传记中难免会有一些不足之处,还望专家、读者不吝赐教。

第一章 求学研理——青少年时代

书香世家

清光绪九年十月初六（1883 年 11 月 5 日），余绍宋诞生于浙江省衢州（今衢州市）化龙巷一个世代读书的家庭里。因为是长子，父母亲及祖父母、曾祖父母们都十分高兴，为他取名为绍宋，字樾园，中年后改为越园。

俞剑华所编《中国美术家人名辞典》"余绍宋"条目下作："（1882—1949）字越园，号寒柯，浙江龙游人。生于广州……"《辞海》"书画书录解题"条目下作："绍宋（1882—1949）字越园，浙江龙游人。"以上两书均将余绍宋的出生年份误为 1882 年，而《中国美术家人名辞典》还将其出生之地误作广州。以上两辞书错误源于何处，现在还不得而知。但两辞书都是权威著作，所以其他书籍往往也都引用了这一错误。为了避免以后史学家做不必要的考证，以下我引用余绍宋在世时所出版的著作为佐证。

《龙游高阶余氏家谱》卷三云：

> 绍宋，字越园，号寒柯，光绪九年癸未十月初六卯时生。娶绩溪曹闻绍公次女，光绪十二年丙戌八月十三日寅时生。子三：翼、献、遂。侧室周氏，光绪二十年甲午十月二十九日生。

又《龙游县志》卷末《前志源流及修志始末》篇云：

光绪九年癸未，绍宋生于衢州，盖曾大父解组归，即侨居府城也。五岁始识字，七岁入家塾受书。曾大父甚爱之，课余必命温习，又恒举昔贤童故事相诏，且多及于乡先达，若饶州之罗鸡得金，若忠肃之化龙枕鼓，时时言之。尔时熟闻，辄神往吾龙游故乡也。

龙游余氏先世原居于龙游城中丛桂坊。明天启八年（1628），旧宅焚毁，乃迁至城隍庙东厢后地，旧称高山背七果园，因名为高阶余氏。近十代以来，余氏家族并没有什么显赫的功名，但都是读书人，而且许多人有著作和书画作品传世，县志里亦多有记载。

高祖余可大（1758—1833），字圣业，一字宽夫。弱冠能诗文，尤工草隶。但不应文试而应武试，迥异于一般文士，余氏刚武豪爽的性格或许即得之这位高祖。入武庠后，不再求取什进，潜心绘事，师宋元而无板滞之习，偶作仿宋元小景，风致独绝。山水、人物、花鸟俱善，尤喜以墨笔画鹰，极其生动。晚年画更精妙，曾为余华作《星堤步月图》。传世有《老子骑青牛图》《仿元人墨笔小景》《松鹰图》等。

曾祖父余恩镤（1808—1893），字镜波，原名銮，字听韶。可大第四子。资质本中人，刻苦力学，至忘寝食，业始大进。道光十三年（1833）优贡，次年中式顺天乡试举人。第二年，春闱报罢，因旅资尽，徒步数千里归家。掌教龙游凤梧书院及江山文溪书院二年。后再次赴京，馆于许乃普尚书家，师友既多，学识益富，诗文亦日益有名。咸丰三年（1853）大挑一等，以知县铨发广东，历任西宁、海阳知县，兼海饶、饶平二县，转仕东莞、德庆、南雄、文昌、南海各州县，终仕至连州直隶州知州。年七十致仕，八十重游泮水，又六年卒。为官清廉而敢任，每莅任，必先书联于门，联曰："除暴可安善良，誓不宥行凶之命；为官若念子孙，岂敢贪造孽之钱。"因疾恶太严，不免见愠群小，百端诬构，险阻备尝。卒以清刚凤著，媒孽不行，上官不敢以众人遇之。生平不蓄财，在粤时，故乡有亲戚来奔者，无不偿其欲而厚其赆以归之。著作约数十种，惜自粤归，中途被窃，仅存《吴越杂事诗》一卷。善书法，工楷书，亦能画，有作品传世。

祖父余福溥（1847—1895），字滋泉，恩镤第四子，幼岐嶷，七岁时仪礼已成诵，师亦奇之。稍长，状貌魁硕，声如洪钟。以父母年迈，不欲远离，遂奉养家居，不愿仕进。有劝之者，福溥曰："吾年未四十，恐报国之日方长，养亲之日苦短也。"承欢膝下垂二十年，依依然如孺子，无一日离其侧。父病殁，哀毁逾恒，竟至咯血。光绪二十年（1894），中日战事起，张之洞移督两江，贻书招之甚急，仍以服未阕而辞之。次年卒，年仅49岁。福溥豪于饮，擅画山水，尤喜画牛，擅书法，行草尤佳。有画作传世。

父亲余庆椿（1865—1895），字延秋，福溥次子。龙游凤梧书院自太平天国后，无山长，学风甚敝。知县邹寿祺乃聘为凤梧书院山长，一时从学者颇众。会丁父丧，哀毁致疾而卒，年仅31岁。著有《读书随笔》四卷、《延秋轩偶存稿》二卷等。善书法，楷书尤精，有作品传世。

母亲褚氏，字雪倌，清同治元年（1862）生，1956年3月卒，享年95岁。祖籍山东，父振相公仕广东为知县。褚氏生长广东，操粤语，也通衢州方言，知书识字。余绍宋秉家世孝风，又少年丧父，赖母亲辛苦抚养成人，故侍母至孝。

此外，余绍宋的伯父余士恺（1863—1915），字子容，号庸伯。报捐典史分派到广东，历署开建县、花县典史，平山司、三江司、金利司巡检。叔父余庆龄（1867—1918），字与九，号雨韭。岁贡生，报捐江西候补知县，历充江南调查局股员、镇江税局总办等职。均系学有专长、工书擅画之士，都有书画作品传世。

余绍宋自幼生长在书香之家，家庭的教育与熏陶，对他的一生无疑有着十分重要的积极作用。他自小在衢州长大，因此虽然是龙游人，起初却并不会龙游方言。

衢州是个古老而又美丽的城市。它位于浙江省西部，南接福建，西连江西，北临安徽，省内与杭州、金华、丽水三市相接。西北部为白际山南端和千里岗山脉，东南为仙霞岭山脉，衢江（钱塘江上游）穿流其间，境内有山地、丘陵、平原、盆地。地处亚热带季风气候区，四季分明，气候温和，雨量充沛，日照充足，土地肥沃，物产丰富，是典型的江南城市。

衢州历史悠久，是一个文化名城。春秋末期为"越之西鄙姑蔑地"。战国时临楚。秦时始建郡置县，衢境为会稽郡太末县地，县治即今龙游。东汉置新安县，衢县自此而建。唐武德四年（621）置衢州，旋废；

垂拱二年（686）复置，此后千余年均称衢州，为历代州、郡、路、府、区等行政机构所在地。20世纪90年代被列为国家级历史文化名城。龙游县与衢州毗邻，今隶属衢州市，地理环境、历史背景与衢州相似。衢州市虽然不大，却是一个人文荟萃、文化发达的地方。孔子南宗的家庙就在衢州城内的新桥街，至今已延续了八百余年，与余氏旧宅化龙巷毗邻。化龙巷口的钟楼底，就有宋代赵清献公的祠堂。赵清献（1008—1084），名抃，北宋衢州西安人，字阅道。景祐进士。为殿中侍御史，弹劾不避权贵，京师号称"铁面御史"。历知成都及虔、杭、越等州。曾任参政，因反对青苗法去位。有《赵清献集》。此外，陈叔达、徐徽言、江参等也是衢州历史上的著名人物。

余绍宋青少年时代就生活在这样的历史环境和家庭背景里。他自幼聪颖、博闻强记，读书善思考。5岁开始识字，7岁入家塾读书。家塾也在化龙巷内，与余氏家祠相连，名为"励志书屋"，除余氏子弟外，也有少数外姓小孩在家塾就读。这时他的曾祖父镜波公还在世，课余常常督促他温习功课，还讲了很多故乡先贤的故事给他听，此外还教他对对子，在诸叔侄兄弟中余绍宋常以优秀著称，所以镜波公十分喜欢他。但好景不长，他11岁时镜波公去世，归葬于龙游。他随祖父和父亲送灵柩至龙游，这才第一次踏上故乡的土地。安葬了曾祖父，他又回到衢州化龙巷读书。

又过了两年，在余绍宋13岁那年，他父亲延秋公掌教龙游凤梧书院，他随父到了龙游，在书院就读。凤梧书院在龙游县中部，就是现在县府第一招待所的位置，书院前有一个很大的泮池。按旧时的惯例，县学前一般都有一个泮池，形如半璧，以其半于辟雍，故称泮水。数百年来，人们把中秀才后再过60年称为重游泮水。衢州和龙游的泮池至今还保留着。

余绍宋在凤梧书院只待了半年，用他自己的话说："半年中始得渐通故乡俗语，渐知留心乡邦故事。而先君与人言辄慨然于志乘之年久失修，虑文献之散佚，议修者屡矣。绍宋未喻其旨，窃叩之。先君乃诏以方志为一县宝书，功侔国史，其义甚详。恨幼时无知，旋领即忘，今不能更举其词，负疚何极，然尔时亦私讶何以旷久而事莫举也。先君旋弃养，绍宋回衢州居忧。"①不久，他的祖父、父亲相继去世，父亲临终前嘱咐他师从王耀周先生学习。

　　王耀周先生讳敬五，字耀周。其先汴人，宋时有讳珉者官御史，随高宗南渡，始居衢州，为西安人。父国珍，镇海县训导。师幼颖悟，年十九为邑诸生，喜治汉学，未几即食廪饩。为文自抒性情，不趋时习，故数应乡试弗售，亦不愠。居家孝友，出言蔼然，依于忠信。设塾授徒，循循然不倦。及科举既罢，府县所立学校先后聘为教师，一以敦品厉行为旨。改革后益肆力旧学，世俗所尚邪说诐辞，悉屏弗视。……盖道丧文敝至于今日，而能积学立行，不求人知，不取容于当世，吾乡舍先生外，殆无人焉。②

王耀周先生不但精于儒学，博通文史，而且其道德学问都堪称衢州第一人，难怪余绍宋父亲临终前嘱其师从王耀周。

　　既入师门授以举业，居二年学业渐成，遂得游庠食饩。十六岁适逢康梁戊戌变法，改试经义策论，王先生乃授以经世之学，而注重经义，每月必授数课，转眼随王耀周师七年。③

王耀周先生因材施教，而且还能根据时事的变化，改变教学内容，与当时一些守旧的教学方法相比显然是一大进步。余绍宋跟这位有思想又精国学的老师学习了七年，七年中发生了不少历史事件。如光绪二十四年（1898）发生了"戊戌变法"，虽然不久变法失败，但对清廷至少产生了一次震撼，不久又爆发了义和团运动，而他生活的地区又爆发了诛官杀教的"衢州教案"。因"衢州教案"影响较大，清廷下令衢州府停止文武考试五年。这些无疑在少年的余绍宋的心里种下了民族、民主思想的萌芽，对他后来参加民主运动，反对清朝统治，起到了潜移默化的作用。

---

① 《龙游县志》卷末《前志源流及修志始末》，横排本第四册，第326页。
② 余绍宋手稿《清故廪生王耀周师先生墓志铭》。
③ 余绍宋手稿《王耀周先生行状》。

少年壮志

光绪二十九年（1903），余绍宋 21 岁，正值清政府废除科举制度，龙游县设立了学堂，讲求新学。学堂中设学长一席，略同于如今的助教。于是他拜别了王耀周师，赴龙游任教。任教期间，余绍宋常常和乡里士大夫君子们交往，可以听到一些旧事逸闻；又因展谒先茔，得以周览四乡山川景物，对故乡的感情更加深了。由于他 13 岁那年随父就读凤梧书院时，听父亲说起过方志为一县宝书，功侔国史，于是就开始留心地方文献。平时涉猎群书，而对史学尤为心喜，后来得读章学诚所著《文史通义》，对方志学有了进一步的认识。在学堂教书之余，又努力读书，遇有涉及龙游的情事，都一一记录下来，经久稿及盈寸。在与《康熙龙游县志》相互考校时，发现康熙志舛误甚多，不久成《旧志订讹》一篇。这是他初次同本县旧县志接触。

余绍宋不甘于长期从事教书事业，半年后他离开学校，游历于衢州、江山、上海之间。光绪三十一年（1905），余绍宋、詹麟来在衢州城倡设天足会，提倡女子放足。在全国抵制美货运动中，天足会带头誓不用美国货。[①]余绍宋离开龙游县学堂后，曾去过上海，与一些有革命思想的人有所接触。所以他不但倡导天足会，还动员他的妹妹等参加天足会，提倡解放妇女，提倡民主。应该在这时他剪掉了辫子。他剪辫子未见文字记载，但据父辈们说，早在赴日求学之前他就剪掉了辫子。（其实到了光绪末年，出国留学的人日渐增多，大多数留学归来的人都剪了辫子，清政府对剪辫子的人也不像以前那样严厉了。）而余绍宋既然倡设天足会，反对妇女缠足，他自己必然先解放了思想，才可能倡导大众解放思想，争取民主。

余绍宋 23 岁时与安徽绩溪儒商曹闻韶先生的次女曹越弟（1886—1963）结婚。余绍宋没有太多的爱情故事，与曹越弟结婚自然是包办婚姻。结婚不久，余绍宋就赴日留学了，大部分费用都是岳父曹闻韶出资的。后来曹的长子曹更生、次子曹友生也都赴日留学，川资都由余绍宋支付，

---

① 《衢州市志》，浙江人民出版社 1994 年版，第 15 页。

三子曹博生的工作、生活也得到余绍宋的帮助。余绍宋共有三个儿子，均系曹氏所出。1910年，余绍宋在北京娶周瑛（1894—1970）为侧室。周氏无出。

在余绍宋赴日留学的前一年，江山县文溪书院（亦称涵香书院）改立为江山中学堂。校长江山人毛云鹏邀请余绍宋、马叙伦等人到该校任教。就在该校筹办过程中，发生了震惊一时的"慈禧画片案"。

毛云鹏是江山城内思想进步，并有一定经济实力的读书人，立志办学。他先与当时江山知县李钟岳谈妥，将原文溪书院改立为江山中学堂，以毛云鹏为堂长（即校长），并聘请余绍宋、马叙伦等饱学之士任教席，准备于光绪三十二年（1906）正月开学。县里拨款两千元作为开办费，校舍遂修葺一新。

余绍宋到校后，即与毛云鹏一同赴沪、杭，置办课本及教学用具，顺手买回了几张西太后和光绪皇帝的小画片，这给后来的"慈禧太后画片案"留下了祸根。江山中学堂自草创的第一天起，就遭到保守势力的敌视。地方上的旧势力以及一些靠文溪书院膏火（如同现在的奖金）补助生活的人，无时无刻不在钻江山中学堂的空子。有个名叫周渠清的保守势力的代表人物，对江山中学堂最为仇恨，他秘密雇用敬惜纸会的工人，专门搜集中学堂抛弃的废纸。后来从废纸篓里发现了一张被丢弃的慈禧与光绪的画片，背面还有毛云鹏随手戏写的《西厢记》中的一句话"我见了也销魂"。周渠清等人抓住了把柄，指责毛云鹏大逆不道，是"革命党"，立即告到知县李钟岳衙内，大有置之死地而后快的势头。

李钟岳为山东人，是个忠厚长者。早年义和团运动失败后，外国传教士在地方上横行霸道，江山县前任知县龚廷玉吃过传教士很多的苦头。李钟岳到任后的第一件案子，就是教民告平民，他毫不徇情办了教民一个罪，教士去说情也不理会，因此声名日隆。但是碰上这个案子，他也感到棘手。虽然李钟岳平日与毛云鹏的私交尚好，欲消弭这一风波，但原告方周渠清又死不买账，并扬言，知县如办不了，就告到衢州府去。这时，马叙伦也四处奔走为毛云鹏疏通关节，为此还写了辩文，大意是太后、皇帝的"御容"并没有颁发出来，民间无从得到。最后还是由李知县到道台那里去疏通，叫毛云鹏出了一百担谷子，才算了事。

出了这档子事，毛云鹏自然不能再办学校了。于是余绍宋回到了衢州，马叙伦则回到杭州，不久去了广州。1944年余绍宋重过江山文溪书院时，曾赋诗一首。其序云："文溪书院初改立中学校时，予曾讲论于此，今四十年矣！甲申春于役江山，与毛君夷庚重过其处，风物依然，且幸前年浩劫得无恙也。尔时校长毛君酉峰（即毛云鹏），教员毛君树楠树梓昆仲、万君峙九等十数人皆相继物故，今仅存者予与马君夷初（马叙伦）二人。……忆初兴学时，事属新创，持一端者互致毁誉，几成大狱。今则罕有能言其事者矣。"诗中句云："卅载文溪旧梦痕，凄然今日且重温。"可见他对江山文溪书院那段历史的缅怀。

关于"慈禧画片案"发生的时间，今所见到的史料不尽相同。据马叙伦在《我在六十岁以前》一书中的回忆，此案发生在光绪三十二年（1906）初。毛云鹏在民国十六年（1927）6月呈江山县长朱升铨的信中也说是光绪三十二年初的事。但是余绍宋在甲申年（1944）的诗中却说是"今四十年矣"，又说"卅载文溪旧梦痕"，即使是虚数也应该是光绪三十一年初（1905）的事。据父辈们说，余绍宋结婚（1905）后不久即去日本留学。再者，《钦差出使日本国大臣为发给（余绍宋）证明书》明明写着"到东（京）年月：光绪三十一年七月"。事实上余绍宋肯定在江山中学堂任过教，而且经历了"慈禧画片案"，而他到日本的年份应该是1905年。那么为什么不同史料在时间上相差一年呢？答案应该有两个：其一是马叙伦、毛云鹏记忆上的错误，其二是钦差出使日本国大臣的笔误。由于史料缺乏，至今尚未能证明哪一年是正确的。

东渡扶桑

鸦片战争以后，中国封闭了数千年的大门被帝国主义的枪炮打开了。一个封建时代结束了，取而代之的是半殖民地半封建社会。帝国主义列强在不断地瓜分中国，而清政府腐败无能，对外割地赔款，对内残酷压迫、剥削苦难的人民，中国人民处在水深火热之中。太平天国、戊戌变法、义和团运动，都未能改变中国的命运。而仅一海之隔的日本，自从明治维新之后，各方面都有了飞跃的发展。于是中国的许多有识之士纷纷出国留学，希望能寻求救国图强之道。先是去邻近的日本，不久又有人远涉重洋赴欧美留学。

光绪三十一年（1905）夏秋之交，经历了许多苦难的余绍宋拜别了母亲和家庭，离别了故乡，也踏上赴日留学的旅途。

余绍宋到日本东京之后，先入日本东京高等日语学堂学习日语，次年取得了日语的毕业证书。他原本想学铁道专业，希望以实业救国，后来却进了东京法政大学。日本自明治维新之后发展迅速，当时赴日的中国青年，有许多人选择了法政专业，试图以改革体制来挽救中国。与余绍宋同时在日本学习法律，后来又有较多来往的中国留学生有阮性存、许壬、郁华、凌士钧、翁敬棠等人。

阮性存（1874—1928），字荀伯。原籍浙江余姚，生于江苏睢宁。1905年留学东京法政大学。回国后发起设立浙江私立法政学堂，任校长。曾当选为谘议局议员，秘密策应辛亥起义。民国后，从业律师。1921年参与浙江省宪起草，为主稿人。1927年任浙江省政府委员兼司法厅长。1928年病故于杭州，余绍宋为其撰书墓表。

许壬（1882—？），字养颐。浙江瑞安人。东京法政大学毕业，在日本时曾任浙江省留学生会会长。归国后任浙江公立法政专门学校教师，后与阮性存、余绍宋一起参与设立私立法政学堂，任教务主任。

郁华（1884—1939），原名庆云，字曼陀。浙江富阳人。1906年赴日，先后在早稻田大学和东京法政大学学习。1910年回国，曾任京师高等审判厅推事、大理院推事，兼任朝阳大学、东吴大学等校教授。1929年任最高法院东北分院推事、庭长，九一八事变后回到北平。1932年到上海任江苏高等法院第二分院刑庭庭长，曾尽力帮助被捕的革命人士。1939年11月23日在上海被日伪特务暗杀。著作有《曼陀诗钞》《静远诗集》《静远画集》《窃电集》《刑法总则》《判例》等。

凌士钧（1883—1954），字砺深，号狷盦、蜕庐。东京法政大学毕业。回国后曾授内阁中书。辛亥革命后任浙江公立法政专校教授、浙江省法院庭长、第一地方法院院长。1914年任湖南高等检察厅厅长。1918年任司法部民事司司长、河南高等审判厅厅长。1920年任直隶高等审判厅厅长。1923年任湖北高等审判厅厅长。1924年任浙江省公立法政专门学校校长。1927年后执律师业，并任杭县律师公会会长。1932年任司法行政部视察司专员。1933年任河南高等法院院长。著有《刑法泛论》《中国法系考》《蜕庐杂俎》等。40岁后学画山水，与徐瑞征、余绍宋、汤涤相切磋，晚年精进。

翁敬棠，字剑洲。东京法政大学毕业。北洋政府时期曾任最高检察院检察长。1926年三一八惨案发生后曾起诉执政府和段祺瑞。北洋政府垮台后事迹不详。

宣统二年（1910），余绍宋毕业了。除了日本东京法政大学发给他一张毕业证以外，清政府驻日大臣还开具了一张证明书，其内容如下：

> 钦差出使日本国大臣为发给证明书事照得：浙江省自费学生余绍宋现在法政大学校卒业。经本大臣查核无异，应将该生履历开后，以备查验。须至证明书者，计开：
>
> 年龄：二十八岁
>
> 籍贯：浙江省衢州府龙游县
>
> 咨派省份：浙江
>
> 到东年月：光绪三十一年七月
>
> 经过学校：经纬学校长期警察本科毕业
>
> 在学年限：自光绪三十一年七月至宣统二年六月
>
> 现在学校学科：法政大学专门部法律科
>
> 卒业试验：成绩及格
>
> 　　　　　　　　　　　　　　　　宣统二年六月初六日
>
> 东字第壹柒捌陆号　右给卒业生余绍宋收执

时隔近百年，余绍宋在日本留学期间的其他资料已很难见到，只有一本他和同学凌士钧合作翻译的《刑法泛论》，是泉二新熊的讲述稿，当时由上海彪蒙书屋出版发行。笔者也没有见过原书，只是在法学目录中见有此书的著录。

第二章 宦游北京——尘网十六年

归国初期

宣统二年（1910）秋，余绍宋从日本学成归来，到了北京。清政府授以法律科举人的称号，时称"洋举人"，并授外务部主事。按出使日本国大臣发给余绍宋的证明书，余绍宋留学的咨派省份是浙江，那么他又怎么会去外务部做主事的呢？原来余绍宋有一位表伯梁鼎芬，学问很好，在京做官。经他推荐，余绍宋才赴京做了几个月的小京官。

关于"洋举人"一事，亲耳听过余绍宋讲述洋进士、洋举人逸事的上海华东师大刘衍文教授在《追念恩师余越园绍宋先生》一文中有这样一段详细的描述：

> 说起余先生，我在很小的时候就已经知道他的大名了。大约在十几岁的时候，偶然翻阅家父的藏书，见到一份刻印的钦赐举人余绍宋的廷试策。当时颇觉得好奇和纳闷：殿试一般都是赐进士及第和赐进士出身或赐同进士出身的，只有乡试才称中举，可"钦赐举人"的规格哪里来的呢？
>
> 后来见到徐珂编的《清稗类钞》，其《讥讽类·洋进士洋举人》条云：
>
> "科举时代之进士、举人，略如欧美日本之学位。宣统己酉（1909），学部奏酌拟考试毕业游学生章程，中有分等给奖一条，列最优等者奖给进士，列优等、中等者奖给举人。各冠以某学科字样，习文科者称文科进士、举人，他科仿此。顽固之人以若辈皆自东西

洋游学而归也,辄以异路功名视之,谓之曰洋进士、洋举人。……游学生既经学部考验合格,分别等第,于保和殿举行廷试,即科举时代之殿试也。廷试须作经义一篇,题由钦命。主试、襄校、监临、监试、提调、收掌、弥封、庶务、监场各官,一切职掌,与向之乡、会试情形大相类似。盖朝廷之于学校,固仍以科举视之耳。"

照这样说,是否余先生廷试时的成绩不是最出色呢?其实非也。写这段文字的人只知其一,未知其二。须知留学回国的考试,实际上已流于形式,决不会有不合格者在。再则,赐进士和赐举人,也决不由成绩决定,而是看你究竟是在哪个国留学。当时的社会潮流,是重西洋、轻东洋,因此,凡是欧美留学回来的,廷试一律钦赐进士出身,凡是日本留学归国的,廷试后一律钦赐举人之号(不得称出身)。而且只要是留学回来的,不管你读的什么级别的学校,也不管你得到的是什么学位,只要有一纸文凭,就都一视同仁,唯有东、西洋之间,是区别对待的。

关于这一项不成文的措施,是我请教过余先生后他给我的回答,足可纠《清稗类钞》之讹。而好些谈余先生历史的文字,似乎都没有提到这件事。要是现在尚能找到这份刻印的试卷,不仅对研究余先生会有帮助,而且它本身就是很有价值的文物和文献资料。可惜我当时没有问余先生留学和廷试时的具体情况及其感观,因此失去了记述这些掌故的依据。

可以说余绍宋、阮性存、郁华、凌士钧等人也许就是中国历史上最后一批洋举人了,因为第二年就是辛亥革命,科举制度随着清政府的垮台,也彻底退出了中国的历史舞台。

此时的清政府早已摇摇欲坠,余绍宋这个小京官一定做得很别扭。他早在赴日之前就剪了辫子,又组织天足会,反对妇女缠足,有民权、民主的思想,不满清政府的统治。但现在却要和一些穿着官服、戴着官帽、留着辫子的老官僚同事,总会觉得不太舒坦。

1911年8月14日,余绍宋的长子出生了。也在这一年,武昌起义爆发了,辛亥革命开始了。余绍宋遂离开北京,先到了有不少昔日朋友的上海,但没有久留,不久就回到了青少年时代生活过的故地衢州。他想到曾经游过的北京城南陶然亭公园，于是为儿子取名翼，字意陶（意即亭翼然而立，意在陶然）。可见他做了不到一年的小京官，就向往着"更待菊黄家酿熟，与君一醉一陶然"的自由自在的田园生活了。

官可以不做，饭则不能不吃。为了谋生，大约在1911年底，余绍宋来到了杭州。当时阮性存、许壬等同学都在杭州。这时浙江正筹备设官立法政学堂，校址在杭州马坡巷，以湖南人邓仲期为监督。聘余绍宋任教务主任，阮性存、许壬为教员，阮授刑法，许授民法。不久三人又共同发起创设浙江私立法政学堂，校址在杭州刀茅巷，自建新式校舍。阮任校长，许任教务主任，余任教员。清廷起初不许私人讲授法政之学，经一再力争，始获核准。

如今谁也说不清官立法政学堂在马坡巷的具体位置，也没人说得清私立法政学堂在刀茅巷的哪个方位。一个偶然的机会，我看到了一本《私立浙江法政专门学校同学录》，是民国三年（1914）的第三次续订本。其实此时余绍宋已赴京任职，但同学录中仍保留着他的名字，只是把他列入曾任教师的名单中。他的名字下面是这样写的：

姓名	字	年龄	籍贯	本校职掌	住址及通信处
余绍宋	越园	32	浙江龙游	曾任刑法民诉六编讲师	北京司法部

展卷阅读这本同学录，发现除阮、许两先生外，教师中还有陈敬第、沈钧儒、邵长光、陈允、范耀雯、刘耀东、经家龄、曾牖、凌士钧等人，日后与余绍宋都有密切往来。陈敬第、沈钧儒、邵长光等人后来都成了大名人，他们的事迹知道的人很多，但知道他们在浙江这段短暂的历史的人未必很多，所以仍将这些人的姓名、籍贯、任职等摘录如下：

姓名	字	年龄	籍贯	本校职掌	住址及通信处
陈敬第	叔通	39	浙江杭县	代表人，前校长，曾任物权讲师	省会金洞桥
沈钧儒	衡山	41	浙江嘉禾	曾代前校长，曾任物权讲师	（缺）
阮性存	荀伯	41	浙江余姚	校长，曾任教务主任，兼任刑法讲师	省会旧旗营内迎紫路

续表

姓名	字	年龄	籍贯	本校职掌	住址及通信处
许壬	养颐	33	浙江瑞安	曾代理教务主任，兼任刑法讲师	省会马市街
经家龄	寿庵	38	江苏句容	法学通论、国际私法、刑事诉讼法、破产法讲师	杭县兴忠巷
曾牖	子开	32	福建闽侯	讲师	北京中国银行
凌士钧	砺深	33	浙江石门	民事诉讼法、战事国际公法、民法总则讲师	省会九曲巷
邵长光	培之	32	浙江杭县	曾任英文讲师	北京大学
范耀雯	耀文	41	浙江杭县	曾任国文讲师	省会下华光巷
陈尒	众亨	38	浙江新昌	民事诉讼法、罗马法、国际私法讲师	浙昌城中
刘耀东	祝群	（缺）	浙江青田	曾任物权讲师	（缺）

该同学录所收浙江法政专业学校曾任和在职教师共 115 人，收录学生 1500 余人。虽然是初创的学校，但规模之大也可想见。而学生中后来成为名人、学者的也大有人在，如华东师大著名教授周之美先生、西泠印社著名篆刻家武钟临先生等。

宦游京师

在杭州，余绍宋先后在官立浙江法政专门学校和私立浙江法政专门学校任教，总共才一年多的时间。转眼到了民国元年（1912），余绍宋再次应邀赴京，次年开始了宦游生涯，加上宣统二年的外务部主事，先后在京为官 16 年，其间所任职务从佥事、参事到两次出任司法部次长。直至 1927 年辞官赴天津，在天津住了一年左右，1928 年秋返回浙江，从此结束了他的宦游生涯。

关于余绍宋在京担任的职务，在《龙游高阶余氏家谱》和林宰平所撰《龙游余君墓志铭》中都有详细记载，兹录如下：

民国二年（1913）　充众议院秘书，代理秘书长，旋任命为司法部佥事兼署参事。

民国三年（1914）　任命为司法部参事兼高等文官甄别委员会委员、高等文官惩戒委员会委员、司法官甄拔委员会委员，又被聘为北京国立法政专门学校讲师。

民国四年（1915）　兼任北京国立法政专门学校校长。

民国六年（1917）　兼对德参战委员会委员及处理敌国人民财产委员会参议。

民国七年（1918）　兼《司法列规》及《司法公报》编纂主任。

民国八年（1919）　兼司法官再试典试委员会委员、甄拔律师委员会委员。

民国九年（1920）　代理司法次长。

民国十年（1921）　迁司法次长，兼任司法官再试典试委员会委员长、司法部普通文官惩戒委员会委员长，代理部务。

民国十一年（1922）　被任修订法律馆总纂，辞未就，改为顾问。又被推举为《龙游县志》总纂。

民国十二年（1923）　被聘为外交部中俄会议参议。

民国十三年（1924）　被聘为国立法政大学教授；又被聘为国立美术专门学校校长，辞未就；又被聘为国务院顾问。

民国十四年（1925）　被聘为善后会议法制专门委员，特聘为国宪起草委员会委员，调查法权筹备委员会主席、参议。

民国十五年（1926）　3月再任司法次长。

民国十六年（1927）　被聘为司法储才馆学长，兼国立美术专门学校教授、国立师范大学讲师、法权讨论会顾问。

十余年间，累晋二等大绶嘉禾章、二等大绶宝光嘉禾章、二等文虎章。

民国十六年（1927）　被广东省政府聘为广东通志局总纂、司法讲习所所长，辞未就。

在北京的 16 年间，余绍宋除了担任政府的职务外，还在许多学校兼职，业余则从事学术著作和书画创作。《龙游县志》42 卷、《中国画学源流之概观》、《画法要录》初编、《梁节庵先生遗诗》、《梁节庵先生遗诗续编》等就是在北京任职期间完成的。书画《杨椒山先生狱中手植榆树歌》《梁格庄会葬图》《牛者十事图册》等也都是在北京完成的。

辛亥革命成功地迫使清帝逊位，从而结束了长达两千多年的封建统治，中国从此步入了共和制。然而由于革命党人军事力量薄弱，政府大权都落在军阀手中，总统必由北洋军阀的嫡系担任，而总统或执政控制内阁，掌握军事、内政、外交等部门的大权。为了粉饰共和制，仅教育、司法、农业等部可由革命党人或其他学者出长，因此也出现了许多学有专长的知识分子曾出任总、次长，如曾任司法总长的有梁启超、王宠惠、董康等，曾任教育总长的有蔡元培、马叙伦等，曾任交通总长的有叶恭绰等，曾任农林总长的有宋教仁等，以至被时人称为"人才内阁"。

杭州有一位叫徐行恭（1893—1987）的老人，字曙岑。他父亲是清代邮传部的一个大臣，民国期间他因擅会计在北洋政府的财政部里当了多年第一司司长。1927年以后来到杭州，曾任兴业银行总经理等职务，解放后不久即退休。徐行恭善诗文，著有《竹简吟榭诗》《延贮阁词》等，晚年经姜亮夫、唐云等先生推荐加入浙江省文史馆，为特聘馆员。他曾对我说过："北洋政府里大凡不依附军阀的学者们，都尊梁任公（启超）为首，当时称为'研究系'。""研究系"曾创《晨报副刊》，供学者们发表一己之见和学术文章。徐行恭在北洋政府里供职长达16年之久，这一说法，想必有一定的道理。

初任司法次长

民国十年（1921）3月7日，北洋政府任命余绍宋为司法次长。此前因原次长张云博于民国九年10月至十年2月间多次告假，由余代理次长职务；至张辞职，余绍宋正式接任该职，直至民国十年12月29日余绍宋辞去次长职，为期一年许。

这时候任中华民国总统的是前清遗老徐世昌，任政府总理的是靳云鹏，任司法总长的是董康。

徐世昌（1855—1939），字卜五，号菊人、东海、弢斋，别号水竹邨人。直隶天津（今天津市）人。清光绪十二年进士，授翰林院编修。清末助袁世凯创办北洋军。曾任军机大臣、巡警部尚书、东北三省第一任总督、邮传部尚书兼津浦铁路督办、皇族内阁协理大臣等。入民国，1914年任袁世凯政府国务卿，被袁封为"嵩山四友"之一。1918年冯国璋与段祺瑞争夺总统宝座，徐世昌从中渔利，9月登上总统宝座。次年五四运动爆发，恐事态扩大，下令免曹汝霖、陆宗舆、章宗祥职。1922年第一次直奉战争爆发，被直系军阀曹锟、吴佩孚赶下台。后迁居天津租界，以书画自娱。日寇入侵，华北沦陷，拒绝出任日寇伪职。1939年6月病死于天津。著有《退耕堂政书》《大清畿辅先哲传》《书髓楼藏书目》《欧战后之中国》《东北三省政略》等。

徐世昌还有一件鲜为人知的事，就是在他担任民国总统的前一年，即1917年"张勋闹复辟"闹剧的第二天，这个后来的总统曾向清室上效忠电。当年7月13日北京《晨钟报》载：复辟第二日，徐世昌致清室电，文曰："灯草胡同世中堂鉴：尊电浏悉，天祚圣清，复正大位，群情欢洽，况在老臣。昌素以维持国家尊崇皇室为主旨，幸际昌明，亟思展觐。但以衰老余生，时当炎夏，辄扰病魔，稍缓时日，再图趋教。并非托故，当蒙鉴原。……"足见徐世昌老谋深算，政治上持骑墙态度。

靳云鹏（1877—1951），字翼卿，一字翼青。山东济宁人。北洋武备学堂毕业。在云南任清军十九镇总参议。辛亥革命时化装逃往越南海防，北返后随清军第一军南下武汉，任参赞官（总统官为段祺瑞）。1912年任北洋军第五师师长，次年升为山东都督。1918年任参战督办公署参谋长，代表段政府与日本签订中日军事协定。次年任陆军总长，代理国务总理。皖系失败后，由奉系支持再任国务总理。1921年12月辞职，寓居天津，任居士林林长。1940年与龚心湛等人发起修建大悲院。1942年应聘为伪华北政务委员会下属咨议会会员。1951年病死于天津。

董康（1867—1942），字授经，亦字绶经、绶金，室名诵芬室。江苏武进（今常州）人。光绪十六年（1877）进士。曾任法律馆提调、刑部主事。1911年赴日本，研习法律。归国后，历任大理院院长、司法总长、财政总长、币制局总裁。1922年辞职。曾赴欧美考察实业，在法国国家图书馆敦煌室抄录有关唐代法律史料。1926年任上海各法团运动收回公廨代表。年底为避孙传芳缉捕，走避日本，乘此访求古籍。次年返国后，任上海法科大学、北京大学法科教授，研究隋唐律令。七七事变后，历任华北伪议政委员会常委、司法委员会委员长等职，重庆国民政府曾明令通缉。

余绍宋是位办事认真、秉公执法的人。正如林志钧先生所说的："居官不随俗俯仰，勤而慎，案无留牍，而措施裕如。"在他任职的一年之中，在他的权力范围内，下过许多命令和通令，至今看来还是有进步意义的，如：

——发令废去已任命各法官重送成绩事。（他的理由是：既已任命，则必已认其成绩为优良，乃因调署，故而必重送成绩，始予任命。此不唯理论上不贯彻，亦足使法官寒心也。）

——发令严饬各厅整理卷宗，限三月内查清具报，此后如有散失等事，唯该长官是问。

——发严令逮捕邵箴。（盖此人在津汉地审长任内，亏卷公款至四万余，情甚可恶。必须得其人，始足以儆后来也。）

——发令整理各县卷宗，第一步以奖励方法行之。

——通令不准推、检（事）对外滥行酬应。

——通令严杜看守所弊窦。

——将奖励不受贿赂法警崔宗泰事，通令各省检厅知之，并令传谕各法警知悉。

——通令严禁知县伪造状纸，并发行状纸时，须盖厅印。

——通令凡声明不告之民事案件，限一星期内提出意见书，否则径将原案送上级审核，照卷判决，以省延误。

——通令整理状纸，不得借口短少，事后汇报请补，须声明经手人责任。

——通令各高厅，以后高等推、检（事）出缺，准由厅长保荐，但须由所属地方推、检中择其资格最深、有成绩者方合格，不准瞻徇。

——发令整顿京、地方厅两事。

——通令各厅注重记录事务，优待记录科书记官。（此为改良书记厅张本。）①

---

① 各命令、通令均见余绍宋《余庐日记》丙集卷三。见中华书局 2012 年出版《余绍宋日记》。

余绍宋在任司法次长近一年之中，去除了不少弊端。他在日记中有如下一段记载：

> 向来部中用推、检事多由高等厅长推荐，其弊在部中无权。后来朱博深长部，乃力矫其失，概由部直接派用，用人之权集于中央矣。然其弊也，厅长不能举监督之实，而责任亦不分明。余因拟仿前清遗缺之制，其主要之缺，准由各该厅长就属员中遴选升补，其遗缺则请部派往。如是则前所举两弊可免。且推、检久于其任，亦有迁升之望，不至永沉沦于末秩，似得其平。今日陕西高分厅出缺，已试办，不知将来仍用此法否耳？

不久他的这一设想得到上级的核准，并照章办理，他感到非常欣喜，由是他有这样一段记录：

> 法官轮次册已定出，第一次照册换补二人。余心至喜慰，喜余之政策实行也。

又如：

> 整顿各省监狱并养成人才办法：决定设狱务研究所，于京师调各省委任典狱长、分监长等入所练习，以三月为期，分班考核。盖余于法官贤否尚知大概，独狱官知之甚浅，故欲藉是，以考核之也。又决定各省考核县管狱员办法，大致仿前法，于各省高检厅中设狱务补习所，亦分班调各县狱员练习。

余绍宋又提出募款设立法律图书馆，以提高司法人员的业务水平。在他任职近一年中，各项措施都逐一付诸实施。正如林志钧所说，他"案无留牍，而措施裕如"。

由于当时司法部存在不少弊端，须一一整改。余绍宋上任不久，即致函外省各高检厅，要求各高检厅仿照东省《证据物品处理规则》。其文曰：

径启者，查各省检厅处理证据物品合法者固多，而不周妥之处亦复不少。将来部中自当厘令章程，以期划一。现在东省特别区域法院《证据物品处理规则》业已由部订定，公布施行，登载四月二十二日政府公报。查东省编制与各省情形虽不尽同，而大体亦无甚差异，将来部定专章，即拟以此规则为基础。因特函达贵厅，并望转饬属厅：嗣后处理证据物品，即可依据特区法院《证据物品处理规则》渐次仿行。先行筹备，庶几章程发布时，不至发生困难。先此奉达，希查照为幸，此致。

他一方面下达通令，一方面致函地方长官督促执行，并树立样板，着令参照办理。并于当年 9 月底至 10 月初，亲自赴济南、上海、杭州等地进行考察，在十余日的考察过程中发现许多不足之处，即要求立即整改。

中国刚刚步入共和制，而帝国主义势力仍占据着中国的不少区域，更有军阀控制着大权。这时候的中国要想贯彻法治是十分困难的。在余绍宋任司法次长期内就一连发生了好几起军阀干涉司法事件。先是时任黑龙江督军兼省长吴俊升 ① 干涉司法，甚至无理擅自撤换该地方检察长王泳；不久法官杨玉林无端被奉军司令部捕去不释；就在同一个月内，余绍宋在日记中还这样一段记载："老张（指张作霖）又来电干涉东省法院，竟欲将法院判定之案提去自审。种种不合法之举动，令人难堪。依我主张，非痛驳不可。"其实当时军阀们根本不把政府官员放在眼里，为所欲为，毫无顾忌，而对外国人却毫无办法。自鸦片战争中国签订第一个不平等条约以来，中国的许多权利落到了外国列强手中。他们在中国许多大城市都设立了租界。民国成立以来虽经多方努力，争取收回中国应有的权利，但直至 1921 年，就司法权而言，外国人在中国之领事裁判权及会审权仍未能全部收回。即如外国人在中国无论犯民事、刑事案为被告，须由外国官厅裁判；如逮捕外国人由该国警察办理，虽逮捕

---

① 《中国近现代人名大辞典》中作吴俊陞，字兴权，山东历城人。

居住在上海租界的中国人，亦须得领事签字方能执行。[①]种种不合理的条条框框仍约束着中国的司法部门，难怪前次长张云博在离职前曾对余绍宋讲了许多难处。

尽管如此，北洋政府中的许多正直官员仍在进行不断的努力。就在余绍宋任司法次长期内，内阁会议还讨论收回法权事宜，最后决定让步限度如下：外国人与外国人诉讼，第一审许用外国人为推事，第二审只许外国律师出庭，第三审只许用外国顾问；中国人与外国人诉讼，只许用外国律师出庭。[②]余绍宋也参加了会议，并提出："观审问题，以此事争持多年未能解决，若余通融，余实不敢负此重责，故征求众人意见。"[③]也就是这一年，政府派王宠惠、罗文干等人参加华盛顿会议。其实华盛顿会议主要是解决第一次世界大战后巴黎和会没有完全解决的帝国主义列强之间的分赃问题。中国也参加了会议，并提出了诸如港澳问题、各国增关税四分之一、收回法权等问题。1921 年 12 月 12 日，余绍宋接到正在华盛顿开会的友人王宠惠、罗文干两人的来电称：收回法权事，业已大体通过。电文主张速颁《新刑律草案》，并将《民刑诉讼律草案》通行全国。他为此深感惬意。[④]在华盛顿会议上，我国所获甚微，而美国获利最多。

1921 年 12 月，在日本支持下，奉系首领张作霖入京，迫使靳云鹏内阁辞职，24 日组成以梁士诒为总理的亲日内阁。新内阁决定王宠惠为司法总长，而王未到位前（此时王宠惠、罗文干尚在华盛顿）仍以董康署理。次日董康来到余绍宋处，说是梁士诒之意劝其辞职，并任罗文干为司法次长，而罗未到任前仍由余绍宋维持现状。余绍宋当时的想法是："余本以现职难居，正思引退，忽得此言，不胜欣慰。然所疑梁某何以不待亮畴（王宠惠）归国，即思易次长。而既另任次长，令余维持，余又何能承认耳。"于是余绍宋乃决定辞去司法次长职。但许多朋友都

---

① 罗文干：《外国人在中国之领事裁判权及会审权》，载《司法公报》第 153 期。

② 《余庐日记》丙集卷五。

③ 《余庐日记》丙集卷五。

④ 《春晖堂日记》卷一（《余庐日记》自 1921 年 11 月起更名为《春晖堂日记》）。

劝其暂缓辞职，以为此并非梁士诒之意，而是董康恐罗文干归国后得大理院院长职，故以此办法，一面见好于王、罗。余绍宋不以为然，次日即呈上辞职书，12月29日准辞职令下。自1921年3月7日至12月29日，历时不足十个月。这也是北洋政府时期走马灯式的官场之缩影。其实梁士诒上台后不到一个月，各地反对梁士诒之电报甚多。到了1922年1月23日，梁上台仅一个月，司法部已实行罢工，梁士诒于是正式"请假"，不久即辞职。

余绍宋辞去司法次长后，也不再代理，只是一心在家读书作画，不想就在十天后，1922年1月7日董康又请余绍宋回司法部任参事。其实余绍宋辞职时已声明不再回任，他是耿直之人，自然不肯接受。朋友们劝其应取消极之态度，并由好友石友儒向董康说明不得如此儿戏。

1月19日，政府有令派余绍宋充任修订法律馆总纂，其坚辞不受。2月2日，准辞令下达并见诸晚报，同时接到修订法律馆顾问之聘（该职一直任至离京为止）。次日又接受留日同学翁敬棠的委托，兼授北京国立法政学校课。除任修订法律馆顾问之外，余绍宋还接受了《司法公报》《司法例规》的两项编辑工作。因这两件事原来就是他一手办理的，不忍很快交给他人去办。

再任司法次长

1926年3月16日，余绍宋再次被任命为司法次长。此时段祺瑞任执政，贾德耀任国务总理，卢信任司法总长。此次任期只有一个月零一天，其间连续发生了数起重大事件，因司法总、次长均反对政府的某些做法，未按临时执政段祺瑞意愿办事，而同时被免职。

段祺瑞（1865—1936），原名启瑞，字芝泉。安徽合肥人。1885年入天津武备学堂。1889年赴德国见习军事。次年回国，任北洋军械局委员。1891年转任威海随营武备学堂教习。1896年协助袁世凯创办北洋军，任新建陆军炮队统领兼管炮兵学堂总办。1903年为清廷练兵处军令司正使，与王士珍、冯国璋并称"北洋三杰"。1904年任陆军第三镇统制。次年调任第四、第六镇统制。1910年署江北提督。1911年辛亥革命爆发，回京任第二军军统，署湖广总督。1912年与42名将领电令清帝退位，实行共和。先后任袁世凯政府陆军总长、代国务总理、河南督军。1916年袁世凯死，任国务总理兼陆军总长。1917年因主对德宣战，被时任总统黎元洪免职。7月张勋复辟，复任国务总理兼讨逆军总司令。1920年直皖战中皖系失败，被迫辞职。1924年直奉战争直系失败，被推为临时执政。1926年因纵任军警屠杀爱国请愿学生，造成三一八惨案，遭到各方反对，被冯玉祥驱逐下台。1936年病卒于上海寓所。

贾德耀（1880—1940），字焜庭，一作昆庭。安徽合肥人。日本士官学校毕业。原为袁世凯部下，后投段祺瑞。历任陆军第七师十三旅旅长、将军府参军、宽威将军、保定军校校长，以及陆军部军学司司长、次长、总长。1926年春任段祺瑞临时执政府国务总理。后随段祺瑞一同下台。

卢信（1872—1933），字信公，号梭功。广东顺德人。少有文名，与廖平子、伍宪子并称"顺德三杰"。1905年加入香港同盟会。后留学日本，又赴美国。回国后，任香港《中国日报》记者，编《自由新报》，为同盟会广东支部长。民国成立时任广东省临时省议员、副议长、南京参议院议员。1913年转实业界。1922年任唐绍仪内阁农商总长。1926年任贾德耀内阁司法总长。

余绍宋在此以前与卢信尚无交往，相互之间也不熟稔，那么卢信如何又会请余出任次长呢？卢信初任司法总长时，次长为王文豹（字绍荃，湖南长沙人。清末曾赴日本，在东京警视厅学习。归国后，任北京外城警察总厅佥事、外城分厅知事。1914年任司法部监狱司司长。1924年11月起任司法次长。是时，总长为章士钊），前总长曾对卢信说，任命次长本系总长之权，但金佛朗案未了结之前，应留王文豹次长任。卢信听了唯唯而已。第二天卢信谒见段祺瑞时说，目前司法部最大的问题是有关法权调查，现任次长非法律专家，不如觅一位与法权调查有关系的，而且资望学历相当之人任次长为宜。段祺瑞亦以为然。卢信因为得了段的首肯，便提出内阁审议，任余绍宋为次长。因余在法界历任参事、次长，而此时又正在法权调查委员会任职，此次重任次长，法界翕然，很快就通过阁议。命令既经副署，送执政政府盖印，但竟搁在府中达一星期之久不肯发表。经卢信再三催促，才送印铸局印发。[①]

余绍宋深知前次司法次长任内处处受牵制的难处，起初不肯接受出任次长。后经友人王宠惠、郑莆庭等人劝说，而郑莆庭盛称卢信非恶官僚，可与共事，他才答应出任。谁料出任两天后即发生了震惊中外的三一八惨案。

1926 年 3 月 12 日，日本帝国主义在大沽口炮击国民军，被我守军击退，日本纠集英、美等八国，向中国提出所谓最后通牒。3 月 18 日上午，北京各界群众数万人在天安门前举行反对八国最后通牒国民大会，会后两千余人示威游行，至段祺瑞执政府门前请愿，段祺瑞怂恿卫队开枪镇压，死 47 人，伤 200 余人，制造了震惊中外的三一八惨案。

三一八惨案发生后，段祺瑞临时政府还诬陷徐谦、李大钊、李煜瀛、易培基、顾兆熊等，"假借共产学说，啸聚群众，屡肇事端。本日由徐谦以共产党执行委员名义，散布传单，率领暴徒数百人闯袭国务院，泼灌火油，抛掷炸弹，手执木棍，丛击军警。各军警因正当防卫，以至互有死伤"[②]。

惨案发生后，卢信和余绍宋的态度如何呢？余绍宋在日记中也有态度明确的记载。3 月 19 日日记云："昨日惨事虽应由军警长官负责，但国务院亦不能免其责任。卢信公以次后应对方针见询，余劝其辞职，渠甚谓然。政府有令缉徐谦、李大钊、李煜瀛、易培基、顾孟余五人，谓其为共产党。令中绝不提及学生，一律指被杀者为'乱党'，殊非事实。此令似有人借此泄私忿。恐将起反动也。"20 日日记云："信公来。余告以政府昨令甚不妥，宜设法救济。本来此事政府宜于发生时立派大员查办事件真相，然后下令公平处断。今一味栽赃，何以服人。然命令既出，不能收回，亦惟思所以补救而已。补救办法宜由国务院布告，谓查出被杀者皆各校学生，情甚可悯，亟宜从优抚恤；一面则对卫队长官加以惩处。因告信公，使在国务会议主张不得通过，便当辞职。信公亦谓然。下午回署，知此主张，不为诸阁员所同意。仅允下抚恤令，而措辞不得

① 事见佚名记者撰《卢余免职之前因后果》，《晨报》民国十五年 4 月 20
　日第 2 版。
② 1926 年 3 月 20 日《政府公报》。

宜，信公遂辞职。诸阁员和之，于是有总辞职之事。"

司法总长卢信辞职后，虽未得准辞令，但已不再到署办理公务，部中一切事务均由余绍宋代理。这边是三一八惨案，群情愤怒，各学校同时提起公诉，控告执政府和国务总理及各国务员。检察厅当然受理，政府想通过司法部密令检察厅为不起诉处分，希望平息此案。余绍宋坚决不应允，段派当然更恨卢信和余绍宋。另一边是金佛朗案原告发人翁敬棠不满于总检察长，再起诉讼，呈请司法部支持。

民国十年（1921），法国政府以退还一部分庚子赔款恢复行将倒闭的中法合办的中法实业银行为诱饵与北洋政府秘密协议，要求中国以金佛朗（即法郎，当时法郎贬值，金佛朗实际并不存在）偿付对法庚子赔款，使中国多付关银6200余万两。消息传出，举国反对。法国政府又联合比利时、意大利、西班牙要求四国庚子赔款都以金佛朗计算，并串通英、美等国，扣留关税余款，以压迫中国政府。1925年4月，段祺瑞执政府屈服，与法国签订《中法协议》，接受了法国的不合理要求，遭到全国各界爱国人士的反对，史称"金佛朗案"。

段祺瑞执政时，具体办理《中法协议》的是外交总长沈某，财政总长李某、司法总长章某负责审查《中法协议》，称"稳妥无疵，众议相同"，遂将此案交由总检察厅处理。此时担任总厅检察官的是翁敬棠。翁深知此事关系重大，又多黑幕，于是按当时刑律检举。起先案子由京师高等检察厅办理，检察长吴某和章某关系不错，又慑于沈某和李某的显赫地位，左右为难，于是案子拖延了下来。

因翁敬棠检举《中法协议》的内幕，安福系的段派人物恨之入骨，多方恐吓利诱。翁敬棠请求司法部再议。此时司法总长已由卢信担任，次长为余绍宋。卢信称病告假，司法部一切事务都由余绍宋办理。段执政府则逼迫余绍宋严予驳斥，以便了结此案，凡施于翁敬棠之手段均同样施于余绍宋。余当然不肯接受。

是年4月9日，陆军总长鹿钟麟率部进入北京，通电讨伐段祺瑞，理由就是处理金佛朗案不当和制造三一八惨案。段祺瑞逃入东交民巷使馆区。一周后，直、奉军阀联合进攻国民军。4月16日，鹿钟麟退出北京。翌日晨，段祺瑞即复职，于是逼迫司法部尽快了结两案。当日中午开国务会议，因司法总长卢信称病告辞，段执政府电促次长余绍宋与会。余认为这次复职太荒唐，坚决不赴会，并草拟辞职书，以示抗议。孰料辞呈未上，免职令已下达。

段祺瑞复职当天，即4月17日就迫不及待地下了五道任免官吏令：免鹿钟麟陆军总长职，免卢信司法总长职，免余绍宋司法次长职，任命王文豹兼署司法次长，兼署司法次长王文豹代理部务。

王文豹本来就是段派人物，上台后即按段的旨意办理了以上两案。但此时段执政府已走到了尽头，4月20日段祺瑞即宣布引退，执政府彻底垮台。

一个月的司法次长任职给余绍宋留下了深刻的印象。1927年后，他辞去北洋政府内的一切职务，以后再也不肯出任任何官职，而是潜心学问，以书画自娱自足，远离了这黑暗的官场。金佛朗案和三一八惨案后，他写信给《龙游县志》主办局务的祝康祺先生，详细叙述了两案的经过，表明了自己在处理两案中的态度：

> 前者侄任次长，丈以为大喜，而辱贺书。深自愧恧，不图今日真有喜出望外之事，而丈应贺我者。特为丈言之：
>
> 段派之不理众口也，久矣。其最失德之事，莫过办理"金佛朗案"及"国务院门前惨杀学生案"两事。兹两者，一则损失国库至一万三千万元之巨（按翁敬棠说），其中黑幕牵涉尤多；一则杀伤学生至二百数十人之多。皆为社会上最愤慨之事，而均有关于司法办理，偶一失当或稍偏颇，不特个人名誉扫地，而使司法牵入政治漩涡，必大损失司法尊严与其威信，所关非细也。
>
> 侄莅任后，"金佛朗案"原告发人翁敬棠不满于总检察长，复呈向部呈请救济。段派闻之，逼令司法部严予驳斥，俾了其事。总长卢信不之应，遂致辞职不到部视事。部事遂悉由侄主之。逼迫益甚。侄坚持不许，且告以虽殉身，不顾也。洎3月18日惨杀案起，政府下令，诬学生为共产派。事经京师地方检察厅侦查，乃断言其不应开枪残杀。公函陆军部，依法办理。公函所称，悉主公道。政府大不谓然。各学校同时提起公诉，控告执政、国务总理及各国务员。检厅当然受理，依法侦查，并传执政及总理。于是政府益恨。时卢君已不到部矣。政府欲由（司法）部密令检厅为不起诉处分，冀以

了结。偓自不能允。从本月 9 日鹿钟麟逼宫后，通电即以此两案为段罪。洎 18 日鹿退出京师，翌晨段竟复职，于是迫卢君及余了结两案益亟。是日中午开国务会议，卢已辞，不往。促偓往，偓以此次复职实太滑稽，亦不往。下午催益急。偓正草辞职书，未完，而电话至，谓已不复经阁议，径下免职令矣。总、次长同时免职，且不经阁议而径行，实开国以来所未有。又复职后，他务不遑，开头即罢免司法总、次长，大足引起世人之注意，益足见为了结此两案而来。而卢君与偓维持司法，不畏强御之精神，乃大白于天下。两日来都下哗然，大肆攻击。偓何幸，得此美名。且可证非段派人物，宁非大可喜之事耶！

近五年来，迭承吾丈嘉许，辄愧声闻过情。独兹事与从前反对程克破坏司法两事，似尚不失为正人，死后可为传志资料，深自欣慰，亦足以副长者之期望。故不惮缕晰陈之也。

中国有句古话叫作"升官发财"，其实也不尽然。民国初期国力薄弱、财政不济，加上贪官污吏中饱私囊，像司法部、教育部等清水衙门，常常发不出工资。余绍宋在日记中有许多这样的记载："1926 年 2 月 11 日，前日得国宪起草委员会通知，约群赴国务院索薪，不到者，则领得款不能分配。余大不谓然，当去书指责。今日开谈话会，乃往斥其谬妄。诸人无以难我也，率通过，各得半月俸。"1926 年 6 月 11 日，"上午往亮畴处，同往委员会。端午在近，无非闹穷耳。司法部过节，经费无着。向保商银行息借，银行谓仍须由余出头。下午余戟门、林宰平遂来接洽，并持该行公函来。余不在其位（此时已辞次长职，而在国宪起草委员会任职），本不应干与，唯余、林意甚可感，自审与司法关系亦深，未便漠视。因约（王）立生来，往与银行商洽。旋得复，已允借五万金。余、林意犹不满足也"。次日，即 6 月 12 日，"上午入委员会，与王亮畴同签名向保商银行借银七万一千元，为司法部发薪之用。节关勉强度过矣！然此岂根本办法耶？若不下决心谋根本之方法，徒恃此零星借款，岂能持久？终归于鸟兽散而已矣！"

以上这种事在北洋政府时期是常有的事。有时总长、次长、司长领不到全薪，总统便发给嘉禾大奖章。所以一般清官根本不把大奖章当回事，难怪章太炎先生会拿大奖章作扇坠。

受聘故宫博物院维持会

1926 年 12 月故宫博物院维持会成立，会长江瀚，副会长庄蕴宽、王宠惠，并由会长指定余绍宋、马衡、陈垣等 14 人为常务委员。

江瀚（1853—1935），字叔海，别号石翁山民，福建长汀人。清末历任重庆东川书院山长，致用书院讲席，江苏高等学堂、两级师范学堂监督，京师大学堂教授，河南布政使等职。民国后，历任京师图书馆馆长、参政院参政、总统府顾问等职。1927 年后，历任礼制馆馆长、京师大学代理校长、故宫博物馆代理馆长等职。著有《南游草》《北游草》《故宫方志目·普通书目》《吴门销夏记》《孔学发微》等。长子江庸（1877—1960），字翊云，一字逸云，室名澹荡阁。清末留学日本，民初在司法部曾任次长、总长，与余绍宋同事，交谊甚厚。江瀚既是余绍宋的长辈，也是忘年交。

余绍宋素知故宫博物院甚多争执，本来不想接受聘任，为此访问汪大燮，询问根底。汪大燮说："正为调停其事，而设故宫博物院维持会，以后不至发生争执了。"余绍宋于是接受聘任。汪大燮（1859—1929），字伯唐，浙江钱塘（今杭州市）人。清末曾任外务部右侍郎，1907 年任考察宪政大臣，出访英、德等国。民国后，历任教育总长，平政院院长，交通、外交总长，代国务院总理等职。与余绍宋也是忘年交。

故宫博物院维持会成立后，曾多次开预备会议。至 1927 年 1 月 27 日，江瀚因信任余绍宋的办事能力，嘱其拟订《故宫博物院审定书画会简章》。余当即拟订如下：

第一条　本会为审定故宫博物院所藏书画而设，暂定会员十人，由故宫博物院维持会会长延订之，即以维持会会长为本会会长。

第二条　本会地点暂设。

第三条　本会每星期开会一次或两次，其时间由会长定之。

第四条　本会先就点查已毕之书画加以审定，其应审定何处书画，开会前由会长指定，按照提取定章取出，审定毕，即时归还原藏处所。

第五条　开会时有会员二人以上到会，即可开始审定。

第六条　审定书画以的系真迹为上品，次者为中品，其真伪难定者为次品。至寻常书画，从缓审定。

第七条　会员对于同一书画，分别品类，意见相同者，各署名于目录；其意见不同时，由全体会员多数决定，仍于目录内注明。

第八条　凡经审定之品，另编号数，书入签条，并填明品目，粘贴书画封面之上。

第九条　会员对于审定之书画，如有考订文字，应送交本会，以便汇辑成编。会员如为考订起见，得摘记书画要略。

第十条　本会每次审定之书画，随时抄送各报登载。

第十一条　已审定之书画，每三个月编目一次，其编纂方法别定之。

第十二条　本会审定之书画，择其最精者影印成编，分期出版，其办法别定之。

第十三条　本会由会长于事务员中指定四人为助理员。

第十四条　本会会长、会员、助理员俱不支薪。

第十五条　本简章如有未尽事宜，得随时修改之。

《故宫博物院审定书画会简章》拟订后，经会长及会员审议通过，略有删改即付实行。审定珠宝、古器等应该另有简章，但工作时应集体进行，不分品类。1927 年 1 月 28 日，余绍宋在日记中有如下记录："下午一时赴江叔海丈处，同往故宫博物院点查养心殿铁柜存物也。殿中原有铁柜三，不能启。从前李煜瀛为委员长时，碎其一，中贮古轩瓷半遭毁损，遂不敢更启。叔丈不知从何处得其锁钥，今日特约诸人监视点查。中多贮珍宝，有冬珠朝珠九盘，自太祖起各一盘，中缺高宗、德宗，不知置何处。即此一物，已足惊异，余可知矣。余因四时须见学生，匆匆即出，未及竟观，甚为可惜也。养心殿中间贮书甚多，闻即委宛别藏，皆海内孤本也。"

1924 年 11 月，宣统皇帝被冯玉祥驱逐出宫。1925 年 10 月 10 日，成立故宫博物院，并成立清室善后委员会，会长即李煜瀛，对清宫物品进行了一次全面清点，印有《故宫物品点查报告》数册，列为故宫丛刊之一。因内中分歧，故于1926年底成立故宫博物院维持会，继续进行点查工作。但此时北伐战争已接近尾声，北京战事不断，点查无法正常进行。不久余绍宋也离开了北京，不能参与点查工作。翌年6月28日，国民党政府接收清史馆，派易培基接收故宫博物院，以马衡、沈兼士等五人为代表，办理接收事宜。直到1929年10月10日，《故宫周刊》第一期出版。

京师诸好友

余绍宋在京津16年间，广交朋友，日记中所记近千，过往密切者当以百计。好友中有学界名流、政界佼佼者、书画界高手，其中不乏学界知名而政治上也为高官者，如梁启超、黄节、叶恭绰、邵章、马叙伦、沈钧儒、林志钧、梁敬錞、王宠惠、罗文干、林长民、顾维钧、陈师曾、汤定之、江庸、汪慎生、罗敷堪、罗敷庵、卓定谋、肖俊贤、蒲伯英、胡祥麟、余荣昌等。前辈中来往较多者有梁鼎芬、陈宝琛、朱艾卿、江瀚、汪大燮、袁励隼等。兹就往来密切、交情至厚者，简述如下。

与梁启超之交谊

余绍宋初识梁启超，当不迟于宣统年间或民国初年。起初往来并不频繁。至民国十四年（1925），余氏所纂《龙游县志》书成，请序于梁启超。梁启超欣然应允，读罢《龙游县志》很快就写成了序言。听老一辈说，梁启超无暇读书，写的文章比读的文章还多。其实不然，只要读一读梁启超此篇序言，就不难看出他不但认真地读了洋洋百余万言的《龙游县志》，还仔细研究过章学诚所纂诸志，加以比对，才能得出《龙游县志》的十大长处。这不能不令人惊叹梁启超读书真可谓一目十行，过目不忘。老辈之所以有此戏言，概因梁启超寿仅56岁，而《饮冰室合集》却达洋洋数千万余言。

又过了两年，1927年元月司法储才馆成立，梁启超任馆长。起初请林志钧任副馆长，但林不肯居此名，遂改为学长兼教务长。因梁启超身体不好，不能筹办具体事务，便提出任命一名副馆长。于是林志钧推荐余绍宋为学长兼教务长，梁启超也赞成。

司法储才馆之性质和作用如何呢？事情要上推至1926年冬季，《司法部上设司法储才馆呈文》中称："比年各省法院逐渐推广，人才一项尤形缺乏。此次法权调查幸告藏事，各国委员对于我国改良司法，希望甚切。培植人材之举，实属不容再缓。兹就旧章酌加变更，定名为司法储才馆。"梁启超云："收回法权为目前最要之事，虑无不知者。既欲收回，则须预备。虽前清以来，颇有筹备，唯中经时局变迁，时作时辍。应再更进一步，以期促成。本馆之设，正为此故。"①

1926年12月31日，梁启超访余绍宋，坚约余出任司法储才馆学长，态度极诚挚。余绍宋只得应允。余既允任司法储才馆学长，一切筹创事务即着手进行，先是修缮校舍，同时延聘教师、招收学子。1927年元月2日至17日，余绍宋四处奔走，与何枚如商定司法储才馆课程表，又常探访梁启超商榷馆事。而教师的选聘尤为困难，最先是郁华辞比较刑法，只得请他担任刑事法规及判例；而原聘之李受益则不愿更易，不得已请他担任刑事拟判说明；又刘仲缵不愿任比较民法债权，经余绍宋与之多次商量，刘才勉强答应；王宠惠又不能担任中外成案，乃与郑天锡商量，暂行代理；而关振生辞英文教员事，据说是梁启超未往探望之故，余绍宋只得奔走求助于胡祥麟、王宠惠等人，请为敦劝；又余荣昌辞比较民法总则，不得已请他担任民事法规及判例中总则部分；大概比较民法、刑法两科最难，除王宠惠外无人能胜任，而实益极少，因此将此两科悉行删去，将来再由导师担任指导员。等一切商谈确定后，余绍宋于2月11日致函梁启超，信全文如下：

> 任公先生大謦：
>
> 弟已于昨日来馆视事，诸务渐次就绪，工程限16日完竣。定17日行开馆礼，18日甄录英文，24日开课，通知业已发出。教员方面商量课目大体亦已妥洽，诸请释怀。14日之约，别柬奉上，尚盼早临。余面陈，敬请大安。余绍宋再拜。②

---

① 丁文江、赵丰田编：《梁启超年谱长编》，上海人民出版社1983年版，第1109页。

② 丁文江、赵丰田编：《梁启超年谱长编》，上海人民出版社1983年版，第1108页。

1月17日下午2时20分行开馆典礼。先由梁启超致开会词，次由余绍宋报告，又次教师代表王宠惠致训词，又次司法总长罗文干致训词，最后来宾代表江庸演说。是日与会者还有司法部次长孔希白和各参事、司长，大理院院长余棨昌、各庭长，总检察厅总检察长汪鹿园、首席检察官张遘省、京师高等审判厅沈家彝、吴家驹两厅长，京师地方审检厅邵竹琴、祁劲庵两厅长，北京律师公会亦派员到馆，学员到者145人。下午4时礼毕，司法储才馆正式开馆。

1926年3月梁启超因肾病已摘除右肾，此后常有便血现象，尤其不能劳累。故司法储才馆开馆后，馆中一切大小事务均由余绍宋代为处置。梁启超则每周来一两次，他在司法储才馆成立不久，即1月16日《给孩子们书》中写道：

> 我现在所担任的事业，要以北方时局比较的安宁为前提，若变动剧烈，当然一切拉倒。但现在责任所在，只能在职一天，便努力一天。现在也把大概情形告诉你们。
>
> 司法储才馆已经开学了，余樾园（绍宋）任学长（本来是林宰平，宰平谓治事之才彼不如樾园，故让之），等于副馆长。学生二百二十余人，青年居多，尚可造就，但英文程度太低，而本馆为收回法权预备起见，特注重此点。现在经甄别后，特设英文专班，能及格者恐不满50人，此为令我最失望之一端。我自己每星期六下午担任一堂功课，题目为人生哲学，此外每星期五、六两日各有两点钟为接见学生时期。我的时间费在此馆者大约如此。[1]

正如梁启超所担心的，北方时局日渐恶化。1月7日张作霖自封为安国军总司令，声称继续维持顾维钧内阁。接着4月6日张作霖在帝国主义支持卜，派出大批军警包围苏联大使馆，搜查远东银行、中东铁路驻京办事处，并逮捕李大钊等60余人。

---

[1] 丁文江、赵丰田编：《梁启超年谱长编》，上海人民出版社1983年版，第1113页。

6月1日，余绍宋致函梁启超，商量馆事："近日时局变化颇剧，馆中事有亟欲商承办理者。公能早日来城，最所切盼，并盼到后即予电知，以便趋谈。"此时余绍宋已萌辞官南归的想法，并于6月初，先送侧室周氏等赴津，借寓友人郭芸夫家，而长子余翼、侄余猷早已在天津南开中学就读。至6月底已着手结束司法储才馆事务，7月5日致函梁启超，言结束馆事，云："连日冒暑摒挡书籍，大体已就绪，后日约可赴津矣。去职事，前日晤翊公（江庸），略知梗概，但复书务请俟绍宋到津面谈后再发，内中亦尚有斟酌之处，必须面陈也。"次日，赴储才馆处理各事，决心辞去学长一职，不得不做准备结束工作。

1927年7月7日，余绍宋赴天津，借寓郭芸夫宅，郭宅与梁任公之饮冰室甚近。当日下午即访梁启超，谈辞储才馆学长职事，又致函胞弟余绍勤，告以京寓结束后之行止，颇多感慨云："旅京十余年，今日乃不得不去，真有依恋不忍舍之情。盖京师气候佳，朋友多，又为文艺渊薮，他处万万不能及也。余所任储才法律馆及国立法政、师范两大学、艺术专校事，本与政治无涉，原不必辞。今兹决然辞去者，以世变方殷，远居京师徒增太夫人之忧戚。而太夫人年渐老衰，不肖奔走四方，三十年来未尝略致孝敬，甚亏人子之道，亦欲归侍慈颜，聊报深恩而已。特此间南行殊不易，去人太多，天又奇热。故欲在津小住，待秋凉始行也。"

余绍宋到天津后不久，与梁启超多次商谈储才馆事。梁启超认为如果要修改馆章，必须先商榷修改方案。梁、余二人尚未见到草案，已接到友人王次之的信，说已提交阁议通过，所改定是：将奖金取消，仍令学生缴费；又将学长改为总长，聘任延请教员必须得总长同意；等等。梁、余均以为荒谬，因此两人正式决定辞职。

是年10月，余绍宋返衢州探望母亲，次年2月再次返津，仍居郭芸夫家，直至7月20日南归侨居杭州。他先后在津居住了八九个月，与梁启超朝夕相过从，往来甚欢乐，交谊益深。梁启超喜竹戏（搓麻将），且自创无奇不有之法，每隔一两日即约余往其所为竹戏。但两人往来主要是研讨学术，兼及书画。是时梁启超方从事《中国图书大辞典》的编纂，而余绍宋则草创《中国美术史》，撰写《书画书录解题》，为考查诸书画书籍之存佚，在梁启超之饮冰室查检目录书籍百余种。梁启超对余绍宋的书画十分推重，梁、余二人尚在北京时，梁启超给孩子们的信中有这样一段话:"我给你们每人写了一幅字,写的都是近诗,还请余樾园给你们每人写一幅画,都是极得意之作。正裱好付邮,邮局硬要拆开看,认为贵重美术品要课重税,只好不寄,替你们留在家中再说罢。别有扇子六把(希哲、思顺、思成、徽音、忠忠、庄庄各一),已经画好,一两天内便写成,即当寄去。"迨余绍宋客居天津与任公所毗邻,任公则请余教其子女作画,一月之内必授数课。

1928年6月,梁启超长子梁思成与林长民之女林徽音结婚,余绍宋作画四幅为贺,并有题跋。其一作桃花,题云"宜其家室";其二作兰竹,题云"翠竹漪漪,芳兰寂寂,同志相期,盟心如石";其三为山水,题云"如山如河";其四画石,题云"磐石方且厚,可以卒千年"。总题云:"思成世长新婚,写此四幅为贺。桃花记其嘉辰;兰竹美其相得;山水则诗人所以偕老之词;石则坚固不移,昔人大如相爱,持以为永誓者也。故断章而取其义。"梁思成比余绍宋小18岁,一个是科学家、建筑学家,一个是方志学家、书画艺术家。两人却很投缘,梁思成自美国归来后,还与余同游故宫等处,各以所学互补。

余绍宋曾作苍松两株赠任公,梁启超甚喜,并作长诗一首题其上。诗中赞扬松梅干直、心贞的高尚品格,对作者高超的技艺予以褒扬。并题跋于后,跋云:"越园入夏以来同客津门,间日辄过我饮冰室谈艺为欢,每出所藏旧纸墨索作画,则解衣盘礴,惨淡经营,或十日作一水石,或食顷尽数纸。儿曹学画者环立如鹄,一幅就则欢噪争持去。独此双松用贻老夫,莫敢夺也。画时留白待题咏,余不作诗且两年矣,岁怀托兴,忽复成章,用述吾侪所以相爱勉者,不仅记一时乐事云尔。丁卯中秋前一日,启超记。"①

梁启超不但是位政治家、学者,而且书法也极精妙,平常所作书法,恒以魏碑体为之,晚年因受余绍宋之影响也开始研究章草。是时余对章草颇有兴趣,并常与罗复堪、林志钧、卓君庸诸人一起探讨研习。梁启超也常约学生数人与余一同前往探讨,偶有所得,则欣喜之至。余绍宋因劝梁启超学章草,并以所藏《急就章》和《月仪帖》相借。梁启超研读十分认真,每每加以朱批,钤以印章,并于法帖后题跋。

---

① 梁启超:《饮冰室合集》,中华书局1989年影印本。

梁跋余藏《急就章》云:"皇象本《急就章》,王深宁作注尚频征引,宋末迄今拓本稀如星凤,津馆藏一叶石林临本,明正统间刻石者,诧为未见。近罗叔韫亦得一正统本,深自矜异,其《吉石盦丛书》中景印者是已。此本虽未必皇象真迹,要当是唐摹宋刻而明拓者。视吉石景明刻精采十倍。此尤物归越园,可谓得所矣。越园劝我学章草,以此假我,留我斋垂一年。我学未成而越园将南归侍母,有终焉之志。于其濒行,检还之,辄跋数语,不胜空桑三宿之意也。戊辰夏五月二十九日,梁启超记于天津之饮冰室。"

《月仪帖》梁启超跋云:"越园劝我学章草,以所藏明拓《急就章》及此册相假,既而南归觐母。两拓留余斋中殆一年。偶以校严铁桥释文,是正其误释者若干条,信笔记于简端,字划潦草,点污佳拓矣。中间越园一度北来,今又将南下。世乱方亟,再见之期邈焉,难必追想一年来津门作客,间日过从,与夫小别还聚之乐,黯然难为怀。别前互检所借碑帖、书籍相还,辄题数语于此,为异日相思增一枨触也。戊辰盛夏,启超挥汗记。"从此两帖的跋语,足见梁启超学识渊博、治学严谨,更足见梁、余二人交谊之笃。

梁启超十分关心余绍宋辞职南归后的生计问题,因此致函张元济,想在上海商务印书馆为余谋一职务。张元济此时主持商务印书馆工作。梁启超信中对余绍宋在政治态度、方志学、书画理论和书画艺术方面,都有较为全面和客观的评价,这对了解余绍宋有很大帮助。全信内容如下:

菊生吾兄同年足下:

前奉复书,同兹感喟。东南形势又变,覆雨翻云,未知所极。仲宣七哀,少陵三别,居今读之,乃觉其言之有味。公处风波之地,惨睹当倍此间耳。

兹有切恳者:挚友余越园,学术行谊当为公所能悉,以弟所见,当代著述之才,可比越园者盖不一二见。其所著《龙游县志》,弟尝为作序,谓实斋、戴东原不能逮也。所著《画法要录》,古今言艺术方法之书亦未有其比,宰平所作序非溢美矣。今邮寄奉各一部用尘鉴赏,计当与此书同达。

越园虽在司法界屡历要职,曾不改其儒素。比来感北京(政治)

空气恶浊，不可堪忍，毅然舍弃廿余年来京华生活，挈书数百箧，大去其国，将南归奉母，且理名山之业。最近此间改组所谓京师大学者，当局以艺专学长相邀，坚辞不就。其在法大、师大所任之课亦一概谢绝，其不屑不洁之苦心，非我辈中人莫之能解也。贫士而狷守自守，舍自食其力外无所为计。越园书画妙绝时人，在都十年颇用此自给，今南下亦当恃此。惟以久居北地之人，骤游吴市，其艺术又未必为庸耳俗目所能认识，价值恐未能供菽水所需，故极思在商务印书馆中为置编辑一职以资补助。越翁所最长者，中国艺术史、中国艺术批评诸作，最能以科学的眼光搜理资料，以极渊雅明达之文抒写之。至如馆中或欲影印书画，托其鉴别，尤万不失一。此外则史学方面，尤其关于方志一科之科学整理，舍彼当更无第一人。方志学为我国学术界足以自豪于天下者，此西方近儒所能认识。东方图书馆收藏方志之富甲全国，委诸越公，恣其撢析，必能为此学放一异彩，此亦商馆之一种责任矣。

越园能自刻苦，所求不奢，但得月入二百内外，亦可自赡。明知沪上凋敝之局，商馆受影响极巨，凡百不免扩充。但上为学术界，下为友谊，敢沥情力请，盼吾兄向当局建议，主持延揽，不胜大幸。弟顷有编辑《图书大辞典》之举，欲借助于我兄者甚多，又正整理《南海遗著》，将来欲托商馆出版，一切更当续陈。启超顿首。

梁启超此信写得情真意切，于公于私都考虑得面面俱到，而且也比较客观实际。然而此时的商务印书馆确实也十分不景气，再者余本人也希望定居杭州。究竟是商务印书馆未发聘书，还是余未应聘呢？我没见到有关史料，未敢臆断。

1928年7月，余绍宋辞别生活了十余年的京津，告别诸好友南下来到杭州，在北山街原82号赁屋而居。不料不及半年就传来了梁启超在北平协和医院逝世的消息，不胜悲悼。回忆前一年以来与梁启超过从至密，相见则论学，从中获益匪浅。梁启超虽时有微疾，但精神体格尚强，不想一别竟成永诀，心终日不得宁。次日即作书给梁启超之侄梁廷灿，询问梁之后事，并嘱廷灿编辑梁启超未刊之稿。又作挽梁启超联，联旁加注，挽联如下：

志书正待商量，忽失据依，太息前尘真梦幻；
年谱未遑自订，更谁论定，追怀别绪益酸辛。

边注跋云：

去年在天津，先生以余喜治方志，曾两次论及广东通志事，且曰他日当与子谋续修。今粤中果以总纂相属，辞不获已。方冀与先生商榷体例，乃适于此时谢世，追想前事，悲何可言。今夏（指旧历戊辰）余将南归，先生黯然，索赠言甚切。余谓先生一生学问事业，为功为罪，世论尚淆，与其他日任人雌黄，不如自订年谱，内讼其失，庶可信今传后，而先生光明磊落之怀，盖可大暴于天下。先生极以为然，谓当于六十岁时订定，以自寿，而今已矣。伤哉！

梁启超逝世后，其侄梁廷灿致函余绍宋商讨梁启超年谱的编订意见。余认为："不宜附录全文，但当节录，以便单行和附集均可用。"后来丁文江、赵丰田于1932年编成了《梁启超年谱长编》初稿，初稿只有油印本，共印了12册。直至1983年才成定稿，由上海人民出版社出版。关于梁启超遗著之编辑，由林志钧主持。余绍宋主张："不宜与从前已印之《饮冰室文集》合编，应另辑《梁氏遗书》并行不悖。因为前集为任公生时所及见，遗书则后死者所编，不宜相混。"后来出版了《饮冰室合集》，似未将《文集》与《遗书》分开编纂。

梁启超逝世后，饮冰室所有藏书，由其遗属悉数寄存于北京图书馆，以供来者无穷之求。时任北京图书馆馆长的袁守和，力让藏书能示传于后世，属馆员编纂书目，始成《梁氏饮冰室藏书目录》。因余绍宋曾使用过饮冰室藏书，对其藏书情况十分了解，袁守和因请序于余，余慨然允诺，为之作序一篇。虽仅千余言，但对我国藏书家从不同角度收集图书作了详尽的剖析，尤其对饮冰室藏书之概况及特色，述之甚详。这已是余绍宋南归第六年即1933年的事情。

与黄节和林志钧之交谊

黄节（1873—1935），字晦闻，号兼葭楼主，人称南国诗人。广东顺德人。清末与章太炎、邓秋枚等人在沪创设国学保存会，刊行《国粹学报》，主笔政，又助邓秋枚编辑《政艺通报》，加入南社，以诗文鼓吹革命。辛亥革命后，任广东高等学堂监督。后曾反对刘师培等组织筹安会。1916年后，历任北京大学教授、广东省教育厅厅长、广东省通志馆馆长。1929年仍回北大，兼清华研究院导师。1935年1月病逝于北京。著有《兼葭楼诗》《汉魏乐府风笺》《曹子建诗注》及《周秦诸子学》等。

余绍宋初识黄节当在民国初。余、黄二人虽研究对象各有不同，然交情甚笃。一个致力史学，尤以方志为主，又工书画，精于书画理论；一个致力保存国粹，精于音律。余在抗战前不作诗，黄则1935年即逝世，故两人无唱和诗。但黄节《兼葭楼诗》卷二收录的1921—1933年间的一百数十首诗中，赠余绍宋诗或与余有关之诗就达七首之多。比如1927年余侨居天津时黄有诗寄余，题为《六月二十二日雨中寄余越园津沽》诗云："暑雨轩窗尽夕阳，别怀初写重沉吟。相望咫尺津沽路，一日东南江海心。人乐有归成隐去（原注：诗《考槃》毛传曰：考，成也，槃，乐也。朱子集传谓：成其隐处之室。顾虞东曰：世固有隐而弗成者。越园有隐处之室，吾愧弗如），乱生如夏与秋寻。庭鸟岂为飘风止，向母依巢自昔深。"黄节是十分重朋友感情之人，其实此时余绍宋离开北京仅月余而已，他知道余将南返归隐侍母，乃自叹弗如。余南归定居杭州后，黄又赠诗两首，诗题均为《寄越园》，分别作于1929年和1931年。其一云："劳生竟阙修书晦，不向西湖问起居。飞鸟翠条俱寂寞，了无恩怨入冬余。"其又一诗云："北地花为风雪欺，令人感叹向阳枝。盆梅未有凌寒格，恐负西湖处士诗。"虽然是短短的两首诗，仔细品味却绝非仅仅写景，其中多有难言之隐。黄节又一诗题为《梁卓如属题余越园画山水册，时越园方自衢严北来》，诗云："莫便逢人写好山，扁舟才过富春还。游吴不共梁鸿赋，可惜芳时二月间。"此诗当作于1928年春，其时余第二次赴京津。

关于余绍宋离别京师前不久的1927年6月2日王国维投湖自尽事，《春晖堂日记》中有如此一段记载："（6月3日）晦闻来谈，因告以王静安自杀事。晦闻大感动，至于流涕。静安盖殉清室之难，与晦闻宗旨不同。所以悲感者，晦闻盖有感于名教之衰，又不图汉学家乃有斯人也。"足见余深知黄的心思，而非深交者是无从知晓的。就在余南归前夕，尚作扇面山水赠黄节，题云："此种萧疏简淡之致，非吾晦闻莫与赏也。"

　　梁启超、黄节都是广东人，对广东省志的修纂工作倍加关注。1928年黄节被聘为广东省通志馆馆长，致函余绍宋，邀余为总纂，详细地记录了当时通志馆准备修志的情况及朋友间之友谊。

　　越园吾兄先生足下：

　　　　弟于十二号抵北平。旧居破塌，乃寓旅邸，后迁（胡）子贤馆寓，与（林）宰平为邻，顷尚须赁房徙住。昨奉手书，深惭迟报为罪。何如，留沪十天，略罄积恒，北来旧游未至星散，数日画集竟逾十人，言每及公，各深洄溯。北校早致聘书，仍拟谢却。欲函（邓）秋湄、（黄）宾虹为图售字，若月得百金以上，便可谢绝一切，成故宫一赋，否则牵缠尘俗，恐无就日。使数百年文献词章为之减色，责在薪躬，即同时贤，故岂能无愧。愿公以此意切告秋、宾两子，则微愿得明也。粤中电函促驾，请去电允行。度其如此殷勤，设公不应聘，志馆势将停办。但先决条件宜恢复完全经费。因兵乱以后，省府议决月发半数。此时馆员尚未全聘，故可勉强支持，若着手办事，则非三数馆员所能负荷也。其次须查馆员在弟去后续聘凡人（弟自聘者纂修三人，征访六人），倘非其才，何能襄理。即弟旧聘者亦须斟酌。凡此两端所当置意者，要之兄此行能将全志（续志、新志）体例议定，提纲挈要，以俟其成，如此而已。（弟拟复省府文内亦可略采，有案可查）续志易定，新志颇难，是非之间于成书之前未可宣示。粤材能助兄者实无凡人，我辈不为，后将谁待，区区之意所愿陈也。至于时局变化已在意中，只迟早问题耳。然志馆远于政治，本无妨碍，一身安全或不至发生影响。卜居宜在东山，但必须争回馆长汽车一辆，方便长行，此层可与端甫言之也。到平后尚无新诗，昨日一雨，已成秋矣。行期何日？乞先函示。手复，并颂起居。

　　　　　　　　　　　　　　　　　　弟节顿首　8月24日

　　志馆每月经费四千七百余元，现以八折且半数发放，实无进行之可言。故必须争回完全经费，方可着手也。又及。

1929年，广东省教育厅委托黄节电请余出任广东省通志馆总纂，电文如下：

杭州法院路20号余越园兄鉴：
　　广东修志敬聘兄任总纂，月修四百元，乞俯就，并电复。黄节
（日期应为1月16日）

翌日，余绍宋复函黄节，其文如下：

　　奉电深感盛意，弟自归浙以来，万念俱灰，实无心更问世事，故各方招致峻辞。唯对兄之诱引，时及动念，甚矣，交情之足以移人志事也。修志为弟生平乐为之事，于粤尤有香火情重，以高义岂敢言辞。唯弟廿年作官，定省久疏，此番归来原欲一亲菽水，又以道路闻戒，不能还乡，眷念庭闱无时或已，今若更作远游，益违素愿。辱在笃爱，断不敢作欺慢之词，区区之怀，当亦兄所深信。顾迭承兄不弃，终不敢再负盛情，以自绝其友。明春元宵后，当赴粤一游，借聆教益。总纂一席，自问学浅，殊不敢当。粤中耆宿尚多，务请另聘。到粤后当以鄙见贡献左右，但求吾说得行，于愿已足。亦即足以报兄，固不必居其名也。

后来终因时局动乱，路途多险，粤中尤不得宁，以致黄节也离粤居澳门，通志馆经费尤为不足，黄节来函请余缓行。黄节函云：

　　越园我兄，久缺书问，弟于5月27日辞谢一切来澳门，住柯高马路19号。青山对户，万念俱消。粤事一转瞬间，百无可为。志馆将停办，弟已委之不顾，教育费亦一时俱绌，如何而可，约两月内，即道沪北上，候兄一谈。欲言千万，笔不尽宣。弟节顿首。

通志馆停办，黄节旋北上，继任北京大学教授。1934年秋，余绍

宋故地重游，北上看望诸老友，黄节等人俱往车站迎送。余在京期间，黄节还为余题《归砚楼娱亲图卷》，临别还赠余诗一首。余则为黄所藏《李西涯慈恩寺稿》册子题跋。临行前一日，友人王立生在中山公园来今雨轩大宴宾客，为余话别，到者三十余人。宴毕，王立生、梁平甫、汪慎生并余、黄五人合影，不想竟成永别。1935 年 1 月，黄节在京逝世，消息传到杭州，余绍宋悲伤不已。日记为人之心声，《春晖堂日记》中有这样一段记载：

> 作书与陈树人、郑弟庭、罗敷庵、林宰平、胡子贤、李韶清、卢毅安诸人言晦闻逝世事。晦闻一生直谅，道义自持，所为诗自成一家，超逸无以伦比，允宜表彰，以示来学，因与树人诸公谋之。今日本拟作画，而余哀未淡，兴致索然。默思与晦闻夙昔交情，又不禁潸然矣！古人云：得一知己可以无恨，今日我之知己安在耶！伤哉！

次日又有一则记载：

> 下午作挽晦闻联云："举世颂词华，误矣，公之不朽宁在是；平生感风义，哀哉，我所欲吐将向谁。"秋间在平以《归砚娱亲卷》请晦闻题句。晦闻观引首马一浮题语中有"古来画人有此笔墨，无此福报"语，大不谓然，谓越园岂仅是画人耶，奈何如此侮辱。一坐俱惊，叹以为至言。我则惶愧之甚。然非晦闻安能作此等语，安能知我如是之深。平昔晦闻亦不愿仅以诗见长，故上联如是云云也。下午接陈仲恕（汉弟）来书，始知晦闻病状。实因糖尿病已久……晦闻平日无积储，身后极萧条。仲恕欲余为设法，请汪精卫、叶誉虎（恭绰）为之经纪其丧。因作书与誉虎，精卫向未谋面，乃函告莆庭、树人转言之。晦闻平昔孤介，死后岂受人怜。此举出自友朋主张，自不妨耳。

又次日，余绍宋觉得挽联仍有不足之处，于是又做了一联，联云："国计身谋未尽言，我独何堪，忍忆临岐频赠句；才名翰墨须收拾，君今安在，说到相从更痛心。"并跋云："两月前游旧都，与晦公过从甚密。临别晦公两赠诗，别后复有所赠，有云'国计身谋未尽言，又倾残泪入离樽'，又云'才名翰墨须收拾，老去从君语独深'。展诵遗墨，益深悲怆。前联意有未尽，因用其句更成此联，仍未足以抒吾哀之百一也。"足见余、黄二人交谊之深。

黄节去世后，棺木运抵广东老家安葬。《黄晦闻先生墓志铭》由余杭章炳麟撰文，龙游余绍宋书丹，钱塘张尔田篆盖。

林志钧（1879—1960），字宰平，号唯刚。福建省闽侯人。曾任北洋政府司法部参事、民事司司长等职。北京研究院字体研究会常务委员。1935年任教北京大学文学院哲学系。《中国近现代人名大辞典》中仅有以上资料。据老一辈说，中华人民共和国成立后林仍留在北京，曾任人民政府参事室参事、中央文史馆馆员。我曾翻阅过他的遗著《帖考》和《北云集》。《帖考》有陈叔通1962年的序，没有提到他的生平。书后有顾廷龙跋，跋作于1950年11月，跋中有云："今春宰平先生时来阅书……"可见中华人民共和国成立初林志钧曾较长时间在上海（顾时任上海合众图书馆馆长）。而《北云集》无序无跋，出版于1963年，上集为诗，下集为文。陈毅元帅题签，陈叔通题扉页。在当时的情况下，林志钧的遗著很难出版。陈叔通先生经常为已故老友出资印书，1962年9月作序时林志钧已去世，所以林之故世当在1960年或1961年。

余绍宋初识林志钧是在清宣统年间，前文已多次提及两人之交游。余、林之交游不在官场上，而是在学术和书画艺术上的切磋与交流。余绍宋每成一书，都将稿本邮寄林志钧征求意见。林志钧每每仔细阅览，并提出自己的看法。余并请林为之作序。如1926年成书的《画法要录》初编、1932年成书的《书画书录解题》均由林志钧作序。林志钧作序，认真而且客观。抗战期间余绍宋成诗数百首，每一诗成必寄北平请友人指教，而林志钧擅诗，更每诗必请林削正。林志钧也绝不讳言，一一批改。1945年余绍宋成《寒柯堂诗》四卷，征求友人意见，林志钧说："循读兄诗，佳处如快剑斫阵，骏马下阪，只有赞叹，更无可说。唯音节色泽方面，兄似未屑措意，调哑色黯，相对索然。我们读他人诗，亦不喜此，自作往往犯之不觉，此宜戒也。又韵字亦万万不可忽视。东坡谓孟浩然诗韵高而才短，大作似适得其反。兄画与字皆有韵，诗亦必有之，望少留意。"直言指教，乃真心的朋友。

林志钧擅诗，故常有诗赠给余绍宋，其中许多诗记录当时逸事和朋友间的友谊。如1925年所作《桐江钓台图题师曾遗墨》（小序：癸亥暮春，师曾画此图，未几南归，遂物故。画归越园，是年十月属余题，既便举以相赠。展现遗墨，辄为怃然。诗成久未写。甲子正月检旧稿，删五言绝句一首，留此篇，为易数语。乙丑七月又易一联。忆越园映碧斋画集时，看师曾作此帧，顷刻遂成，余诗三年乃就。异日观此作，定亦不胜情耳）：

> 严陵爱此水，下视汉公卿。（唐王贞白语）冯邓今且无，群黠方斗狞。江山如许清，世乱何为情。直立千尺台，但见草树荣。空烟远幽幽，水流不闻声。寂莫天壤间，岂独身后名。对画如对君，此见君生平。

又如《越园画山水册子任公属题》："生事飘飘逐转蓬，兵尘弥塑失西东。写来一段南行意，便觉溪山在眼中。"1932年余绍宋50岁生日，林志钧赠诗云："百年非所欲，五十未为老。仆也今过四，壮语堪绝倒。平生寡交游，独幸识君早。君才真无双，贱子安足道。抽扬及小善，谓我同襟袍。著书辄索序，投札或爱宝。迩来修家乘，义例辱贻稿。更属寄新诗，岂复为善祷。文章性命事，策我随探讨。遥指寒柯堂，知心永相保。"

自从1928年余绍宋南归定居杭州后，林志钧曾多次来游杭州，两人同游于杭州的湖光山色之中，把酒话旧，临别则依依不舍。1949年6月30日余绍宋在杭州逝世，林志钧来杭参加葬礼，并有《哭越园》诗一首，足见两人交谊之笃、相知之深。诗云：

> 亦知斯世会有别，所憾子乃为我先。东波西日不相代，坐令长寐归幽埏。深悲眼乍当昼瞑，后死身苦孤独然。倘从梦境冀一遇，寻梦不获空损眠。壮年得交历四纪，肝胆相照金石坚。宣南同客迹最密，努力述作期齐肩。子每有作必我视，书录（即《书画书录解题》）乘志（即《龙游县志》）赓我编。我如风鹢但退却，唯子知我

情无迁。云龙同此一天地，其奈宇内腾烽烟。所经世变难具道，南北睽隔逾十年。津沽扫轨子对影，惟子远道频通笺。寄诗寄画慰我寂，才雄笔健诚关天。天胡生才不之惜，遽夺以去沉重泉。或云欧苏寿皆六十六，子已过一何憾焉。斯言聊取相慰解，吾终惜予艺且贤。子今一去无还日，永夜不见缺月圆。高山流水岂人境，钟期既逝从绝弦。回思去岁七月杪，深夜远诣吾子前。沪杭兵后已多阻，迓我乃至自幽燕。久阔喜晤互谛视，一粲彼此皆华颠。各以顽健敌忧患，皮骨幸未沾腥膻。剧谈豪俊子犹昔，未觉生事形迍邅。黎明即兴呼我起，相邀趁晓撑湖船。孤山山下里湖里，万头簇簇开红莲。轻风吹盖忽泻露，初日穿树时闻蝉。岚光水影入香界，自谓此乐堪留连。岂知同游尽此日，再度携手终无缘。雷峰塔圮夕照逝，同此悲感何由蠲。子亡湖在我已老，枯坐念此涕泗涟。

宣南画社诸画友

民国四年（1915），余绍宋约司法部同仁喜好书画者十余人，集社于他在北京的寓所骡马市大街西砖胡同，切磋书画，谈艺论文，不涉时事。社中无论职位高低，来不迎去不送。起初不定期，后来定期举行，基本上是一周一会，并轮流做主席。时适逢武进汤涤先生来游北京，因汤涤的曾祖父汤贻汾（1778—1853）诗书画文并臻绝品，琴棋剑箫诸艺无不精妙，咸丰三年（1853）太平军克金陵，全家殉清廷而死。余绍宋自幼即研习书法，而于画学则从此时起步，这一年他33岁，并请老友徐心庵治印一方，文曰："年三十三始学画。"

北京宣武门之外也即宣武门之南，北京人习称之为宣南，自清中晚期就是文人荟萃之地。早在雍乾盛世，居京外籍官绅就在此处建造会馆，接待各省赴京赶考之学子。附近琉璃厂书肆、古玩店、书画文房用品之商铺应运而生，宣南逐渐成为文人荟萃之地。画社所在地骡马市大街西砖胡同位于宣武门南，因名之为宣南画社。因画社成立于乙卯年，或称乙卯画社。早期参加者除余绍宋、汤涤之外，还有林志钧、胡子贤（祥麟）、蒲伯英（殿俊）、陈琡僧（琡生）、刘崧生（崇祐）、孟纯孙、杨劲苏。不久，陈衡恪、郁华（曼陀）、梁和钧（敬铸）、梁平甫（锦汉）、廖允端、余荣昌、萧屋泉（俊贤）、贺履之（良朴）、汪慎生（溶）、王梦白（云）等人也来参加。画社活动历时十余年。其历时之久、参加人数之多，在许多民间自发松散型的学术团体中是较少见的。画社的活动主要是由汤涤、陈衡恪等人作画，学习者旁观，有时也由画师讲解作画方法。每次社集结束前，都要定下题目，各人回家作画，等下次社集时各出所作，由画师和学画者一起点评。题材大多是古诗画意，如"红树青山好放船""满城风雨近重阳""采菊东篱下，悠然见南山""长江风送客，孤馆夜留人"等等，很像宋代画院的命题画如"踏花归去马蹄香""万绿丛中一点红"之类的创作形式。1927年余绍宋离开北京，画社活动始渐停止。

1934年秋余绍宋旧地重游，来到北京，各方朋友咸来访谈，朋友中有议重开画会者。《春晖堂日记》中有一段记载：10月16日，应余棨昌之约，"赴戟门家怡园画集，此画社因余16年离平遂尔停顿，至是戟门乃议恢复。然当时同社大半星散，乃增约俞瘦石、汪慎生两君参加，贺履之以老疾未至。饮毕，复循例合作画幅，余与平甫、慎生、子贤联手成山水一帧，宰平题记之，余亦题一则。盖乙卯画社至今正满廿年，而人事变迁，不能无今昔之感也"。这次北京之行，余绍宋还在老友汤尔和招饮之席间，初识了张善孖、张大千、于非庵三人。

汤涤（1879—1948），字定之，号双芋道人。室名茗闲堂。江苏武进人。山水学李流芳。又擅画梅竹，尤长于画松，用笔古雅，自成一家。书法隶、行并佳。曾在北京女子师范学校任教，又曾任故宫博物院秘书。晚年侨居上海，并卒于上海。自从宣南画社成立后，汤涤几乎每会必到。画会起始时均由汤涤作画，学者围观，汤涤讲述画法。汤涤所作之画，用拈阄之法定画之归属。画会一般进行一天，中午由主人准备餐饮。起先都在余家，后来主人（亦称主席）轮流，轮到谁，谁吃饭做东，活动则仍多在余宅。数年后余迁居东单三条，活动地点因时而定。汤涤有时被别人约去，也会数周不能开画会。为确保按期举行，同仁乃拟定次序表，按表执行。《春晖堂日记》1926年1月30日有如下一段记载：

> 十时赴怡园画集，由廖允端作主，此上次画集所签定者。宰平、曼陀未到，余拈得定之画荷。向来画会无定期，上次因平甫、立生、旁庵三人新开一社，将定之约去，遂致数星期不能开会，故议定间

一星期行之，并签定其次序如次：

一、廖允端 1 月 30 日；二、林宰平 2 月 13 日；三、胡子贤 2 月 27 日；四、刘仲缵 3 月 13 日；五、余越园 3 月 27 日；六、徐心庵 4 月 10 日；七、罗复堪 4 月 24 日；八、郁曼陀 5 月 8 日；九、王立生 5 月 22 日；十、余戟门 6 月 5 日；十一、梁平甫 6 月 19 日。

汤仅长余四岁，余因学画较迟，尊汤为师，而汤则以友朋相待。许多朋友知余与汤之关系，常以汤画请余题字。记得 30 年前曾在杭州一藏家家中见一汤画竹，余题字。原文已记不清，大致是说，汤定之常对请其画竹之人说，有余越园在我不敢画竹。而观汤师之竹，非一般画人可以比拟，云云。数年前我在杭购得一张 1935 年余画赠汤的墨竹，题云："乙亥孟夏寄尘定之道长我师鉴教。"可见余绍宋一直以师礼对待汤涤。友人王立生属余绍宋题汤涤画册，余之题跋讲述了与汤之交谊：

余识定之先生在乙卯之冬。时先生不常作画，余与子贤时怂恿之，偶有所得，则学蒙泉。既与余及子贤过从渐密，作画亦渐多，于是有画社之倡设，恒集于宣南敝斋。越岁，夏，先生复来寓月余，日必作画，则多学烟客、圆照，极蓬勃郁密之致。偶在画社挥毫，仍事临摹，不妄自立章法。如是者两年，画大进，意趣忽变，喜学鹿床、莲心，既又作精细之笔，设色尤妙，然绝不作青绿山水也。昔日先生喜用秃毫，至是必用新颖。偶学其曾大父贞愍公之体制，意境笔墨俨然逼真，信渊源之有自矣。近四年来，益趋简老，多学明季诸贤。最近则写梅兰为多，偶作山水苍老挺拔，非时史所能及。若此四十二叶，信合作也。又先生近作意趣奔放，妙合自然，一挥数纸，不复更事临摹。时人因訾其草率者，非真知先生者也。余相从作画十有余年，知先生造诣最深。立生兄以此册属题，适余将南行，心绪烦乱，不及详叙，倚装书此，意殊未尽，他日当补述之。

这则题跋可见余知汤之深，也为研究汤涤绘画者提供了极好的资料。
1948 年汤因患喉癌在上海逝世，余曾撰挽联挽之，惜挽联内容今已不存。此时国内形势极不稳定，余亦年迈，未能去沪吊唁。

陈衡恪（1876—1923），乳名师曾，号槐堂，又号朽者、朽道人。室名唐石簃、染仓室等。江西义宁（今修水）人。幼年从祖父识字、习训诂，10岁能作擘窠大字。后留学日本，先后入东京弘文学院及高等师范。归国后，1910年任南通师范教员，后任教于长沙湖南第一师范。1913年北上，任教育部编纂，北京高等师范、北京美专教授。擅书法，篆、隶、真、行皆工，尤长于绘、篆刻，山水、花卉、人物无一不能，无一不精，尤其所作风俗画保留了当时北京城中许多民间风俗故事。亦擅诗文，著有《陈师曾先生诗文集》《中国绘画史》《中国文人画之研究》等。祖父陈宝箴、父陈三立清末为官，也是学者名士。

由于陈衡恪48岁时即去世，当时余绍宋40岁，所以陈、余交往时间并不长久，但陈到京后参加的第一个画社就是宣南画社，而且每会必到，每到必作画。余对陈之学识修养及书画水平十分敬慕。余母六十寿时，陈特作观世音像一帧为贺。瓷青纸，泥金线勾勒，脸部细微处慈眉善目，衣着处则大笔淋漓，气势不凡，且瓷青纸不能影描，落笔无可更改，足见陈衡恪造型运笔功力之深。1923年余绍宋41岁，夏，汪慎生为绘小像，并请陈衡恪为题额，他以篆书题："余樾园先生四十小像。"题罢不久即赴南京。不料9月19日夜余绍宋接刘崧生电话，惊悉陈衡恪病殁于南京，复为之陨涕。感慨万千的余绍宋有如下记录："师曾人品极高，天才卓越，使假以年，诗书画皆可成家，不料其竟死也。师曾今年才四十八，前月奔母丧归南京，近亦不闻其有疾，岂其殉母丧欤？！师曾固尚有老父也，必不然矣。师曾得母耗之前二日，犹来寓剧谈，允为我作篆，又汪溶为我画小照，复持去，谓将为我题诗，今不可复得矣，伤哉！"10月17日，余绍宋赴江西会馆参加陈衡恪追悼会，同仁到者甚多，梁启超致悼词。一代书画家、学者从此长眠地下。

汪慎生（1896—1972），名溶，号满川邨人。安徽歙县人，少时生长在衢州。浙江省立第八中学毕业。在上海、北京研习国画多年，入辅仁大学修业五年。1934年后任京华美专、辅仁大学美术系讲师，并任全国商会联合会秘书等职。1954年任北京中国画院院委、画师，直至去世。汪慎生擅山水花鸟，也擅人物写生。汪比余小13岁，尊称余为越公、越帅，而余则以朋友相待，互相赠画甚多。1936年汪慎生出版第一本画册名曰《汪慎生山水花鸟画册》，即请余作序，序中阐述了余汪之交游及对汪画之评价，其文曰：

> 慎生自幼喜涂抹，里居时画虽未佳，而笔致甚好，余因约之游旧都，俾扩闻见。居不数年，果大精进。比来一别七年，忽以近作花鸟册子见示。展视惊叹，则已进窥宋元之堂奥矣，岂胜倾佩。慎生徽人，而生长衢州，与余实同里闬，知之较深。其画不仅长于花鸟，即山水人物各科，亦用笔谨严，动合法度者。癸酉（1933）三月朔，余绍宋记于杭州寓居之寒柯堂。

汪慎生擅长色彩的运用，是现代小写意花鸟画名家，在水墨的运用上也有着卓越的成就。1947年他为余所画的四时花卉长卷，可以说是他一生中之精品。卷引首高丰题"白阳风韵"四字，卷中有齐白石、溥心畬、溥雪斋、黄宾虹、陈半丁、邵章、徐石雪诸人题诗、题字。整卷从春到冬画了二十多种花卉，形态各异，用笔纯熟，墨分五色，观者无不叹为观止。汪每为余作画，所作无不认真精到，而此卷为最。此卷汪自题："丁亥八月写奉越公教正，慎生汪溶。"足见汪对余的尊敬。

宣南画社中梁和钧、梁平甫、余棨昌、刘崧生等人均曾互赠书画，直至余绍宋南归仍有往来。梁敬錞（1890—1984），字和钧。福建闽侯人。1917年毕业于北京大学法律科，入司法总长林长民（字宗孟，闽侯人，与余也极友善）幕，兼北大讲师。1920年历任司法部参事，北大、朝阳大学等校教授。国民政府时也在法界任职。1948年赴美，曾在哥伦比亚等大学任教。1965年赴台，病逝于台北。20世纪70年代还在台湾出版的《传纪文学》杂志上发表了一篇《余庐谈往——余、林交谊特述》。文章回忆了民国初余绍宋、林志钧之交谊以及宣南画社当时的活动情况。时宣南画社诸友多数已归道山，独梁敬錞年少寿又长，恐怕已是能说清当时情况的绝无仅有之人了。

还有一位本可不必提及的人物，但现在不能不说一说，他就是王梦白。王梦白（1888—1934），名云，号三道人，又号破斋主人。江西丰城人，随父流寓浙江衢州。先在衢州钱庄做学徒，现今衢州博物馆中还保留不少王梦白青年时所作之画。大约30岁到北京，经同乡余绍宋介绍入司法部为录事。陈衡恪甚赞其画，并劝其改学李鱓、华嵒，艺事乃大进，被聘为北京美专教授。喜至动物园写生，又喜看有野兽之电影，所画动物画尤佳。偶作小诗也清新。性怪僻，喜骂座，同道皆恶而避之。终成孤寡之人，生活潦倒，1934年病死于天津。

20世纪70年代末，端木蕻良先生写了一篇《记画家王梦白》发表在《人物》杂志上，原文的一段如下：

"梦白，在家吗？"一位客人，衣冠楚楚，走进下岗一个小院里，隔窗向里询问。

"没在家！"从玻璃窗里飞出三个字来。

这一天，有位客人来找王梦白，王梦白在室内透过窗户看出是他，便高声说："不在家！"

客人乘兴而来，败兴而去。原来这位来客也是作画的。王梦白很不喜欢他的画，更不喜欢他的为人，所以，就叫他吃了"闭门羹"。

王梦白平生引阮籍为同调。阮籍对自己喜欢的人，能以青眼相视，对自己不喜欢的人，则以白眼相加。鲁迅自己说："青眼我会装，白眼我却装不好。"王梦白则二者都会。

王梦白青年时代和余绍宋一同作画，两人很是相得。后来余绍宋当了高官，准备回南探望。王梦白的母亲适在浙江去世，王梦白因为贫困，无力奔丧，便托余绍宋借回家之便，到他母亲坟前替他扫祭一番。哪知这位新贵，早把这个委托丢在脑后，根本没有履行诺言。王梦白得知后，便从此和他绝交。

后来余绍宋给自己母亲做八十大寿，同僚们网罗北京名画家，为寿母绘制画册，几次三番请王梦白作画，王梦白都拒之门外，没有答允。待到余绍宋母亲做寿这一天，余宅大摆筵席，宾朋祝酒之际，王梦白身穿长袍马褂，直趋余宅，来找余绍宋"道喜"。余绍宋听到他来找，知道不妙。但又不敢不见他，只得硬着头皮走出迎接。果然，王梦白一见他，就指着他的鼻子骂道："你叫什么余绍宋？你应该叫余绍犬！可惜我手中没有带鞭子，我要带了鞭子，一定打你几鞭！"说罢扬长而去。

此文作于1979年7月25日，发表在以反映真人真事为宗旨的《人物》杂志上。人生一世的功过是非，由历史和后人见仁见智地评断，本无可厚非。纵观余绍宋生前及故世后的百余年间，除了历史原因被打成"官僚反革命分子"外，对他的为人、道德品质的攻击还未曾有过，端木先生的文字可谓独此一家。

当我看到此文后，即致函《人物》杂志编辑部，提出该文不符史实。在我强烈指责下，1981 年《人物》杂志社刊登了本人的一篇更正文章。人们总是喜欢看故事，而对于这种更正故事中错误的文字一般都不予留意。而且《人物》杂志又是以反映真人真事为基础的刊物，于是很多杂志、报纸不加考证争相转载，很多无聊文人也争相引用，甚至断章取义、添油加醋，造成了极恶劣的影响，玷污了余绍宋一生的清名。为了使以后的史学家不必再花大力气去考证，这里只好旧事重提，还其历史原貌。

第一，余绍宋和王梦白之交往。王梦白少时随父由江西流寓浙江衢州，大约 30 岁去到北京，首先是找在司法部任职的"半个同乡"余绍宋，请余帮助寻求谋生之路。余绍宋遂介绍其进司法部任录事。因王梦白也喜欢绘画，后来也曾参加过以余绍宋为主的宣南画社的聚会。终因王梦白的个性怪僻，朋友恶而避之，而余绍宋日记中洋洋两百余万字提及王梦白也是少之甚少。端木文中称"后来余绍宋当了高官"，实在是本末倒置。

第二，端木文中的时间错误。余母褚太夫人生于 1862 年，80 岁时当为 1941 年，时值抗战时期，余绍宋全家息影避难在浙南山区，根本没有做寿之举。而王梦白此时已过世七八年之久，墓木已拱，何以有骂寿之实？

第三，端木文中的地点错误。端木先生在我的指责下，曾托词笔误，是为余母六十寿辰有王梦白骂寿之举。但余母终其一生未曾到过北京，如果余母去过北京，且有大事操办六十寿辰之举，则余绍宋在京期间的日记中不可能没有记载和描述（余绍宋 1917 至 1942 年日记，已由北京图书馆出版社出版）。余母 60 岁时曾在衢州化龙巷做寿，按端木先生所说王梦白无力回乡为母奔丧，何以为了骂人，不惜千里迢迢从北方赶到衢州图一时口舌之快呢？

至于文中所说，为庆母寿，余绍宋"几次三番请王梦白作画，王梦白都拒之门外"云云，则更为荒唐。当时王梦白曾主动画设色花鸟屏一堂八屏为余母祝六十寿,时至今日,余家后代尚保留着几幅王梦白的画作。

1934年10月余绍宋再到北平,旧地重游,听说王梦白病死,发出了下面的感叹:"闻王梦白在津,以在日人所设医院割痔,血流不止而死。此君画笔颇高妙,近见其所作多枯笔干墨,生气索然。知其不永矣!闻近来渠在故都已无旧相识,终日骂人,人咸避之,卒至贫困以死。可怜亦不足惜也。"余绍宋是在王梦白死后数日内写下上面这段话的,其真实性和可靠性是显而易见的,既肯定了王梦白画笔高妙,也批评了王梦白终日骂人、人咸避之的恶习。余绍宋一生中视朋友为兄弟,不论地位高低均以诚相待,且以助人为乐。如果朋友遇到困难,首先是自己慷慨解囊,再向其他朋友募捐,以解朋友之急。有一次,衢州同乡一个叫方仲先的小职员的妻子病故,无力回家治丧。余绍宋尽自己所能资助方仲先,又以向朋友们募捐所得之款,解朋友之急。一个是以朋友为重,一个几乎没有朋友,已形成鲜明的对比。孰是孰非,明眼人自可辨之。端木先生以不实蜚语著之笔端,误人误己,殊堪为学者戒。

前辈先生

前文"受聘故宫博物院维持会"所提及的江瀚、汪大燮,均系前辈先生,与余绍宋可称忘年交。此外,梁鼎芬、陈宝琛等前辈与余也交情甚厚。

梁鼎芬(1859—1920),字星海,号节庵,死后,清废帝谥号文忠。其他字号甚多,以星海、节庵最多见。广东番禺人。清光绪六年进士,历任丰湖、端溪书院之长。与张之洞友善,张督粤时,设广雅书局,被聘为首任院长。张调两江,复聘为钟山书院之长。又随张还鄂,参幕府事。后任湖北布政使等官。又为汪康年《昌言报》主笔。辛亥革命后为遗老,一生效忠清王朝。梁氏掌教各书院时,颇注重书院藏书。编著有《端溪丛书》《经学文抄》等。

梁节庵自幼丧母,继母梁余氏视之为己出,他待继母也至孝。节庵之继母系余绍宋之姑祖母,余称梁为表伯,故两家往来十分密切。梁节庵之逸事在溥仪《我的前半生》中有不少记载,梁终生忠君,而余随时代而进,政治观点固然差别很大,但并不影响两家的交往。梁只有一个失聪的儿子名叫思孝。节庵逝世后,后事多赖余代为操办。梁生前曾为崇陵种树大臣，死后按其意愿葬于河北易县之梁格庄，梁格庄距崇陵不远。余为之作《梁格庄会葬图卷》，用笔清新，场面宏大，此时余学画不足五年，已颇见功力。余自题云："易州治西十五里有梁格庄，往岁番禺梁文忠公为崇陵种树大臣，于庄结种树庐居之，谓死当葬庐侧。既殇，以己未十二月二十三日葬，四方来会，柴车相望。余负土既归，重有所感，乃作斯图。庚申正月二日。余绍宋识。"此卷有曾习经题引首，引首处更有陈宝琛、秦树声、朱益藩、黎湛枝等人题诗，卷后有胡祥麟、陈庆佑、朱汝珍、汤涤、陈衡恪、郑孝胥、吴昌绶、康有为、江瀚、黄节、袁励隼、邵章、罗敷庵、赵尔巽、朱孝臧、陈三立、刘承干等三十余家题诗、题句。

　　节庵生前不愿刻印诗文集，1913 年春间有三良之志而不得遂，事前曾手书遗言："我生孤苦，学无成就，一切皆不刻。今年烧了许多，有烧不尽者，见了再烧，勿留一字在世上。我心凄凉，文字不能传出也。"1919 年夏，节庵病痹，余绍宋往问疾，乘机叩问所著为何不付刊行。节庵的回答是："我不长于文，文必不刻。诗词虽意有所托，唯烧去已不少，今所存仅百余首，他日不可知，今则不能示汝耳。"余于是知道梁节庵并非不愿刻印他的诗词，而是不愿刻印他的文章。余乃与友人商榷，刊登征梁节庵诗的启事，但启事尚未发出，梁节庵已谢世。不久在龙氏《知服斋丛书》样本中发现 252 首，经过一年多的搜求又得 740 余首。所录诗有重复和异同者，经认真筛选、校对、编列次第，共得 862 首。直到 1923 年 4 月方交卢慎之付刻，厘为六卷，前二卷为《知服斋丛书》，依原本次序，后四卷为集录者。刻成名之曰《节庵先生遗诗》，书前有余绍宋序。

　　又过了十余年，番禺叶恭绰先生又搜得节庵遗诗三百首，付之刊行，名曰《节庵先生遗诗续编》。以是节庵先生之诗始得流传至今。

　　陈宝琛（1849—1935），字伯潜，一字伯泉，号弢庵。福建闽侯（今福州）人。同治七年进士，授翰林院庶吉士。历官内阁学士、礼部侍郎。入阁后以敢言朝政之得失闻名，与张佩纶等人一起被目为"九大金刚"，又与张之洞等有"清流党"之称。光绪十七年（1891）被黜，回里赋闲，其间在福州创办东文书院、全闽师范学堂。宣统间起用，任溥仪汉文师傅，官为太傅。

余绍宋何时认识陈宝琛未见记载，余庐日记中称陈为师傅，或弢庵师，当在宣统间余在京任外务部主事时相识。陈擅书法，偶尔也作画，与余有同好，常常相聚研讨书画。陈民国初仍为帝师，可进出紫禁城，常借书画回家与众人共赏，余有记载者，仅1921、1922两年就有数起。兹选录部分如下：

> 陈太保召余去看画，盖自大内携出者。有一大册，高宗题为《名画大观》，另有题签，乃董文敏为烟客题者。首一页为刻丝，甚精；以后王摩诘一页、赵子昂一页、范华原一页、李营邱一页、巨然一页、黄子久一页、倪云林一页、方方壶一页、卫九鼎一页，每页皆有文敏跋语；卷首尚有高宗小像，乃朗世宁所绘者。洵属至宝。……再观《宋徽宗临古大卷》，凡二十七段，有花卉、人物、鸟类、山水，山水居多。世人但知徽宗能花鸟，不知其于山水更精到也。写意笔甚多，世人但知徽宗工笔，不知其又长于写意画也。首一段乃徽宗自画一《秋江水鹭图》，谓特自画一帧，以见吾之所长。以下二十六段皆临摹古人所作。……

> 下午三时到陈师傅处再看画。内有一大卷高约三尺许，长约三丈，乃郎世宁所画《百骏图》。绝似油画，人物、马匹、树木均甚生动，工细绝伦，实为大观。……七时许始看毕归家。今日总统府本有蒙古王公茶会，因看画遂未去。……

> 与刘仲缵同往弢庵太保处贺节并辞行。太保出内廷所藏《名画荟珍》大册子见示。首列王摩诘、周昉两页，皆人物画。王画至精妙，的是真品，有宋宣和题识。次为黄筌菊花。次为李唐、李公麟，画佳，不见得真迹。又次为马远，至精妙。又次为东坡，审视左角尚余半字，似系郭熙之笔，不知高宗何所见，而定为东坡笔迹也。又次则有赵子昂父子。又次为盛子昭山水，画法有与近代名人画法不同者。又次为倪云林，极精到，可窥见云林真面目。最后为曹知白松石，每帧均有高宗题诗。与前次所观《名画大观》真足称双璧也。

三时谒陈太傅师，求其为梁（节庵）诗作序。原稿呈阅，师谓尚有斟酌，缓付梓。

师出示内府所藏三卷：

一、颜真卿《告祭侄帖》原稿真迹。

观此可知钱南园、何子贞诸人学颜无一是处，唯明王觉斯尚能得其用笔之法。题跋甚多，内有姚广孝跋语，字迹清秀，甚不类其为人。其字体多学褚河南，亦明人中所仅者也。

二、杜牧之书《张好好诗》真迹。

自昔未闻牧之能书，而笔遒劲，出入二王，与李北海相近，绝无六朝人习气，可谓雍容华贵者矣。跋语亦甚多，有年羹尧现款，字体亦甚秀，不类其为人也。又有吾子行观款，篆书，甚精当。……

三、王蒙《太白山图卷》。

长约八尺余，自首至尾悉画松，中一松径直达寺观，无虑千株，排比画去，绝不用烟云山石遮掩，而毫无板滞繁杂之弊。此真无此大本领不能为、不敢为也。又全是细笔，却不工致。观此可窥院体画与写意画递变之迹，获益良多。师谓多人说是赝作，真梦语耳。刘崧生来观，因谈及皇室事。

……饭后谒陈太傅师，师示内府所藏《四朝选藻》四大册。

始于李思训，终于陆治。凡唐人一、宋人二十九、元人七、明人四。唐宋画多工笔，可窥见当时画风之大凡；元画王孟端有两页，却无倪、黄、王、吴四家；明则仅取沈石田、唐六如、文徵明、陆包山四人。皆精绝不同凡品，真眼福也。

下午谒陈太傅师，谈甚久，多及咸同间掌故。师出示内府所藏《陆包山册页》及周栎园朵《名家书画册》计十八页，题咏者甚多……

以上是余绍宋居京时，与陈宝琛交往的片断。余定居杭州后，1934年秋再游北京，曾拜见陈，陈请余为作山水一帧，题云："弢庵夫子年伯大人钧诲，乙亥春初，余绍宋写于杭州。"不料画寄到北平，陈已谢世。于是好友林志钧有如下之跋语："甲戌（1934）之秋，越园兄自杭州游北平，谒弢庵师，谈次师属作山水画。语以归后画成寄平，允作书画为报。今春越园写此纸邮致余转交。时师适病人医院，谓俟病稍间即转呈，因先裁书告越园。既，师竟捐馆舍，此纸便焚之几案前，九原果有知耶，痛哉！因以寄还越园。得复书，属余识其始末。越园笃于故旧情意敦挚，而师友生死之间仅待此一纸为之联系，其感慨又当何如哉。乙亥立秋后一日，林志钧记，时客北平。"

除以上诸老一辈外，与余绍宋交往较多的还有朱艾卿。朱艾卿生平不详，也应该与皇室较亲密，因其常可从溥仪处借到故宫藏品。以下有余在朱宅看画的一些记载，当然时间仍在 20 世纪 20 年代初，也即溥仪出宫之前。

下午二时同叶尧臣、汤定之到朱艾卿师傅处看画。自三时直看到十时，匆匆不停，足见其收藏之富。内中颇多精品，立帧中如黄大痴《天池赤壁图》、倪云林《枯木竹石》、范华原《达摩面壁图》、王石谷《柳溪钓艇》乃墨笔山水，王麓台设色山水、华新罗《松鼠》卷子等。又马和之《涂山禹会图》、唐六如《竹林高士图》、萧云从纸本《青绿长卷》、董文敏《云山卷》……夜饭后，复出内府所藏诸件，盖师傅特借归以供赏览者，至可感谢。内中林和靖、苏子瞻诗卷，东坡《洞庭春色》《中山松醪》两赋卷子，东坡书杜子美《楷诗卷》，梁楷《右军书扇图》，董北苑《湖山烟雨图》，范华原《秋山萧寺图》长卷，马和之画，宋高宗书《陈风图》，皆稀世秘玩。一日之间获观如许名迹，实为生平第一眼福。恨暑短不能细览其笔墨之胜也。

到朱艾卿师傅处，今日与叶尧臣同在朱宅请客。师傅乃出所藏相赏，皆前次未读者，内最精者为周文矩《荷净纳凉图》，周为五代时人，而设色精丽如初脱手。赵千里《仙山旭日图》，亦精细无匹，惟设色处稍蚀耳。钱舜举《田家四时乐图》，以一卷而画四时景物，殊奇特可喜。张梦晋《赤壁》两图，精到之甚。梦晋生平落拓不羁，而作画绵密细到如此，殊出意外。米友仁《云山图》亦为瑰宝。范中立《夏峰图》之轴，乃御赏品，本稍晦。可惜余尚有数卷不足列，然亦非常品也。

余绍宋在京从游诸前辈，除以上所述外，还有如陈散原、袁励隼、曾习经以及前文所提及的江瀚等，只因史料匮乏，无法一一叙述。

侨居天津

1926 年 4 月 18 日奉军进入北京，次日段祺瑞下野，执政府垮台。不久张作霖自封为安国军总司令，电召他的副司令孙传芳、张宗昌等前来北京会商。并于 1927 年 1 月 7 日发表通电，声称继续维持顾维钧内阁。军阀张作霖一方面勾结帝国主义，一方面残酷镇压革命力量，于 4 月 6 日派出大批军警包围苏联大使馆，搜查远东银行、中东铁路驻京办事处，逮捕李大钊等六十余人。北京的中共党员、社会主义青年团员、广大爱国学生、工人及教育界人士，均奋起营救。张作霖不顾广大人民群众的反对，为所欲为。4 月 28 日，伟大的无产阶级革命家、中国共产党主要创始人之一李大钊于北京英勇就义，终年仅 38 岁。同时就义的有中共北方区委宣传部长范鸿劼、中共北方区委组织部长杨景山等 19 名烈士。

这时候北伐军已控制了南方的大部分地区。1927 年 1 月，国民政府迁至武汉。2 月 17 日，北伐军占领杭州，即向淞沪进军。4 月 18 日，蒋介石在南京建立国民政府，同武汉国民政府对立。蒋介石背叛革命，反苏、反共的面目逐渐暴露。

自从三一八惨案和金佛朗事件之后，余绍宋对当局已完全不信任，陆续辞去了政府部门的一切职务，并开始为自己今后的去向做准备工作。至 1927 年六七月间，余绍宋下定决心离开北京，与政治无关的司法储才馆、修订法律馆以及北京师范大学、北京国立法政大学、北京国立艺术专门学校等所有职务亦一并辞去。7 月 7 日，余绍宋依依不舍地告别了北京城，来到了天津。毕竟在京生活了十几年，那里有许多莫逆之交，又是无处可以比拟的文艺渊薮，有他熟悉的古建筑、书画文物，更有能与之谈今论古、研究学问的学者们、朋友们，依恋不舍之情自是油然而生。

余绍宋来到天津后，借寓友人郭芸夫家，与住在附近的梁启超过从更密，研讨学问，畅叙友谊，时常还有竹戏。

余绍宋暂居天津是为南归定居做准备，做了十几年的京官，乍然离去，放弃俸禄，从此将自谋生计。其实他若不做官，仍可以在北京师范大学、北京国立法政大学、北京国立艺专等校任教，仍然可以衣食无忧。而此时北京的朋友们也有应南京政府之聘，南下为官的。余绍宋也有这样的机会，但他毅然决定辞去一切职务，可见是下了很大决心的。

余绍宋对今后的生计并非不担心，但决不愿再与当局合作。他与朋友谈及乱世保身之道时曾说：

> 古人所谓明哲保身一语，多为后世怕死贪生之人所利用。其实见危授命亦是保身。概身字不应仅作躯壳之解，若名节丧堕而徒保有躯壳之身，仍非保身也。女子为人诱奸，古人谓之失身，不闻其死与不死，正是此义。

他又与龙游友人苏公选论及时局时说：

> 山东近事，深慨当局左右无正人能救其失，但有逢迎之小人。余谓以今时当局之傲慢，欲得正人辅助，为事殆不可能。在昔君王时期，率土率臣，欲求治理，尚须蒲轮安车，征聘贤人，而贤人尚不乐为之用。安有傲慢若是，而能得人才者？况在昔时，君臣之分久定，为人臣者犯颜直谏，纵罹不测，犹得直名，是犹有相当代价，故前仆后继愿作牺牲。今既无此名分，谁复为之。合则留，不合则去，尚不失为正人。则在其左右者，又安望能匡救其失耶？今日南北政治之败坏，其总因皆在此。苟当局者，能明此理，谦恭下士，亟亟罗致正人，或尚有挽回之望。嗟呼！此论更向谁说耶！ [1]

这便是余绍宋毅然决然离开官场，走自己道路的主要原因。以至若干年内，许多南京政府内的老朋友多次劝他出山，他仍然不为之动心，而是做自己想做的事，过着无拘无束的闲适生活。余绍宋自 1927 年 7 月 7 日来到天津，至 1928 年 7 月 20 日离开天津。在津共一年的时间里，他完成了《书画书录解题》近三分之二的初稿，还多次赴京看望朋友，

---

[1]《春晖堂日记》卷二十六，1928 年 4 月 30 日。见中华书局 2012 年出版《余绍宋日记》。

参加画会，并曾赴衢州、龙游省亲。他对人生有限时间的利用，堪称后世楷模。

余绍宋在京为官 16 年，每年或隔年必返乡省亲。因时局动乱，他已一年多未回衢，此次侨居天津乃有返乡省亲之举。京津到衢州，因战事太多，陆路多危险，从海路去则很费时日。10 月 13 日，余绍宋乘新铭号轮船，从天津出发，经塘沽、烟台至上海竟走了五天。在上海逗留数日后，于 22 日乘火车抵杭州。杭州朋友不少，所以余绍宋在杭州也逗留了五天。此时杭州的钱江大桥还未建造，当时从杭州到衢州，多走水路，途经桐庐、兰溪等，逆水而上须走三五日。适逢军队征用船只，夜不敢行。舟行至东馆，军警果然来封船。同舟的衢州人徐心庵以浙江省考试委员的名义，上岸与军队某连长商谈，才准放行，并催促快行。薄暮抵建德、兰溪交界处的将军岩，夜息日行，又越两门，始达衢州。

余绍宋虽有两个妹妹，但都英年早逝。弟弟余绍勤字小秋，小字阿爽，兄弟二人十分友善。这时候高堂健在，子侄辈已有五六人，都住在余绍宋 1921 年购入的化龙巷春晖堂老宅里。兄弟妯娌、婆媳子侄都很融洽，并没有那种大家庭中的争斗。余绍勤经营中药铺十分得法，多年来也颇有积蓄，在衢州日新巷新建一座宅院。时局动乱，家庭人口日增，母亲褚太夫人提出兄弟应该析产分家。于是兄弟两人由母亲做主，平和地析产，余绍勤迁入自建新居。因余绍宋常年在外，母亲较多的日子都住在弟弟家中，余绍宋则提供较为丰厚的生活费用。

此次返家，余绍宋在衢州、龙游共逗留了四个多月。除省亲之外，还参与了家祠的整顿、新修《龙游县志》的发售、组织设立续志资料收件处等公益事业。

1928 年 3 月初返回天津后，5 月 3 日，余绍宋应天津南开学校之邀，赴该校为师生讲演《初学鉴画法》。可惜当时并无讲稿留下来，只有署名乐永庆的记录稿，发表在该校的周刊上。记录稿当然很简单，但多少保留了余绍宋当时对鉴定古书画的基本观点和方法。他认为鉴定古书画有两种方法：一是形式的研究，即纸绢、印章、款式、装裱等；二是精神的研究，即研究画史，了解中国画的时代风格、流派风格、个人风格等。而应以精神研究为主，以形式研究辅之。这种以精神研究为主、形式研究为辅的方法一直沿用至今，只不过以前人们只是言传口授，未能付诸文字记载，更无图片可以辅助。直至近数十年，张葱玉、谢稚柳、徐邦达、启功等前辈先生在对中国古代书画鉴定的实践中撰写了许多专著，为今后古书画真伪的鉴定留存了宝贵经验。

1928 年 7 月 20 日，余绍宋离别了天津，踏上了南归的旅途。

纂修《龙游县志》

余绍宋能成为著名方志学家，这与他从小的志向及热爱家乡的感情是分不开的。余绍宋的家乡龙游县有两千多年的建县历史，文化源远流长。春秋时龙游被称作"越之西鄙姑蔑地"，秦汉时为太末县县治所在，唐称龙丘，五代吴越时改称龙游。汉代有以志行和学问著世的龙丘苌，南齐徐伯珍、唐时徐安贞皆一时名士，宋代有状元刘章、南渡名宰余端礼、学者夏僎，元代有天文学家赵友钦……历朝历代名人辈出。县内山川秀丽，民风淳朴，物产丰饶。余绍宋祖先原籍安徽休宁，迁龙游一世祖余旦，宋咸平年间任衢州教授，始居龙游城郊柳村，南宋时左丞相余端礼是其后裔。逮及明代，余氏迁至城西北高山背七果园。明清两朝余氏名人迭出，旧志科举表中诸多余姓者，大多出自一门，是邑之望族。直到咸同年间，因所居毁于战火，才由余绍宋之曾祖父余恩锒迁居府城衢州。

余绍宋生在衢州，5 岁开始识字，7 岁入家塾读书。曾祖父深爱之，除日常督其功课，还常给他讲古代贤童故事。这些故事大多出自家乡龙游，如饶州之罗鸡得金、忠肃之化龙枕鼓，这使得年幼的余绍宋对故乡龙游十分向往。13 岁时，余绍宋随父居龙游凤梧书院读书，时常听父亲与人谈及志乘年久失修，深恐文献散失，屡欲修而不成。他向父亲询问，才知道"方志为一县宝书，功侔国史"[①]。虽年少领悟不深，但对他后来致力于方志学的研究，无疑起了很大的作用。

余绍宋 16 岁为诸生，19 岁食廪饩，并专心于经世之学，涉览群书，尤喜研究史学。当他读到章学诚《文史通义》一书，"始恍然方志为史之要册"[②]，于是取康熙《龙游县志》细读，发现有许多不足之处。这

---

① 《龙游县志》卷末《前志源流及修志始末》。
② 《龙游县志》卷末《前志源流及修志始末》。

时他对方志学有了进一步的认识，而且增加了对方志学研究的兴趣，并接受了章学诚的方志学观点，为后来主修《龙游县志》做了理论上的准备。

1903 年，清政府宣布废除科举制。龙游县开设新学堂，聘余绍宋为学长。21 岁的他，这时已攻读了经史学的大量书籍，逐步掌握了治学方法，又熟悉了不少地方掌故，并有了广泛的社会交往能力，结识了当地许多学者。又因展谒先茔，得以周览家乡的山川景物，加深了桑梓之情。当时学堂总理是其叔父余与九，曾与人议及修志事，终因人才物力两缺而未能举事。余绍宋暗自铭记于怀，更加发愤读书。遇书中有涉及县事，就一一笔录，积久盈寸，再与旧志考订校对，发现康熙《龙游县志》确有不少谬误之处，遂成《旧志订伪》一篇。这是他方志学方面的最早著作。

1905 年，余绍宋东渡日本留学，临行龙游县地方"助束装费一百金"。这笔钱出自往年修志的余款，虽为数不多，但余绍宋却感动万分，"私念今日地方以此款赠行，他日报之者别无他道，盖至是而修志之意遂决矣"①。

1910 年，余绍宋从日本学成回国，先后在清政府和北洋政府部门任职，职务升到了司法次长、代总长。余绍宋虽有为家乡修志之心，却因政务繁忙，一时无暇顾及。

龙游县虽历史悠久，从宋朝以来也多次修过志书，但遗存的《龙游县志》只有两部，一是明万历壬子《龙游县志》，一是康熙癸丑《龙游县志》。从清康熙癸丑年（1673）至 1924 年，龙游县志断修已整整 251 年。其间虽有许多乡贤及地方官前后七次涉及修志，但由于各种原因，都未成功。

第一次续修是清乾隆六年（1741），由知县徐起岩主持，仅是在康熙志基础上增加了《官师》《选举》《艺文》，并未续修全志。第二次是清道光年间，知县周敦培议修，做了一些编纂准备工作，并拟增《兵防》内容。可是周在任未久即离任，此次修志只好作罢，而当时的编写遗稿则毁于咸同时期兵燹。第三次是清同治初，知县朱朴、教谕褚荣槐议及修志，并提议于《田赋》中补上"户口""田额""粮税"各条等。

---

① 《龙游县志》卷末《前志源流及修志始末》。

但此次修志也是虎头蛇尾，中途夭折。第四次议修的是余绍宋的曾祖父余恩镙。当时龙游县在咸同年间遭受兵祸至剧，闾里为墟，文献丧失殆尽。此时解甲归家的余恩镙从某乡绅手中借读了历经劫波弥足珍贵的康熙《龙游县志》，于是慨然有修志之愿。但他向知县倡议时，却未能受到重视。为抢救孤本，余恩镙自己出资重印了康熙《龙游县志》，并补上了徐起岩《官师》《选举》《艺文》三篇。重刊本分别有衢州知府刘国光和余恩镙作的序。此年系清光绪八年（1882）。第五次议修于清光绪二十年（1894），知县张焰聘请时在衢州正谊书院的慈溪人冯一梅主修，当时采访所得颇多，大小凡70篇，另有图24幅，但未经纂辑。不过这部分资料后来编进了余绍宋民国《龙游县志》，即所注的"旧采访"部分。第六次议修是在光绪二十六年（1900），知县杨葆光见冯一梅所遗采访册，惜其中辍，遂议设局续修。聘请凤梧书院山长叶元祺主局事，祝康祺为坐办副之。但这一年先后发生了江山刘家福领导的农民起义及震惊中外的"衢州教案"，波及龙游。事平后杨葆光去职，修志之事遂中止。第七次议修是民国八年（1919）。当时浙江通志局急催各县进呈采访稿，而龙游县旧采访册及地图已于辛亥革命时遗失，不得已重新采访。因时间仅有一年，过于匆促，所采资料多舛误，能供采用的不到十分之一。在后来的民国《龙游县志》中，这部分资料被称作"续采访"。

由此可见，251年时间不算短，其间亦有不少地方官及有识之士倡议修志，但始终未能成功，修志可谓难矣！也因此，重修一部《龙游县志》的任务，历史性地落到了余绍宋肩上。

1921年，余绍宋因母亲六十大寿，于11月回衢州为母做寿。龙游地方乡绅张先芬、吴际元、劳锦荣、汪宜锌、徐士杰、陈昌炽、劳锡蕃、朱佩华来府城为其母贺寿。当时龙游县又提议修志，这已是第八次了。酒席上，众乡绅向余绍宋谈起此事，并要求余绍宋担当此任。余绍宋颇感为难，为家乡修志是自己多年的心愿，但此时自己要职在身，应允下来恐无暇顾及。当他将此事告诉母亲时，其母以"汝其忘先人之志乎"相问，促使余绍宋终于下了为家乡修志的决心。

1922年，龙游县设立志局，余绍宋任总纂，县人祝康祺为副纂，余绍宋身居北京，局务由祝康祺负责。祝康祺（1854—1926），字劫庵，光绪十一年（1885）拔贡，曾任河南密县、新野、温县、孟津知县。两人皆主张县志重修，不事续编。余绍宋拟定采访提纲，志局于城乡各聘专职采访员一二名，名誉采访员一百名，要求采访员按提纲进行采访，所得资料由祝康祺汇总，寄往北京，余绍宋专事编纂。在编纂过程中，余绍宋翻阅了大量史籍，尤其是民国前的方志（其中自己购买的各县方志有三五百种）。他仔细评点各志得失，择其长处，书中凡涉龙游之事，一一摘录，作为所编县志补充。同一事或人，有不同说法，则反复查阅其他书籍以避孤证。每收到新采访稿，余绍宋读后，则通过书信与祝康祺交换意见，对采访资料提出质疑，要求对某事某物再调查、再考证。如他对盈川人祭祀杨令公就提出"杨令公是否即杨炯？考新旧唐书炯本传，于炯多诋诹……窃意杨令公如果是杨炯，则必有功德于民，不然其祀不能绵历千载也"，并希望最好能找到有关碑记。三年间，如此书信往来近三百封，一部120万字的宏著，由一人编写、撰辑、校对，可谓历尽艰辛。在那几年余绍宋居住的北京西砖胡同五号院子的房屋里，常常是灯火通明。用余绍宋自己的话来说是："三年中饾饤故纸，埋首丛残，几于人事都废。卜昼不足，继之以夜，辄至晓星入户，家人促寝，犹不能自休。"①

1924年，《龙游县志》由北京京城印书局刊印出版，全志四十卷，首末各一卷，分前录、正志、附志、后录四部分，内容、时间下限清末。其卷首为叙例，载余绍宋修志的立场、观点、方法、原则。卷一至卷二十三为正志。其中通纪，叙周代至清代两千余年的主要事项；地理考，载沿革、疆里、山川、风俗四项内容；氏族考，记龙游县主要的家族，分来源、迁入时间、分布地区、家谱的纂修状况等；建置考，叙城池、廨舍、学校、邮传、津梁、祠祀六类；食货考，有户口、田赋、水利、仓储、物产五项；艺文考，收载著述类书籍二百一十三种；都图表，将村落的归属、地名、距县城的里数、交通位置、居民状况采用表格的形式加以记载；职官表，分为县官、学官、庶民、武官四表；选举表，分正表、附表，正表载荐辟与科举出身者，其余收入附表；传有人物传、列女传，人物传按年代次序收录人物，将其中有一定关系者撰成合传，并附阙访、别录（阙访所收人物传系生平事迹难以寻访者，别录

①《龙游县志》卷末《前志源流及修志始末》。

收录系致力于地方公共事务及慈善活动而又难以搜集到其具体内容的人物），列女传有贞妇略、烈女略、列女别录。

卷二十四至卷四十为附志。卷二十四为丛谈，分古迹、寺观、轶闻、志异四篇。卷二十五至卷三十二为掌故，有赋役全书、编造鱼鳞册、重建凤梧书院、凤梧书院藏书目、清查无主公租及宾兴、无主公租册、宾兴田册、湖镇义塾田册、劝捐积谷、重修姜席二堰、创造浮桥、整顿义渡、开矿成案、兴复育婴堂、禁夫役勒索工价、禁掘冬笋等，共十六篇。卷三十三至卷四十为文征，录诗文等作品。

卷末为前志源流及修志始末，记述龙游历代纂修县志的概况与余绍宋等人纂修《龙游县志》的经过。

这部《龙游县志》体例新颖，资料翔实，结构严谨，为当时学术界所关注，也博得了梁启超的高度赞赏。梁启超在为该志作序时认为"其长有十"，其评价可归结为：第一，将丛谈、掌故、文征设为附志，表明了志书的主次关系。"（章学诚）《湖北通志》（立文征、掌故）与正志并列为三书，未免跻附庸于宗国。越园别为附志，以隶于正志，主从秩然。"第二，资料搜集广泛，考订严谨。"如氏族考，调集数百家谱牒，经极详慎之去取别择，而得其经纬脉络。其清代职官表，康熙后即无所凭借，乃搜断片于文集、笔记、诗歌或祠壁井阑中。天吴紫凤，缕错织文，常人所不注意者，字字皆呕心铸成。其余他篇，类此者尚众。征引之书，不下四五百种。……实为搜集史料、辨证史料之最好模范。"第三，设置通纪。"（章学诚）所作诸志，除鄂志（《湖北通志》）之皇朝编年纪已佚外，余则仅有皇言、恩泽等纪，纯属部分的官样文章，不足为全书纲领条贯，则作纪之志荒矣。越园通纪之作，综一县二千年间大事。"第四，氏族表的创立。"越园之氏族考，根据谱熟察其移徙、变迁、消长之迹，而推求其影响于文化之优劣、人才之盛衰、风俗之良窳、生计之荣悴者何如，其义例为千古创体，前无所承。"第五，食货志纂写较佳。"越园兹考（食货考），以户口、田赋、水利、仓储、物产及物价为次，什九皆凭实地采访，加以疏证。其必须参考官书格式者，则入诸附志之掌故。……以期体裁峻洁，读者不迷。"第六，创立都图表。"越园创立都图表，道里远近居民疏密旁行斜上，一目了然。"梁启超甚至呼吁"其毋使《龙游县志》为我国方志学中独传之作也"。

　　余绍宋的方志学观点是源于章学诚的。章学诚说过："凡欲经纪一方之文献，必立三家之学，而始可以通古人之遗意也。仿纪传正史之体而作志，仿律令典例之体而作掌故，仿《文选》《文苑》之体而作文征。三书相辅而行，阙一不可，合而为一尤不可也。"①余绍宋于《龙游县志》卷首作叙例，阐明其编纂志书的宗旨，其思想与章学诚基本一致，认为应"规仿史裁，因分正志、附志。正志为志之本，文务求峻洁，以符史例；附志为志之附录，不妨广收，以免遗漏。期于相辅相行，不使偏废"。"古迹、寺观虽无关弘旨，然足以资观感，警贪顽，不可删也，因别为丛载。其前人轶事，足资佐证，及怪异足资谈助者，亦入之，是为附志之一。"②但余绍宋在编纂《龙游县志》时，不囿于章氏之理论，往往予以创新和发展。章学诚在其《修志十议》中认为，方志应设皇言纪，后来他所纂的部分志书虽舍弃皇言纪，另设大事纪，但未说明大事纪在志书中的作用。余绍宋在《龙游县志》的叙例中则明确阐明："兹编（指该志通纪）意在为考、表、传之经，故专重一县之大事，录而纪之，使二千年来情事萃于一帙，不唯全书若网在纲，亦足为知人论世之助。"即认为大事纪是志书时间上的纲领，明确了其性质与作用。对志书中家族部分的编纂，余绍宋也破除章学诚以门第为收录标准的先例。"余序次氏族，虽师实斋，然绝不效其所为士族表也。实斋贵世族，欲以世族率齐民，以州县领世族，故作士族表，必有生员以上族始录之……余今所为考则不然，不问其是否著姓，是否大族，抑有无生员以上之人，但使有谱而合于是编体例者，罔不著录，故不称士族，而称氏族，与实斋成法各不相侔，断无门第之见存也。"③章学诚和余绍宋对采用什么样的收录标准所见不同，反映出章以宣扬等级制度为立场，而余显然不同意章的观点，他设氏族志的本意在于用客观的记载反映当地的社会结构。余绍宋的方志思想虽承自章学诚，却能予以发展，使其在新的社会条件下获得生命力。

　　纵观中国方志编纂，有几千年的历史，但唯有清一代，章学诚以自己的方志实践，为方志编纂做出了科学总结。他在《方志立二书议》中

① 章学诚：《方志立三书议》。

②《龙游县志·叙例》。

③《龙游县志·叙例》。

为志书安排了志、掌故、文征三大部分，其中志为主干，又为志书规划了四个门类，即纪、谱、考、传，这一体例结构的提出，说明了传统方志编纂学的成熟与进步。但章学诚这一理论提出后，真正予以重视并努力实践的，只有余绍宋和他的《龙游县志》。从这个意义上讲，余绍宋的《龙游县志》是传统方志编纂学之绝唱。

这里还应纠正后人一种不确切的说法，认为余绍宋的修志观点有轻视少数民族的思想倾向。其实他编的《龙游县志》恰恰体现了他重视少数民族的思想。龙游南部山区有许多畲民聚居，他们基本上是清康熙三藩之乱及太平天国战争后从闽地迁来的。余绍宋在氏族考和风俗考中，客观地记载了畲族的入迁历史、现存人数、家谱情况，以及服饰、劳作、交往、祭祖、丧葬、婚嫁等，并有翔实而科学的考证。而后人却片面理解其叙例中的一段话，才有此结论。这段话为："畲民本属异类，不必入志，今因其迁来已久，人数亦繁，杂居乡间与齐民渐通婚媾，前清嘉庆间亦经浙抚阮元咨准一体应试，则虽其出自蛮夷，岂宜鄙视？爰于氏族考后附其源流。其风俗有甚奇异者，并附于地理考之末，窃比正史蛮夷传例，亦备通志、国史采取之资。"由此可见，《龙游县志》记畲族畲民，于当时来说是一个进步，能以客观真实的采访资料入志，是相当难能可贵的。

另外，余绍宋通过编纂《龙游县志》的实践，对章学诚的"八忌""四要"等理论也有新的补充和阐发。如他认为于"忌条理混杂""忌详略失体""忌偏尚文辞""忌标点名胜""忌浮记功绩""忌泥古不变""忌贪载传奇"之外，还应加上"忌任意掠美""忌不加考证"；"要简、要严、要赅、要雅"中的"简"不应一概而论，以志书中记载山川、河流、建置沿革为例，一统志、省志宜简略，府志宜翔实，县志尤宜翔实。[1]

民国《龙游县志》问世后，得到许多学者评论和赞誉，正如当代方志学家魏桥所说："余绍宋撰编的《龙游县志》，公认为民国时期志苑佳作。1925年梁启超作序具体剖析'其长十也'，给予高度评价。同时指出'无实斋则不能有越园'，'有实斋不可无越园'。实斋即章学诚，越园即余绍宋，均出于浙土，是浙江的光荣。细读该书，始知梁任公之言

---

[1]《余绍宋日记》第三册，北京图书馆出版社2003年影印本，第291页。

并非溢美，而是事出有因，言之有据，恰如其分的。全书'卷首叙例'，既是统率全书之纲，又是对前人修志经验的精辟总结，同时使方志理论上升到一个新的境界，读来令人信服。广大方志工作者和文史工作者认真一读，对于总结过去、拓展未来都是大有益处的。"[①]

《画法要录》初编

《画法要录》十八卷，是余绍宋在京时的重要著作之一。余绍宋常说："凡治一艺必通其学，乃可以善其术。书画之为学有其源流、派别及其法度，明乎此，而世俗凡近之见，无以易吾所自得，而奔赴腕下者，神明规矩始卓然有以树立。"所以他从33岁那年开始学画起，便留心昔贤论画之书，见有精辟之论便笔录之。十年来公务繁忙，北京又动荡不止，而余绍宋于公余不但研习书画，还探讨画论，以正确的理论来指导实践，所以他的绘画进步很快。1925年教育部几次请他担任北京美术专门学校（即中央美术学院前身）校长，足见他当时在北京美术界的地位。

由于在1921年接受了修撰《龙游县志》的任务，余绍宋不得不将撰写书画理论的设想暂时搁下。经过四年的努力，《龙游县志》于1925年成书并出版，余绍宋才得以于公余从事书画理论的撰述。起先他想广辑古人画法，作绝句一百首，畅述其意趣，以便学画者诵习。于是每读一书便摘其要旨，日久积稿盈尺。宣南画友见了都说此为整理国故的一种方法，即此就可为学习者研习之楷模。于是他改变初衷，不再作韵语，而是分门别类，使成条贯，并效法唐人张彦远《法书要录》之名，定名为《画法要录》。

论中国绘画的专书，现存最早的当推南齐谢赫的《古画品录》，截至清代，其数当超出四五百种。由于论画的角度不同，可分为六大类：其一，为画品类，系品评书画之品格者；其二，为画史类，系叙述画家生平及其宗派作法者；其二，为著录类，系记载名迹，录其标题、款识、题跋、印章以及纸绢尺寸者；其四，为题跋类，系录画家自题或他人题于画后者；其五，为论述类，系叙述或辩论流派得失或自抒绘画之心得

---

①《龙游县志·重印序》。

者；其六，为作法类，系言作画秘诀或摹绘各家画法以教人如何作画者。《画法要录》顾名思义当以采录古人讲述画法的书籍为主，兼采录论述类的书籍。收录之书籍凡119种，参考之书比征引之书超出一倍之多。搜集了古代论画的精辟见解，并以现代科学方法分类编排，供研习绘画者参考研究，可以免去研究者搜求取索之繁。《画法要录》初编所录画论皆言山水画之方法。其目为：前录三（通论第一、气韵第二、画病第三），总录六（布局法第四、用笔用墨法第五、钩皴擦染法第六、点法第七、设色法第八、临摹法第九），分录六（树木画法第十、山石画法第十一、水泉画法第十二、时景画法第十三、点缀画法第十四、杂画法第十五），后录二（纸绢第十六、题识第十七）。只要看了以上的目录，便可知《画法要录》的大致内容和科学的编排方法，亦极便于读者检索和研习。

如果以为《画法要录》只是采撷旧言，那就未免低估了这部著作。余著《画法要录》显然包含了整理并汲取中国绘画艺术优秀传统的良苦用心。在当时各种画风和流派并存的中国，仍有很大一部分人主张继承传统，在发扬传统的基础上进行创新。余绍宋当是其中的重要人物之一。这些人主要活动在北京，在近现代绘画史上，有人把他们称为新传统派。与当时阵容强大的后海派画家有所不同，他们大多是文人，并不以专业出售书画为生。所以他们可以根据自己对中国画的理解，按照自己的愿望和方法来作画，无须考虑买画人的喜好。《画法要录》的出版，对科学研究中国传统的绘画方法有开辟之功，由于用力甚巨，立言精审，其地位正如教科书，对中国画理论的整理和研究起到了重大的推动作用。该书于1926年由上海中华书局出版后，又多次再版。1930年再版时，还在香港、新加坡等地发行。1949年以后，台湾"中华书局"又多次再版，至1983年台湾已三次再版发行了《画法要录》（与《画法要录》二编同时影印发行）。1990年，北京中国书店将初编、二编合并缩印发行，可惜缩印太小，阅读十分不便。

余绍宋的好友林志钧为该书作序，摘录部分序言以供读者参考：

> 《画法要录》所收之书都百余种，参考者倍之。其搜讨之勤，取材之广，以过人之精力，累年积月又几经损益，久而后竟，一业之就岂易言哉！自来文人多擅绘事，书之传于今者宜当有加焉，而

所获只此，诚不能无风雅式微之感。而其既经著录，见存未佚，吾未能尽举其名者，越园几一一涉目。其董理组摄之功，则如大将驭百万士卒，车辚马喧，旌旗甲仗，流光灼燿，跨冈横野，绵亘参错，而部署营阵，军行进止，顿宿处所，独指挥控制于掌握之内。凡古今诸家异同，杂然无纪，从未整治者，一举而芟汰疵病，甄集精粹，区划类次，疏抉而条贯之，繁而不乱，位而各当。盖网罗自六朝至今一千五百年间论画佳著，尽于是矣！曰前录，为研习画诀画理之先河，无论山水、人物、翎毛、花卉，一切皆不离此。曰总录、分录，前者统论山水画诀，后者分论树石诸法，并及入手先后次第。此三录盖犹书之有通论、各论焉。曰后录，则采摭题识及纸绢画具等，虽与画诀画理无关，而亦一切山水、人物、翎毛、花卉所不可离者，故以殿焉。是为中国画学开系统研究之始。次则就一类而撷其前后诸作，互相发明，或彼此持论各殊者，类聚互证，取便学者。又书之征引失序，一语而错见相沿，而迷其本原，割裂攘窃从无究诘者，则为厘订爬别，各还其主。至于伪书讹刻，版本同异，亦复一一校勘精审。是为中国画学开忠实考据之始。此书编次成说，字字有来历，而自辟义例，成一家言，世有知者，其不以吾言为过当欤！

善于读书的人都知道，一篇好的序，可以概括全书的大概。林志钧与余绍宋在京时几乎朝夕过从，对余绍宋的治学方法和治学精神十分了解。他认为该书搜集资料之全面、分门别类之精确、研究方法之合理，"为中国画学开系统研究之始"；而且该书去伪存真，考订异同，则"为中国画学开忠实考据之始"，给予极高的评价。其中虽不可排除林、余之间的感情因素，但也确实反映了该书的价值之所在。

《中国画学源流之概观》

20 世纪初，旅居北京的美国人在北京创设燕京华文学校。就读该校的全是旅华的欧美人士，以研究中国语文和学术为宗旨。1926 年 5 月 6 日，燕京华文学校校长博晨光（美国人）邀请余绍宋到校讲述中国绘画史。当天由余绍宋讲述，博晨光翻译，由于需经翻译，所以讲述十分简略。当时北京《晨报·副刊》连载了余绍宋的讲稿，仅两万字左右。后来天津南开学校有铅印本出版。博晨光又把讲稿译成英文出版。快过去八十年了，我至今未见到过天津南开学校的铅印本，更没有见到英文译本。一个偶然的机会在翻阅《晨报·副刊》时，我见到该文的连载，于是急忙抄录下来。后来把它收入我所编著的《余绍宋书画论丛》一书中，该书已于2003年由北京图书馆出版社出版。

20世纪20年代以前，学术界没有出现过以通史形式讲述中国绘画史的，一般都只是断代史或专史。1924年陈师曾先生去世后，门人俞锟（字剑华）等将陈生前在北京美术专门学校的讲义，整理出版为《中国绘画史》一册。因原系讲义体裁、内容也极为简略，卷首有小引云："若胪述本末，详言流派，固非短篇小册可得，而兹特提示梗概，以为问道之津梁。若博引旁征，搜求宏富，俟诸异日。"可惜陈师曾天不假年，未能完成遗愿。后来年轻的潘天寿先生也出版了一本《中国绘画史》（署名"潘天授"），滕固先生也出版了一本《中国美术小史》，各以自己的方法阐述中国绘画的历史，但也都十分简略。

《中国画学源流之概观》是讲演稿，但不是记录稿，而是按手稿排印本，虽然简略，还是看得出它的系统性和完整性。余绍宋认为，讲述绘画史，本应依照绘画发达情形区划时代；但中国画学与一时代的政教风尚有关，如果置而不论，必难得要领，所以仍需依据政治史区分时期，以便了解。所以在划分绘画发展史时，该文分期如下：

第一　上古时代
　第一期　太古至战国（公元前246年止）
　第二期　秦汉三国（自公元前246年至公元280年）
第二　中古时代
　第一期　南北朝（自420年至589年）
　第二期　唐及五代（自618年至960年）
　第三期　宋（自960年至1279年）
　第四期　元（自1206年至1368年）
第三　近古时代
　第一期　明（自1368年至1644年）

第二期　清（自 1644 年至 1911 年）

此前讲述绘画史，仅记载名画家本人之生平及绘画特长，一般不叙述时代之环境，尤其不屑涉及政治，不免失之偏颇。因为以前只有绘画的断代史或专史，因此对中国绘画的起源自然也不可能提及。从以上所录《中国画学源流之概观》的分期方法来看，绘画的起源、发展、分流派已基本包括在内。上古起源时期，绘画自然以实用为主；自中古时期起，每一分期均有总说，叙述此时期之政教风尚，然后再按流派、绘画种类分别叙述；唐以后绘画又派生出山水、人物、释道、鞍马、花鸟，又工笔、写意等分别叙述。虽十分简略，但中国绘画史之概况已可见一斑了。原先博晨光校长已约请余绍宋再分期详细讲述中国绘画史，可是不久余绍宋便离开北京。余绍宋心中更完整的中国绘画史，就无缘与世人见面了。

三年以后，1929 年郑午昌先生的《中国画学全史》由中华书局铅印出版，余绍宋读后认为："吾国自来无完全之画史，而叙述画史尤以通史体例为宜。通史前无作者，最近始得陈师曾及潘天授两编。然师曾之书纯系学校讲义，非其著作，天授之书则大半译自日人，非其心得。唯此编独出心裁，自出手眼，纲举目张，本原具在。虽其中不无可议，实开画学通史之先河，自是可传之作。余于吾国画学画事时有论著，颇欲汇集之，为《中国绘画通史》一书，今得是编，可以搁笔。但有数端，欲贡献于郑君者。"①余绍宋对郑午昌的《中国绘画全史》提出了七点意见，其实这也是他自己心目中的中国绘画史拟采取的写法。大致如下：一是认为史实可以直录旧文，评论则必注明何人之言；二是认为语言应合时代，如书中有"晋顾恺之能以科学的方法，批评绘画"，此等说法不妥；三是详近略远乃史家通例，而书中唐以前画史征引繁博，宋以后反而简略，不妥；四是画迹留存著录不全，既不分类，又不注明出处，即为全史有所不足；五是画家为画史之肯，选录画家必要立一准则，书中所选标准不甚统一，系统也不甚完整；六是既为画学全史，有关画学著述过于简略；七是书后所附《历代各地画家百分比例表》《各种绘画

① 余绍宋：《书画书录解题》卷一，国立北平图书馆 1932 年排印本。

盛衰比例表》因未见考证，故缺少可信度，必详加考证，难度很大。

书法名播京华

余绍宋虽然到了 33 岁才开始业余学习中国画，但他的书法在少年时就名扬乡里。到北京为官以后，他虽然公务繁忙，但每日清晨必起，先是写字或读书，然后才进早餐，一直到晚年这一习惯都没有改变。从余绍宋留下来的临池之作和日记中所记载的事情，可以看出他在书法领域中涉猎的范围很广，篆、隶、真、行、草各种书体都有，按时代来讲，先秦、两汉、南北朝、隋唐历代碑刻都曾认真临写。南归后，则以临写二王、褚、赵的法帖为多，但仍不忘临写历代碑刻，所以他的书法遒劲而不失秀丽，雄浑而不失飘逸。

我国的书法艺术，自清中晚期碑学兴起，帖学开始衰微。所以清末民初学碑者名家甚多，康有为撰《广艺舟双楫》，大力提倡碑学且尊魏抑唐，自己也身体力行研究魏碑，一时成为风尚。除康有为之外，北方的梁启超，南方的李瑞清、曾熙、沈曾植等名家也均以碑为重。在碑学昌盛的浪潮里，余绍宋、卓君庸、罗复堪、林志钧等人又于 20 世纪 20 年代初，一起研习已失传数百年的章草。章草始创于汉代。唐人张怀瓘说："章草即隶书之捷。"宋人黄伯思说："凡草书分波磔者名章草。"章草一个很大的特点是每字单独为体，绝不连绵。作为单体的章草字，它在结构上省去一些笔画，但用笔仍有纠连处；书写流畅快捷，但不易识别。历代擅章草的有史游、皇象、索靖等人。但因章草不易识别，就少了实用性，所以隋唐之后很少有人作章草。直至元代的赵孟頫，有些章草的书迹留传下来。明代的宋克（字仲温）也擅写章草，有不少传世作品。仲温以后就很少有人擅长章草了。民国初年，余绍宋与卓君庸、罗复堪等人因对章草有兴趣，开始认真研习，还促成《赵孟頫六体千字文》以及近人王世镗所书《章草草诀歌》等章草字帖的出版。

余绍宋认真研习，致力至勤，并将章草流畅迅捷的书写方法，糅合到朴拙雄浑的魏碑书体和典雅端庄的唐碑书体之中，形成了自己柔中有刚的书法风格。他的书法首先受到朋友的喜爱。老友黄晦闻的著作《阮步兵诗注》、绘画导师汤涤的《书画润例》等都请余绍宋书签。承德的避暑山庄、平谷县的"渔阳故址"、金华的北山、衢州的烂柯山、龙游的灵鹫岩和杭州的石屋洞、烟霞洞等处，都有余绍宋这一时期书写的摩崖石刻。

余绍宋这一时期的书法代表作还有《杨椒山先生狱中手植榆树歌》，这是民国十年（1921）余绍宋撰文并书写的石刻（《北京石刻目录》收入此刻，称民国七年，石在北京司法部街），有额，今仅见拓片，原石存毁不得而知。杨椒山即杨继盛（1516—1555），明保定容城人，字仲芳，号椒山。嘉靖进士，仕兵部员外郎。以弹劾大将军仇鸾误国，而遭贬官。不久再被起用，仕兵部武选员外郎。因劾权相严嵩十大罪，下狱受酷刑，以致被杀。余绍宋在诗歌中赞扬了杨椒山的凛然正气："椒山先生人中龙，平居落落怀孤忠。大奸不去敢爱身，封章人告批逆鳞。陈词慷慨动鬼神，大节凛凛标松筠。"而这时的椒山祠已近荒颓，政府不加重视："可怜明社遂已屋，空余荒祠与古木。今日西曹结构新，世事变迁等陵谷。我来窃寄景仰思，为请执政存其祠。复虞后人恣剪伐，榆阴扫叶重题碑。"最后款署："龙游后学余绍宋敬题。"足见余绍宋对忠义之士的景仰之情以及对当时军阀倒行逆施的不满和无奈。此碑以魏碑字体为基调，参以行书和草书的用笔，是余绍宋40岁以前的代表作。

《京师第二监狱碑记》也是余绍宋40岁之前的代表作，以唐人欧阳询书法结体为基调，字形近于修长，参以魏碑笔法，纯系楷书，端庄肃穆。民国十年董康撰文，余绍宋书。今仅见拓本及《司法公报》第148期影印，原石存否不得而知。

由于余绍宋书法作品流传很广，知道他擅书法的人自然也渐渐多起来，尤其是行内人就更为关心。向以书法闻名的康有为眼界很高，但对余绍宋的书法却推崇备至。余绍宋自己有这样一段记录，可说明当时的实情：

　　卢毅安来谈及作书。谓曾闻许守白云：往见康长素（康有为），盛称余书法之美，谓为北方第一人云。此可谓不虞之誉也。日前在陈吉甫处，晤罗节若，亦云：前数月与其兄钧任（罗文干）同往见康时，康亦称我书法，谓北方能书者仅此一人。则卢说信也。余书素不为时人所喜，有卖出后复退还者。余不愠也，曲高则和寡，自昔然耳。前辈中称余书者，尚有袁珏生（袁励隼）。曾闻余戟门、祝葆堪言之，则亦一知己也。并记之。[①]

书画艺术与体育竞技不同，无所谓谁第一、谁第二。由于每个人所受的教育、生活背景、喜好都不尽相同，对书法艺术的领悟自然也不尽相同，写出来的字就各有各的面貌，有的秀丽飘逸，有的雄浑刚劲，有的粗犷悍勇、风格各异；而欣赏者的文化背景不同，对书法风格的喜爱当然也不同。由于余绍宋与梁启超交谊甚笃，而康、梁晚年反目，康、余的政治观点肯定也不同，两人应该不曾谋面。而康有为对余绍宋书法的评价，纯从康的艺术观点出发，不曾有私人情感在内。余绍宋对此亦不甚在意，只是说的人多了，才淡淡地记上一笔，也让几十年后的人知道当时康有为对余绍宋书法的评价。

在京主要绘画作品

余绍宋自 1915 年起开始学画，1928 年离开北京，其间所作之画为数确实不少。但时隔七八十年，今存在人间者也不知有几何，而我能得见者更是千不及一。除前文所述及的《梁格庄会葬图》之外，还有数件画作可称此时期的代表作。

《万壑苍松图》作于 1922 年，画心高 242 厘米，宽 121.5 厘米，可称得上这一时期的宏幅巨制，俗所谓八尺整纸大幛。近景以苍松为主，远景则万壑千山，层岩叠嶂，浮云流水，并缀以松林杂树、古寺佛塔。设青绿色，较为少见。整幅层次分明，气势雄伟，非俗笔所能为。虽笔墨不如晚年所作山水纯熟老练，但仍不失为大手笔。款题："壬戌十月朔日，余绍宋画于春晖堂。"余绍宋自幼丧父，赖母亲含辛茹苦，抚养成人，故侍母至孝，虽在京为官，每年母亲生日必返里省视。1921年 10 月其母 60 岁，购得衢州翟姓旧宅，供母亲居住，因感激母亲之恩德，以草木感春晖之意取名"春晖堂"。又过了几年，余绍宋返里省亲，展视这幅画，又写下一篇题跋："六年（注：其实是五年）前事只一瞬，

---

①《春晖堂日记》，1926 年 10 月 29 日。

犹幸春晖爱日长。万壑苍松不改色,阅来人世几沧桑。沧桑变易又经年,万里归来只自怜。叨得天慈承老母,看儿点染胜从前。此六年前母寿日所画。丁卯冬归省,偶尔展阅,遂见笔墨有未足处,略加点染并补小诗。绍宋谨记。"这幅画现藏于浙江省博物馆。同时期余绍宋的作品浙江省博物馆内还藏有数幅,但都以拟古为主。

《牛者十事图册》作于1925年,共10页,每页高31.5厘米,宽42.4厘米,右图,左题。1925年旧历乙丑,适逢牛年。此前余绍宋曾购得明代张君度《画牛图册》,是以典实故事为图。此册即仿君度之法,而自出新意所作者。如《尚书》中有"武王既克商,放牛于桃源之林",《庄子》中有"百里奚爵禄不入于心,故饭牛而牛肥"等典实。此册起于巢父而终以戴嵩,其序为:第一,《高士传》,巢父;第二,《尚书》,武王克商;第三,《淮南子》,宁戚;第四,《高士传》,管宁;第五,《庄子》,百里奚饭牛;第六,《世说新语》,褚公;第七,《魏略》,留犊;第八,《隋书》,牛宏;第九,《新唐书》,李密;第十,《广川画跋》,戴嵩。总题云:"乙丑正月闲居,偶效张君度体,取典实之关于牛者十事,各为之图。凡四日而就,聊为新春点缀。始巢父而终以戴嵩。心有所仪,聊以寄意。龙游余绍宋识。"

像这样的画,余绍宋一生中也极少为之,此册为我所仅见者。他虽从不画牛,但此册所画之牛却极生动,点缀人物也各具姿态,背景树木、山石、茅屋则是他的强项,山石土坡极少用皴,而以烘染为主,应是宋以前人之古法。这本画册不仅是余绍宋这时期的精心之作,也是他生平的罕见画作。19年后的1944年,当时的浙江省政府主席黄绍竑(字季宽),常到位于云和大坪乡的浙江省通志馆看望余绍宋,见到了这本画册,很想得到,余绍宋于是又写了一篇题跋,跋中即表示将此册赠予黄绍竑。大概意思是黄绍竑也认为此册太稀罕,一直没有拿去。敝寓虽几经劫难,此册却幸能得免。其跋如下:

予平昔所作事物画本不多,迭经丧乱,恐存于人间者已稀矣!频年播迁所作多散失,此册犹存,殊出意外,予不作此种画已多年,垂老更无心情更作,展现此册,殆如隔世。

季宽先生过予大坪寓斋,见之亦讶,以为不似拙作也,意欲得之。

即以为贻，遂其嗜痂之愿，亦胜于敝帚之在自家终遭委弃耳。甲申十二月余绍宋记。

《仿清湘老人山水册》作于 1926 年，共 10 面，每页高 22 厘米，宽 31.5 厘米。清湘（即石涛）画册原件系从邵伯䌹处借得，原为 12 页，失去一页，是清湘仿古之作，如仿米家法、大痴法、石田法降等，但均以己意为之。余绍宋临仿之作，也都掺入了自家的笔墨，不以形似，而以神似为宗旨。但不知为何缺少一页。册首黄节为题"仿清湘老人山水册"八字。册尾余绍宋自题云：

> 丙寅十月，从邵伯䌹处借读《清湘老人山水册》，晴窗漫临一过。清湘自题云："优孟之似，似其衣冠耳，即衣冠而求优孟，优孟云乎哉！余于古人神情有出衣冠之外者，往往如是。"余临此册，则并其衣冠而不能似也。深自惭矣！潄水余绍宋识于北京寓斋。

汤涤观款："是岁嘉平月雪窗，定之拜观。"

黄节题诗："造化能师余越园，飒然清风满乾坤。从知偶学清湘笔，别以深幽解放奔。丙寅十一月黄节题。"

《石涛画册》原件不知何时归邓拓收藏。1986 年上海人民美术出版社出版的《艺苑掇英》第 28 期（邓拓藏品专辑），全部刊出此册，其中第七页印反。我仔细对照，发现余绍宋临本确有自家面貌，而不失清湘精神，可以称得上善学古人者。

除以上数件画作外，余绍宋在京所作书画，其数将近万件，而我所能见到者千不及一。1989 年，我在京公差偶尔去陶然亭公园，见门口售票亭有《陶然亭》小册子，系《北京史地丛书》之一，由北京旅游出版社出版。该小册子前面八页为图版，其中一页印有余绍宋画的《龙泉寺补罗汉图》。因缩印太小，书体画风只隐约可见，画松树和屋宇之法，与后来他特有的以写字方法作画的风格已十分相近。款题："龙泉寺补罗汉图，丙寅冬龙游余绍宋写。"后面还有余绍宋题诗题跋，因缩印太小，不易辨认。

此外为梁启超所作《双松图》，梁自题诗以记之。又为林志钧所作《设色山水册》十页，每页均有题跋，作于 1927 年。总题云："余作画不喜赋色，宰平亦非爱好绚烂之人。而此纸质地松脆，不能受墨晕，稍浓则滞，略淡则泛灰色，盖仿旧笺也。用力既多，不忍抛弃，因为设色，冀以藏拙，亦复黯无光彩。宰平姑且存之，他日得有佳楮，当更作十叶赎还也。"从题跋可以看出余绍宋对中国画的一些观点。这也是他题画的特色，与许多只在画上题上几首自作诗或古人诗以补白的画家截然不同。

余绍宋在京 16 年，有许许多多的朋友，几乎为每个朋友都作过书画。因为我只见过很小一部分有记录，更难见到真迹，所以不可能亦不必赘述。仅以上数件作品，已可见余绍术在京时书画作品之一斑。

第三章　闲云野鹤——住近西湖十年整

书画自给

1928 年 7 月 20 日，余绍宋离开侨居了一年的天津，告别了京津的朋友们，踏上了南归的旅途。从水路行至上海，逗留数日，于 7 月 29 日乘火车午后抵达杭州，老友凌砺深、徐心庵、肖厚斋已至车站迎接。凌砺深已事先安排西湖惠中旅馆别院为余绍宋暂住之所。别院位于现在的北山街沿湖一方，地处今镜湖厅之东。20 世纪 80 年代末别院尚在，如今房子已被拆毁，仅存树木数十株，并铺以草坪。

当时，别院应是绿圃之一角，有精室，前后各三楹，面向里西湖，正对孤山，背后是葛岭，院墙内草木葱郁，景物殊胜，极其幽静。1928 年的北山街，不要说游人，即使是行人也极少，是属于比较僻远的地方，十分适宜幽居。余绍宋深感快慰，以为"足洗年来天津、上海纷嚣烦扰之俗"。由于地处僻远，出行十分不便。凡至湖滨一带，或入城或赴南山路一带，只能乘船，为此余绍宋包租了一只游船，访友、游湖都十分便利。下面摘录几条《余绍宋日记》中记录当时他生活的片段：

> 晨，买艇入城。赴砺深家，旋访蒋梦麟、厉绥之、殷叔祥、徐心庵。蒋已出门，因作书告以借阅图书馆藏书事，旋得复，为我绍介。返至砺深处中饭，下午遂有竹戏。晚饭后，叔祥来，芍孙来，凌、殷、徐、肖并同来，游月湖，月色皎洁，先至三潭印月，循湖心亭，度西泠桥，归寓。复谈至十二时，始就寝。（7 月 30 日）

访马夷初，渠亦愿为余绍介借书事。谈二小时归。雇一划子，月薪十八金。自此可从容游览矣。（7 月 31 日）

……马夷初来。姜次烈来，邵梦同来。夷初约饮杏花村。席间梦麟、次烈俱言上江有不稳情形。闻之甚懊丧。饮毕复来寓。剧谈至十二时散。（8 月 1 日）

……挈秀君、香儿游湖，自锦带桥循平湖秋月，历湖心亭入西泠桥归。雨意甚好。（8 月 3 日）

……九时挈姬人游南山，先至龙井，午到烟霞洞。叔祥招宴于此，同席者砺深、心庵、厚斋、延华、芍孙、振鸿，宴毕题名石上。……二时游水乐洞。三时半至石屋洞，寺僧尤可厌，出簿募缘，此向来所无者。洞中壬子岁（1912）余曾题名，今犹存，已不胜今昔之感矣！五时游虎跑寺。归已七时二十分，暮霭苍茫，肩舆疾驰六桥而过。得游山绝句六首，皆纪实也。（8 月 5 日）

凌晨荡舟出游，晓色至佳，出西泠桥，越第一桥，度玉带桥，至第三桥，至三潭印月，入锦带桥归。访林风眠不遇。……（8 月 6 日）

……林宰平忽来杭，殊出意外，同心庵来访，相见不胜喜慰。谈二小时许，约往楼外楼小饮。……荡舟游公园、孤山。（8 月 7 日）

四时起荡舟出游，晨光熹微，清波如谷，两岸唯闻虫声，白鱼时跃，此真天机也。荡至荷花深处，清露未晞，香气沁人心脾，畅快不可言。出断桥，循白堤，入西泠桥，归已五时半矣。……（8 月 9 日）

……同宰平游灵隐寺，归途经玉泉看鱼，午刻返寓，大雨骤至。……（8 月 10 日）

侵晨即兴，驱车赴香山洞，则宰平已发矣。亟雇车赴车站，过心庵、砺深家告之，亦往送。在站立谈约一时许，七时四十分开去。此一别也，不知何时重晤，为之怅然。……（8月15日）

侵晨荡舟出游，至旗营菜场购食物。赴心奄处立谈即辞出。返舟则大雾陡集，咫尺不相见。荡至近断桥时，忽大开朗，湖光山色变灭万端，真造化之精能，非图绘所能摹拟者也。……（8月21日）

……郁曼陀自南京来谈，二小时始去，四时挈秀姬泛舟游湖，出西泠桥，入第二桥，越玉带桥，达卧龙桥，至郭庄小憩。遇大风，湖水起大浪，奋力助舟人摇，至岳王坟一谒，华表尚现新旧两截，六年前余所留遗者也。归途风息，容与中流，薄暮始返。……（8月22日）

……赴图书馆借书，以舟载之归。过西泠桥，有少年二人见之，相谓曰：此景真湖中好点缀也。……（8月25日）

晨起待心庵来，同出游。乘舆赴石屋洞会齐。余于十六年前在法政学校掌教时，逢星期必游山。当时同游者八人，砺深、绥之、屏青、厚斋、子开、众孚、厓才及余也。岁月易逝，荏苒可惊，近十年来各为衣食四方奔走，留杭州者唯绥之、众孚等人。今以时会，咸赋归来。子开本非浙人，且已坠入恶道，前日酒会时，余偶忆及，不胜感慨，因约今日重为斯会。惜众孚已病，不能与也。徐心庵、金九如偶在座，故招往以补众孚、子开之缺。至石屋洞，则诸君已毕集矣。洞中余旧有题名，犹未磨灭，因更题数语志之。越杨梅岭，游理安寺，略坐，游云栖寺，修竹万竿，幽深可喜。寺僧有酒肉气，与厓才有旧，治素食，尚可口，而酒特佳，胜于城中所市者。饮毕，出所藏《董香光书金刚经真迹册》《林皋高会图卷》《莲池大师遗嘱卷》见示。四年前，余与戟门、哲侯、叔惠同游曾有现款，今日复识数语。二时半复行，越琅珰岭，高笋深邃，至巅，俯视泉江、西湖，气象阔大之甚，因作《度琅珰山》诗一篇。巅有五云寺，已颓败。传闻佛甚灵验，默卜得一签，为大吉之兆，姑存以觇之。距寺里许，有高氏采茶场，其处即所谓狮子峰也。高氏设有乩坛，所传乩笔对联直帧，字体飞舞，绝非时人所能，亦可异矣！下山过天竺至灵隐，在水涒亭小憩。又至翠微亭眺望，归已薄暮也。是日凡行七十里，可谓胜观，畅叙途中得七绝数章记之。（8月29日）

　　余绍宋自来杭后，或与朋友互访，或与友人、家人荡舟湖上，或徜徉于山水之间，吐纳烟霞，抒发心怀，这当然是神仙般的生活。然而官可以不做，饭则不能不吃。余绍宋虽然为官16年，但司法部本来就是清水衙门，且经常发不出工资。他又喜欢买书籍和字画，积蓄自不会多。余家虽是龙游望族，但余父延秋公有十个兄弟，延秋公早逝后，余家又并未析产，大权握在伯父、叔父手中。褚太夫人及一子二女，孤儿寡母，除吃穿由大家族供给外，日常开支所得月钱极少。至余绍宋16岁时即代人撰文，以所得补贴家用。后来析产时，因父亲早逝，所得也少于其他各房。

　　余绍宋的祖父余福溥，字滋泉，于光绪九年（1883）即余绍宋诞生的那一年，在龙游县城内创办了一家中药店，命名为"滋福堂"（取滋泉、福溥各一字为店名）。滋泉公、延秋公相继去世后，由叔辈们共同经营。至清末民初，由于经营不善，加上余氏也有不肖子孙任意挥霍，以致药店已很难维持。此时绍宋、绍勤两兄弟早已自立，便由兄弟两人各出资一半，买下其他九房的股份，药店的房产由余绍宋出资买下。余绍勤善经营，除负责经营滋福堂外，还独资在兰溪开设了顺昌号中药店。所以每年余绍宋可以得到滋福堂的红利，聊补生活费用的不足，但他本人还必须有一个谋生之计。

　　余绍宋虽不善经营理财之道，但他擅于中国书画，并足以此自给。杭州为省会城市，又临近上海，北上京津较方便，南回衢州也较快捷，何况自古以来文人雅士多会于此，所以这应该是他决定定居杭州，暂不回衢州的主要原因。暂不回衢州的另一原因，是其时上江一带（江山、衢州、龙游都在钱塘江上游）局势不太安宁，定居杭州也可随时接母亲来杭居住。

　　余绍宋在北京的画坛享有很高的地位。譬如，1926年12月故宫博物院维持会成立，余绍宋、马衡、陈垣等 14 人由会长指定为常务委员，参与故宫博物院书画、古物的鉴定工作。又如，多年来曾任北京美术专门学校的教育工作，并被教育部聘为该校之长，燕京华文学校也请他讲述中国画史，1926 年燕京大学聘请梁启超、梁漱溟、胡适及余绍宋分别讲述中国文化研究，余绍宋分讲美术，足见他当时在北京书画界的影响之巨。余绍宋也有过书画润格，由北京琉璃厂各南纸店销售书画，但当时只是小试而已，并不以此为生计。是时统治南方画坛的乃是海上画派。余绍宋是学者型的新传统派画家，以水墨为主，在传统的基础上，参以文人的自家个性。一个久居北地之人，骤游吴市，其艺术风格未必能被时人接受。

　　好在余绍宋朋友多，在朋友们的帮助下，他来杭才一个多月，1928 年 9 月 9 日上海《申报》即刊登了他鬻书画启事，介绍人都是当时上海的书画名家和社会名流。启事全文如下：

介绍余樾园先生鬻书画启事

　　龙游余樾园先生绍宋，前长法部，声誉藉甚。退食之暇，精研金石，雅善书画，平日深自珍啬，不轻以片纸只字与人。海内方雅，固无不知其为一代巨笔也。著有《画法要录》《书画书录解题》廿四卷[①]行世，阐微导窍，泄尽画家三昧，为自来著论者未及，稗益后学，厥功弗浅。今夏先生拟回里幽栖，萧然有退隐之意。仆等惜其作品流传太希，谓无以厌收藏家之望，共劝先生乘此清燕，广结墨缘。亦以百年来风雅之道寝衰，晚近作者，尤愧古人，正欲先生起而张之耳。其书各体皆工，作行草，合山阴父子矩矱，与章草法度为一，俯仰操纵，自成精熟，深得皇索之遗。其作画如作字，韵淡天成，命笔在蹊径之外。识者叹为妙契北苑，颉颃元季浙中三大家云。谨为介绍，以候同好之赏鉴。并代订润格。请向收件处（上海）北京路 43 号袁汉云及九华堂、朵云轩、戏鸿堂、怡春堂、文华堂、青云阁各扇庄取阅。

　　介绍人：张一麐、张一鸿、赵叔孺、江天铎、曾熙、卢信、郑

---

① 应为《画法要录》初编、二编 24 卷，《书画书录解题》13 卷。

天锡、楼惆如、袁汉云同启。

从此余绍宋开始了以书画自娱自给的道路，并且其书画销路越来越好，润格也较高。只过了两三年，他的书画润格与海派画家中润格最高的几位已在伯仲之间，这与他书画艺术的实力是分不开的。1931年，他就以鬻书画所得，在杭州最热闹、地价极高的延龄路（今延安路）龙翔桥附近的菩提寺路，自建小洋房一幢。主楼为二层楼房，南、北为平房，楼前植松、梅各一株，楼侧则植小竹。主人命名为"寒柯堂"，意即寒松乔柯之意，亦陶诗中所云："提壶挂寒柯，远望时复为。"

余绍宋虽然以书画润笔为主要生活来源，但对慈善事业的支持是从不吝惜的，一生中无数次为赈济活动捐赠书画。抗日战争期间更是多次，每次多达数十幅，甚至上百幅自作书画捐赠抗敌救援会，以义卖所得全数支援抗日战争。

对朋友，尤其是那些同为读书人的穷朋友，余绍宋一般也不收润笔费。但对某些人，即使是高官或富商，只要口碑不好，出再多的钱，也不愿意画。有一次，某人拿了一个口碑不好的前清遗老画的扇画，请余绍宋在背面题字。他看了看，不肯动笔。来人再三请求，他就在另外的一把白纸扇上写了字，宁可倒贴一把扇，也不愿与不良之徒为伍。

余绍宋对自己来杭定居，过着与世无争的生活十分满足。但数年来朋友们仍不断地要他出山，去南京政府任职，尤其是老友罗文干曾一而再、再而三地来函相招，余绍宋只是婉言谢绝。另一位朋友陈哲侯于是写信来责问，余绍宋作书阐述了自己的心声，可见他对当时执政者的看法和决不出任任何职务的决心。信作于1932年9月，全文如下：

> 辱爱具见尊责。弟自审拙劣，实非今世所宜，致宁习苦以自韬晦。钧任（罗文干）出任法曹，力求振作，固甚可慰，然大局如此，秋曹安能独善？犹忆16年冬过沪与兄相见，曾谈及党治之效，想犹记及，今果如何？若秉钧者不亟求所以刷新政治之道，恐祸患之来有不堪设想者矣！现闻郁堂（朱就文）、砺深（凌士钧）将连袂出山，为法曹尽力，其效必有可观，尽可容弟偷闲自放，亦使人知尚有不慕荣利之人，未始不可为秋曹生色也。

东皋雅集

余绍宋来到杭州定居后，在北山街西湖边惠中旅馆的别院住了一个月。后经友人宋延华介绍，在法院路（今庆春路）觅得独家庭院一座，屋凡三楹，前后俱有楼，院落很大，屋后还有空地，门前种有梧桐两株，空地处也植以花卉。屋主人系一医生，名张星一，与宋延华友善，因允将该院租给余绍宋使用，月租金46元。该院落在今庆春路上，坐北朝南，与马寅初山子巷故居隔数十米，中间正对孝女路。以前的风水先生认为，正冲大道的房子，命不硬的人是不敢住的。所以他们的朋友都开玩笑说，这种房子只有马先生和余先生敢住。余绍宋住定后，名之为"双桐书屋"，亦称"双梧桐馆"。凡余氏书画作品中题有此二名者，均为这段时期所作，时间为1928年9月至1931年12月。可惜杭州市旧城改造时，马先生的故居只留下了一座主楼，厢房已被拆除，而双桐书屋已不见了踪影。

余绍宋民国初在北京倡立宣南画社，纯属兴趣爱好，是所谓"游于艺"，亦是以前士大夫应有的素养，再者余家七代人俱擅书画，亦不能使此艺后继无人。宣南画社初创时是他绘画艺术的入门和提高阶段，为他后来成为北京画坛的著名书画家奠定了基础。辞官后的余绍宋，则不仅以书画自娱，而且必须赖之为谋生的主要手段，所以必须不断地提高自己的书画水平。于是来杭定居后，余绍宋倡议成立书画雅集活动和类似宣南画社的学术组织，以便聚集杭城书画高手，切磋书画艺术，交流经验。

余绍宋清末民初时，在杭州官立、私立两所法政专门学校任过一年多的教师，对司法教育界比较熟悉，但为时太促，所以对杭州的书画界人士并不熟悉。为了创立雅集，必须通过当时法校的老朋友孙鹰才等人。另外北京的老友马叙伦是杭州人，虽然此时马叙伦还未回杭，但他早已向余绍宋介绍了杭城书画界的大概，马先生也将余绍宋的情况告知杭州书画界的朋友。雅集活动必须有合适的地点，余绍宋于是约请与之同由北京返杭的徐心庵，并约孙鹰才同往杭州城东的金衙庄和相近的东皋别墅一游。金衙庄为浙江忠义祠旧址，与东皋别墅均在杭城东河之滨，于是决定借为书画雅集活动场所，并议定名为"东皋雅集"。

　　1928年重阳节前一日，由孙屺才出面，约请杭州一些愿意参与书画雅集活动之人，在孙宅谈话。首次与会的有高时丰、高时显、高时敷三兄弟以及武曾保、叶为铭、范耀雯、程学銮、凌士钧、徐瑞徵、余绍宋和孙屺才，共11人。余绍宋首先阐述结社宗旨，又讲述社约、社规以及活动内容和方法。最后决定每周一会，每月半聚餐一次。虽有《社约》及《征社员启事》，但该组织系民间学术集会，众人一致认为不宜发布于众（即不登报，不宣传）。如今《社约》条文已失传，而余绍宋亲笔所订《启事》尚存，兹录全文如下：

　　　　杭城东隅有东皋别墅，明故金尚书顺昌故居也。其旁忠义祠在焉，祠亦为其故居之一隅。清时严侍郎沆、章文简煦、严河督浪先后居之。花木深幽，风烟掩映，精室十数椽，入其中邈然生尚友之想，或曰厉太鸿、杭大宗、丁龙泓诸先贤"东皋吟社"旧址，即在是云。嗟呼！人亡事息，迹往名留，百年以来风雅之道亦随世变而陵夷几尽，书画两端衰落尤甚。今日吾侪苟不思所以矫正而振兴之，此责更将谁属乎！爰即祠址为社，结约如次，嘤鸣之求，敬俟贤哲。

　　东皋雅集成立后不久，社友不断增加，很快就发展到30多人，最多时达到40人左右，几乎杭城擅书画者皆云集一起。其时杭州的西泠印社成立已20余年，社友侨居外地的也不少。创始人之一的王福庵在上海印铸局任技正并鬻印，吴石潜则在上海谋生，印社活动次数已极少。而且西泠印社屋宇被外来流动人口占据，曾见《浙江省警察厅保护西泠印社布告》石刻拓本，此布告就是为禁止外来流动人口占据印社屋宇的。可见当时印社的学术活动几乎已停止，所以许多印社成员也都来参加东皋雅集的活动，如叶为铭、丁辅之、高氏三兄弟、俞序文、陈伯衡、武曾保等人。东皋雅集之规模远不如西泠印社，但它是一个纯艺术团体，没有任何经营活动。每周一会，每月一餐会，参不参加完全由自己决定，但只要无事缠身，不生病，社友都会按时参加活动，如此持续了将近十年，共集会四百六七十次。在一般民间自发的社团中，能活动如此频繁、坚持如此之久者实属少见。直至1937年日寇侵华，社友云散，才被迫终止了活动。

　　雅集活动的内容也不是一成不变的。一般在集社时，各出所藏展示给与会者观赏，观赏之余，愿挥毫作书画的就挥毫作书画，愿聚首谈话的就谈话。但凡入社者每次与会，必带自作书画一页，以四尺十开为标准，以便统一成册。成册后，分别由各社友收藏。而当场所作之书画，和宣南画社的方法同，以拈阄的方法定书画之归属。所以十年下来，各社友收藏的书画也十分丰富。20 世纪 60 年代初，我在杭州延龄路的一家旧书店就买到过一幅东皋雅集初创时，余绍宋和程学銮合作的浅绛山水，四尺四开的小立轴，款识为："戊辰十一月十五日，第十次东皋雅集，都君小番出所藏黄瘿瓢山水立帧见示。余偶有所会，作松两株。程君仰坡于其下写坡石。兴之所至，余复补成之。笔墨蹊径与黄画俱不类，聊记缘起而已。绍宋记。"到了 1979 年，我将此画呈示徐行恭先生（徐先生当时是在世之唯一东皋社友），并请徐先生题其自作《如梦令》一首于其上："台榭亭泉竞爽，画帧诗囊飞响，裙履漫相联，收得沧波珊网。凝想，凝想，云散风流人往。如梦令，怀东皋雅集。己未孟冬，玄叟徐行恭书于北墅仓基，时年八十有七。"徐先生是 1988 年在杭州去世的，享年 96 岁。从此，再也无人给我讲述东皋的真实故事了。虽然是一张小小的山水画，却反映了东皋雅集当时的一些真实情况。

　　1935 年东皋雅集活动时，有一题名册曾印行于世，可知当时参加者的一般情况，文字不多，印量极少，今存世者百不及一，为便读者了解，抄录如下：

姓名	别字	斋名	年龄	籍贯
范耀雯	效文	蜩隐庐	72	杭县
王廷扬	孚川	栗山居	70	金华
叶为铭	叶舟	铁花盦	69	新州
武曾保	劼斋	老焦山房	68	杭县
王锡荣	湘泉	秋蘅池馆	64	杭县
项藻馨	兰生	竹影居	63	杭县
顾燮光	鼎梅	梦碧簃	61	绍兴
俞人蔚	彦文	文秋漪榭	61	余杭

续表

姓名	别字	斋名	年龄	籍贯
高丰（时丰）	存道	准园	60	杭县
武曾傅	井樊	遗研斋	60	杭县
沈炳儒	蔚文	留有余斋	60	嘉兴
王念劢	醒篴	簧斋	60	黄岩
都　俞	小番	八砖室	59	海宁
袁思永	巽初	礼阅邮斋	59	湘潭
陈　允	众孚	四友斋	59	新昌
高显（时显）	野侯	梅王阁	58	杭县
刘锦仁	云叔		57	南徐
丁辅之	鹤庐	守寒巢	57	杭县
陈锡钧	伯衡	石墨楼	56	淮阳
徐瑞徽	心庵	有深味斋	56	衢县
程学銮	仰坡	听春雨楼	56	杭县
陈　诜	叔辛	仰遗居	55	诸暨
孙智敏	廑才	知足居	55	杭县
刘光鼐	仲夷	有斐斋	55	绍兴
凌士钧	砺深	狷盦	54	崇德
余绍宋	越园	寒柯堂	53	龙游
孙世伟	叔仁	傲庐	53	绍兴
袁思古	潜修	学圃	53	湘潭
邵长光	裴子	弢庵	52	杭县
胡　希	穆卿	木盦	51	杭县
马叙伦	夷初	嚼梅咀雪盦	51	杭县
高敷（时敷）	绎求	络园	50	杭县
阮性山	性山	木石居	45	杭县
徐行恭	曙岑	竹间吟榭	43	杭县
俞人萃	序文	荔盦	39	余杭
徐　行	沧一	净绿村舍	30	杭县

老社友陈陶遗、王竹人、包蝶仙等人已去世，所以这本题名册中没有他们的名字。

东皋雅集持续十年，集会四百多次，不仅社友参加，集会时亦允许喜爱书画的非社员参观。日本领事米内山也曾多次介绍日本画家来杭参加雅集活动。当时的杭州城，西有西泠印社，东有东皋雅集，一个以研究篆刻为宗旨，一个以研究书画为主。但印社人员久居外地者不少，所以学术活动没有雅集次数多。可知余绍宋来杭定居，对当时杭城书画艺术的振兴起到了不小的作用。但终因西泠印社有自己的房屋，也有自己的经济实体，能一直保存至今，成为当今举世闻名的印学团体。而东皋雅集仅是民间学术团体，活动地点东皋别墅和浙江忠义祠也早已被拆除，如今已鲜为人知了。

社友逸话

展观东皋雅集社友名单，其中有前教育总长、大学校长、大学教授、书画名家、银行家、企业家，余绍宋则是前司法次长、方志学家、书画名家。最年长的 72 岁，最年少的 30 岁，可谓群贤毕至，少长咸集。我生也晚，儿时曾见过先祖父余绍宋，青年时有幸得见邵裴子、高络园两先生。并与阮性山、徐沧一两先生有过交往，而交往最久的是年登 96 岁高龄的徐行恭先生。在与他们的交往中得知一些社友们的逸事。

阮性山（1891—1970），擅画梅花，擅诗词，书法也极佳。因双耳失聪，与之交流必须书写在纸上，然后他讲与你听。我初次见到阮先生是在 20 世纪 60 年代初，那时他住在水漾桥边的扇子巷 46 号，我方 20 出头，他已是 70 岁的老翁了。他告诉我说："初见令祖时，令祖 46 岁，我 38 岁。令祖身材高大，气宇轩昂，学问很好，社友都很敬重他。"我从那时起，有空便向他请教画梅之法。但不久他两次迁居，我也为了生存，耗去我生命的绝大部分时间。直至"破四旧"风暴过后，我在杭州书画社门口遇见他。因无纸笔无法交流，我听他说："等你有空，我去你家看'归顾'两卷。"[1]那时他该有 80 岁了，我意识到，他的思维已经"回

---

[1]《归庄》《顾炎武》两手卷为寒柯堂旧藏名画。

归"到他的中青年时代，脑子里还是四五十年前的事。不久就传来了他去世的消息。

徐沧一（1906—1968），山水画得很好，颇具宋元风格，善于设色。虽然很自负，但对余绍宋还是尊敬有加的。他住在扇子巷64号，与阮先生是邻居。我也是20世纪60年代初认识他的，他当时才50出头。徐沧一是东皋社友中年纪最轻的，入社也比较晚。曾听老一辈说，余绍宋在一次东皋雅集活动时，偶然听说杭州有个青年，山水画得好，又擅用青绿，便致函邀他讨论画法。徐沧一认为自己初出茅庐，余先生已是一位名享南北的大画家，不敢前去拜访。余得知后就雇了一部车，前去徐家拜访。两人很谈得来，后来徐沧一也被邀加入雅集活动。这件事在当时被传为美谈。1983年在绍兴兰亭书会上，我偶遇钱君匋先生，他也对我讲述了这件事，但钱先生说忘记了那个青年的名字。

其实余绍宋一直喜用水墨作画，很少敷色。而古书所说石青、石绿的用法也确实很繁杂，他是个大忙人，无暇去照做。如今既然有人擅用石绿，从其学之岂不快事。正如韩愈所言："道之所存，师之所存也。夫庸知其年月之先后生于吾乎！"徐沧一是浙江兴业银行的董事，家业殷实。扇子巷的房子虽不算大，但独门独户，楼上楼下他一家使用，解放后这样的居住条件已属相当不错。有一天我去拜访徐沧一先生，偶然谈到武曾保的绘画。我说："武先生的画，风格很近吴昌硕。"徐先生马上说："你这话让武曾保听到，他肯定要跟你说个明白。武曾保自认为他比吴昌硕画得好。"

且不论武、吴之画孰高孰低，而武曾保（1864—1944）也确是一位刚正不阿之人。1945年秋，余绍宋有《挽武劫斋曾保》诗。诗有序云：

> 去年余在云和，闻劫斋先生之丧，即有此作，顾未详其在在杭州沦陷时实情究如何也。当时但闻日人时时强其作画，一日且欲其于画端题昭和年号，劫斋峻拒之。又闻其居陷区郁郁不乐，病作不肯服药，遂以不起云。远道传闻无从证实，故未存稿。顷来杭州，询诸同在陷城者，良信，因补录之，亦以见吾东皋社中人犹有正气也。

时至1966年，"文化大革命"开始了，人人都处在自危之中，天天都是抄家的锣鼓声。后来抄家的锣鼓声渐渐少了，批判资产阶级反动路线的运动开始了。接着学生们大串联，铁路、公路的交通又紧张起来了。被抄家的"五类分子"及其家属已经一无所有，后来革命的矛头又指向了走资派，背着沉重包袱的人们才渐渐松了一口气。有一天我壮着胆子去敲徐沧一先生的门，过了好久他女儿来开门，看见是我才放心，将我引进客厅。徐先生见到我，又惊又喜，他说："你还敢来看我，我这儿已没有朋友来了。红卫兵抄走了好多黄金和首饰，烧了我许多画，那张文五峰的山水也烧了。"说着说着潸然泪下，继而老泪纵横，泣不成声了。我默默地坐着，知道财物固然使他心痛，而画则是他的命根子。后来他中风了，行路十分不便，对生活失去了信心，不久便离开了人世，只活了62岁。

　　我与东皋社友徐行恭（1893—1988）先生交往最久。徐先生长我48岁，可谓真正的忘年交。20世纪70年代初，我自报家门跑去拜访徐先生，他住在湖墅仓基上，在杭州城北，平屋瓦房近十间，"文化大革命"初已被别人占用去四五间，总算还给他留了一个书房，屋虽不大，却十分雅致。徐先生健谈，每次都和我谈许多往事。徐先生的父亲是清末邮传部的一位官员。他自己20多岁就在北洋政府财政部供职，后来当了多年的财政部第一司司长，1928年也回杭州定居。陈叔通和叶葵初先生创办浙江兴业银行时，知道徐行恭善理财，就请他担任兴业银行总经理。中华人民共和国成立后不久，徐先生是以小职员的身份退休的。"文化大革命"时徐先生也不能幸免，书籍、字画、文物被附近中学的红卫兵抄走，后来六千余册书籍被送进浙江图书馆。"文化大革命"结束后，虽然损失巨大，但总算落实了政策。徐先生决定将书籍全数捐赠给浙江图书馆保存，图书馆颁发了奖状，并给予六千元人民币的奖金。这是20世纪80年代初的事，我已回图书馆工作，奖金是我送去的。不久徐先生又将24件珍贵文物捐献给浙江省博物馆。

　　徐行恭先生擅诗词文章，书法尤佳，晋唐风范，铁画银钩。晚年结识画家唐云，唐先生善收藏，每以收藏求题跋，徐先生虽年逾九旬，但思路敏捷，顷刻即成，或诗或词或跋语，使唐云先生十分诚服。我除了请徐先生题东皋雅集画作之外，还请他写了一卷有关东皋时的自作诗，卷后自跋云："此予五十年前旧作。时里彦创东皋雅集，推越园余先生为祭酒。予亦滥参末席，挥尘谭艺，凭栏舒啸，至足乐也。洎革故鼎新之会，先生厄于妄人，饮恨长逝，岁月不居，墓木且拱矣！流辈向尽，今唯予一人偷视息，能毋感慨系之邪！先生文孙子安世兄克绳祖武，奔走呼号，先生沉冤终得昭雪，世论称贤，嘱检往昔有关篇什，以绵永念而敦世好。爰不辞谫陋，书之以副雅命，亦异日一小掌故也。乙丑孟夏徐行恭并识，时年九十有三。"后来我将此幅装裱成卷，请顾廷龙先生题了引首，潘承弼先生填词两首跋于后。其时顾、潘两先生也都是年逾八十的老人了。

徐行恭先生最令人佩服的是淡泊名利，朴实无华，待人诚恳，不愿给他人增加半点麻烦。他常对我说："名利两字最害人，为名利会伤及朋友和他人，甚至会做出许多坏事来。"又常说："婚丧制度应改革，结婚请人来，既要人家花钱，又要花精力；丧事也然，应当从简。"1988年夏，天气奇热。我致函徐先生，请他保重身体，炎夏多有不便，待秋凉后再赴府上拜访。不料数周后在报上见到了他已去世，并已安葬的消息，是他的子女按照遗嘱刊登的启事。后走访他的子女方知，他晨起觉头晕不适，中午即溘然长逝。96 岁的老人无疾而终，不给子女和亲友增加半点麻烦，悄然离去。

传世名著《书画书录解题》出版

余绍宋所撰《书画书录解题》13 卷是我国第一部书画类著作的专科目录。全书收录东汉迄近代论书画之书 863 种，基本上包括了中国历代有关书画艺术、书画理论的重要著作。该书不仅收录甚富，更以其考证精当详尽和评论精辟著称于世。后人凡论及书画或编制书画类著作目录的，无不将此书作为重要依据而详加征引。[①]该书 1932 年 6 月由北平图书馆排印出版，林志钧作序，梁廷灿作跋，黄节署签。《书画书录解题》在书画理论、目录学、体例等方面都有所突破、有所创新，对后世影响也非常大。

---

① 谷辉之：《书画书录解题·目录学成就浅探》，赖谋新、朱馥生、余绍宋 编：
　《余绍宋》，团结出版社 1989 年版。

20 世纪初，西方民主思想不断传入中国。1919 年五四运动爆发，揭开了新文化运动的序幕。学术界涌动着"整理国故"的思潮，美术界则掀起了"美术革命"的思潮。于是在中国绘画界，逐渐形成了"改革派"和"传统派"之争。陈独秀在《美术革命——致吕澂》一文中称："若想把中国画改良，首先要革王画的命。因为要改良中国画，断不能不采用洋画之写实精神。"改革派与传统派各执一词，双方的争论一发而不可收。改革派认为，西洋画比中国画科学，讲究明暗透视，中国画应兼取其长，创立新体；而传统派则标榜传统画之优点，强调民族特质，于西洋画则不屑一顾。

余绍宋有着十分深厚的国学根基，也受到过现代科学思想的影响，早年学习中国画以传统入手，不久也被尊为"北京画坛领袖之一"[1]。但他并没有卷入这场争论中，而是始终在寻找如何以科学的、理性的方法重整画学旧籍，以挽救中国传统画学的衰微。余绍宋并不完全反对中国画参用西法，他认为，今日国画参用中西画法，亦时代之要求，不得不尔。中国画学衰替的真正原因正在其本身："嘉庆以后，画人虽多，画风已替，一则因南宗画法发挥无遗，不能更有进步；一则变乱迭起，时事多艰，文人无暇研求。咸同以降，画法堕地无余，画人寥落已极，怪体百出，邪道盛行。至今可谓风雅式微，千钧一发之时矣！"[2]又说："画学衰微至今日而极矣！以狂怪狞恶为有气魄，以涂脂抹粉为美观。市井喜之，上海派提倡之，日本之浅识者附和之。动开画会，自标声价，耳食者震之，辄为所惑。于是后生小子羡其易致富裕，而博浮名也，竞趋而师事之。习俗如斯，谁复肯细研画理之精微？谁复肯推究古人之绪论？甚且以为历来剧迹亦不足师，就易舍难，急于自表，而画道遂不可问矣！"[3]他还认为：画道之衰微，虽系风气造成，而画籍之失于整理，使学者茫然不知所从，也是画道衰微的原因之一。

---

① 铸晋、万青力：《中国现代绘画史·民国之部》，文汇出版社 2003 年版，第 42 页。

② 余绍宋：《中国画学源流之概观》，载《余绍宋书画论丛》，北京图书馆出版社 2003 年版，第 15 页。

③《画法要录》初编序例之十一，中华书局 1926 年版。

余绍宋又是一位专业型的学者，在方志学、法学、目录学等方面都有较高的造诣。又余氏自高祖余可大以来，一门数代十余人俱擅书画，并有大量作品传世。余绍宋自幼习书法，33岁始于业余学习中国画。他认为："凡治一艺，必通其字，乃可以善其术。书画之为学，有其源流派别，及其法度。明乎此，而世俗凡近之见，无以易吾所自得，而奔赴腕下者，神明规矩卓然有以树立。"[1]他自己就是这样做的，所以学画不久，进步神速。早年所创作的《梁格庄会葬图卷》颇受同仁赞许，这就是他"凡治一艺，必通学，乃可以善其术"观点的体现。同时他将自己研究整理的旧籍中的画法、画论，以及自己的讲演稿，分期连载于当时研究系创办的《晨报·副刊》上。日久积稿盈尺，加以修改、补直，便成了1926年中华书局出版的《画法要录》初编和南开学校排印的《中国画学源流之概观》。

"余半昔读书，每一书竟，必撮要为之解题。岁月既多，积稿盈尺，非敢有所论著，姑以备遗忘而已。去秋（指1927年秋）避乱南还，匆匆杂置行箧中，遗失泰半。今检余存，唯书画书籍较多。旅居（指1927年秋至1928年秋侨居天津）无俚，因为补拾归类，以成斯篇。敝帚之珍，聊用自慰。"这是余绍宋《书画书录解题》一书"序例"中的第一段话，清楚地表明了他撰写该书的起因。起因是偶然的，是"今检余存，唯书画书籍较多"。余绍宋平日读书，所作解题多随手夹入该书中，书如果丢失了，解题手稿也随之丢失。而今书画类书籍幸得尚存者较多，遂有补作之想法。而余家"文艺传家三百年"[2]，余绍宋本人又颇喜爱书画艺术，时时以整理旧籍为己任，使得该书的问世成为必然。他侨居天津期间，无任何职务在身，常与梁启超相过从，纵谈学问。而梁氏饮冰室的丰富藏书，为他补缀该书散佚的解题，提供了充足的书源。余绍宋在天津先后一年时间，所读书画类书籍多达四五百种，并一一做了解题；又为考证书画类书籍之存佚、伪托等，在饮冰室查阅目录类书籍近百种，足见他致力之深。

待南归定居杭州之后，余绍宋一时忙于生计，常奔波于沪、杭、衢、

---

① 林志钧：《书画书录解题》序，国立北平图书馆1932年排印本。
② 篆刻家、余之表外甥汪开年为余所治之印。

龙之间，加上借阅图书之途径一时告缺，此书进度暂时较缓。复经马叙伦、陈叔通等老友介绍，方能从浙江省立图书馆（今浙江图书馆）和江南第一图书馆（今南京图书馆）借到大量书画类书籍；又得以借阅沪、杭一带私人藏书，更增加了《书画书录解题》一书的完整性。余绍宋读书、作文速度极快，而且所借书读毕即还，绝不拖延。1930 年 3 月 21 日，他日记中有这样一段记录："发王秋湄信附去《笔啸轩书画录》四册。此书晨间寄到，余以两小时之力尽读之，并作解题一篇，立即寄还，可谓神速矣。"《书画书录解题》全书正文于 1929 年 9 月已基本脱稿，后又几经增补改易及制附表和索引，于 1930 年底基本定稿，即寄北平，请诸朋友审阅，并请林志钧作序。函札往还又有所商榷，先后又改订数次。林志钧说："越园平时读书，无坚不破，精悍异于常人。及乎著述，则审慎谦挹，歉然若有所不足。"①殆宰平序成，国立北平图书馆于 1932 年将该书排印出版。

《书画书录解题》一经问世，即为学术界所重视，并对后世也产生了很大的影响。因为它开创了书画专科解题目录的新途径，踵其后而作者大有人在。如吴辟疆的《有美草堂画学书目》（1933 年），《书画书录解题补》甲、乙编（1934 年），俱仿余氏《书画书录解题》体例，余氏并为作引言。此后又有虞复的《历代中国画学著述录目》（1953 年），丁福保、周云青的《四部总录艺术编》（1957 年）。更有日本人原田尾山的《支那画学书解题》（1934 年）、台湾曾育的《中国画学书目录》（1978 年），虽无缘得见此二书，想也受《书画书录解题》一书之启发或影响。

《书画书录解题》对后世的影响，除开辟了书画类文献著录的新领域外，莫过于人们对解题具体内容的使用了。1937 年初，于安澜编辑《画论丛刊》书成，余绍宋为之序。《画论丛刊》均于入编之书前冠以《四库全书总目提要》和《书画书录解题》作为书评，足见《书画书录解题》之经典性。后来于安澜又编成《画史丛书》（1962 年）、《画品丛书》（1982 年），亦然。俞剑华《中国画论类编》也以同样方法录入篇末，以供学者参考。"一些书画类工具书，如《中国美术辞典》《中国书法大辞典》等书画论著部分也以余氏解题为范本，加以重组。书法方面，《历代书

---

① 林志钧:《书画书录解题》序，国立北平图书馆 1932 年排印本。

法论文选》《历代书法论文选续编》《明清书法论文选》等，更于每篇首重袭余说，以为己论。其他至于沾溉艺术，对当代书画史论的影响，更是不一而足。"①

　　1932 年，国立北平图书馆以铅字直排、线装六册的形式出版了《书画书录解题》，书后附勘误表，纸张为连史纸。其后即抗日战争、国内革命战争，未见有再版问世。到了 1968 年，台湾"中华书局"影印再版了《书画书录解题》，平装成两册，纸张为书写纸。影印时将原书口处"国立北平图书馆"七字挖去，版权页印有"版权所有、有著作权"八字。此后 1974 年、1980 年该书局又两次影印再版。1969 年香港中美图书公司也曾影印出版。1982 年 11 月，浙江人民出版社据沙孟海宝姜堂藏北平图书馆本影印出版，合装为一册。影印时先请抄手将勘误表移抄至正文每条书眉处，惜不出自一人之手，且书体不佳、并有遗漏。更有不可理解者，版权页只署书名，而不署作者姓名。2003 年 3 月，北京图书馆出版社影印出版了《书画书录解题》，可惜仍按宝姜堂藏本影印，一册精装。书后附吴辟疆《书画书录解题补》甲、乙编，使该书更具完整性；并以顺序编定页码，便于读者检索。同年 12 月，该社还出版了《余绍宋日记》81 卷，日记中有一些作者在成书后对书中某些观点的修正，有待后来者的研究。

　　《书画书录解题》问世以后，已成为古文献研究者、书画理论研究者以及书画家们不可或缺的参考书。但使用者多，真正研究者少。我因孤陋寡闻，今仅见到两篇专论此书的文字，一是浙江图书馆研究馆员谷辉之女士的《〈书画书录解题〉目录学成就浅探》，二是吉林大学彭砺志的硕士论文《余绍宋〈书画书录解题〉初步研究》。谷文主要从目录学的角度，并与其他权威的书画目录体系比对，分析《书画书录解题》的创造性突破；彭文比较全面，侧重文献学和书画理论。

　　北京图书馆出版社 2003 年出版《书画书录解题》一书时，请专家写了一篇出版说明，既概括又简约，兹摘录如下，以飨读者：

---

① 彭砺志：《余绍宋〈书画书录解题〉初步研究》，吉林大学硕士学位论文，2001 年 4 月。

余绍宋撰《书画书录解题》是一部具有开创意义的有关书画艺术、书画理论书籍的提要目录。其开创之功有三：其一，本书是我国第一部书画类著作的专题目录。此前历代目录著述，无论官修私撰，皆以经史为重，于书画方面的著作收录甚少。以《四库全书总目》为例，其艺术类书画之属，收书 71 种，存目 52 种，远未能纪历代藏书与著述之实。而余先生此书收录甚富，所著录自东汉迄近代论书画之书凡 860 余种（别见及附见诸书不计），基本包括了中国历代有关书画艺术、书画理论方面的重要著作。其二，本书首创按学理分类的书画类著作的分类体系，全书设置"史传、作法、论述、品藻、题赞、著录、杂识、丛辑、伪托、散佚"10 类 40 目，并列"未见"一类于 10 类之后，以俟续补。此外，在正文前作序例一篇，对分类原则及各类目的范围、定义、性质详加说明。凡此种种，不但使所录之书籍——有所归属，而且全面概括了历代书画类图书的实际情况，正确反映了传统书画艺术、书画理论的学术体系，为中国书画研究打下了科学的基础，在目录学界也颇负盛名。其三，本书采用叙录体著录书画类图书，正文前的总目叙略极便于读者了解各书的内容主旨、学术流别及著述得失。余先生所作诸书提要，书必亲见，言必己出，注意考证。在提要之后，还采用辑录方式，附载大量有关资料，包括择要辑录原书序跋、诸家书目及其他书中的有关资料，汇集诸家研究成果，提高目录的参考价值。……

本书付印之际，偶然得见容庚先生著述手稿目录一通，得知先生曾有《评〈书画书录解题〉》一文。容庚先生是当代金石书画、古文字学大家，其所持论均慧眼独具，本想录来，一并奉献给读者，所憾尚无缘一睹真迹，只能暂付阙如。复赘数语，以谢读者。

《画法要录》二编

余绍宋在《画法要录》二编序例中说："余前辑山水画法既成，原欲续辑人物、花木、鸟兽诸科画法以成完书，牵于他务，因循数年未果。而自前编问世后，来书督促续辑者不乏其人，乃检集旧录诸稿，裒辑以成兹编。唯历来论画法者，山水而外论者殊鲜，拣取资料极觉艰难。今虽成编，尚多缺憾，姑以塞督促诸君之责而已。"寥寥数语，说明了前编成书后，数年才成此二编之缘由。

《画法要录》初编专论山水画法，未涉及中国画之分科，而图画之分科向无定论，元人汤垕《画论》有云："世俗言画家十三科，山水打头，界画打底。"并说明十三科究竟为哪十三科。而明人陶宗仪《辍耕录》有所谓画学十三科，如："一曰佛菩萨相，二曰玉帝君王道相，三曰金刚鬼神罗汉，四曰风云龙虎，五曰宿世人物，六曰全境山水，七曰花竹翎毛，八曰野螺走兽，九曰人间动用，十曰界画楼台，十一曰一切傍生，十二曰耕种机织，十三曰雕青嵌绿。"此分类错杂无章，不合画理。旧籍中又有将中国画分为"四目"或"十目"的，亦有分为"八类"的。邓椿《画继》分中国画为八类："一仙佛鬼神，二人物传写，三山水林木，四花竹翎毛，五畜兽虫鱼，六屋木舟车，七蔬果药草，八水景杂画。"余绍宋认为"四目""十目"或"八类"与近世画学分科约略相似，与陶氏所列"十三科"则迥然不同。因此《画法要录》二编参照"四目""十目"和"八类"，除山水之外分为九门：一曰人物，二曰传神，三曰宫室（器用附焉），四曰畜兽（龙鱼附焉），五曰翎毛（草虫附焉），六曰花木（蔬果附焉），七曰墨竹，八曰墨兰，九曰墨梅。全书各卷子目如下：

卷一　颜料制法及用法（用具附）

卷二　人物篇

　　总录（下略）

　　分录　古事画法第一（下略）　释道鬼神画法第二（下略）

　　　　寻常人物画法第三（下略）　仕女美人画法第四（下略）

卷三　传神篇

　　总录（下略）

　　分录（下略）

卷四　宫室篇（器用附）

　　总录（下略）

　　分录（下略）

卷五　畜兽篇（鱼龙附）

　　总录（下略）

　　分录（下略）

　　卷六　翎毛篇（草虫附）

　　　总录（下略）

　　　分录（下略）

　　卷七　花木篇（蔬果附）

　　　总录（下略）

　　　分录　木本花卉画法第一（下略）　草本花卉画法第二（下略）

　　　竹木画法第三（下略）　蔬果画法第四（下略）

　　卷八　墨竹篇

　　　总录（下略）

　　　分录（下略）

　　卷九　墨兰篇

　　　总录（下略）

　　　分录（下略）

　　卷十　墨梅篇

　　　总录（下略）

　　　分录（下略）

　　卷末　点缀（下略）

　　综观以上篇目，进一步体现了余绍宋以学理分类列目的目录学思想。譬如："兰、竹、梅三者，花木类也。今唯将墨写者提出，各自为篇，其写生一派之画法仍入花木篇中。盖此三事，久自花木分出，独自成为一科，工之者未必尽能写生，而工花木者亦非尽能墨写故也。"①又如，墨写竹、梅、兰，大约起源于宋代，随后即成为文人寄兴之具。如倪云林说："余之竹聊写胸中之逸气耳！"既然成为文人遣兴之具，旧籍中此类记录也较多，独自立一目也属合乎学理。又如，人物篇下列古事、释道鬼神等目，花木篇下列草本、木本、蔬果等目。这样一来，中国画的各种形式都可涵盖在内。中国画亦有称之丹青，所谓丹青必须敷色，用色之方法十分重要，所以卷一为颜料制法及用法；中国画中之点缀必不可少，故卷后设点缀以成完篇。《画法要录》初编已论及纸绢和题识，二编不必再录。二编出版时，余绍宋对初编有所补充，附于二编

---

①《画法要录》二编序例之二十二。

之后。二编征引的书籍为 108 种。

《画法要录》二编由上海中华书局于 1933 年出版发行，聚珍版线装四册，1936 年又再版发行，可见其发行量之大。1949 年以后，台湾中华书局曾多次再版，再版时与初编合印，平装四册。我曾购得 1983 年 9 月台湾中华书局的第三版。此外，北京中国书店于 1990 年缩印了《画法要录》初编、二编，合为一册，印数为 4000 册。

《衢县志》与《龙游高阶余氏家谱》

讲到余绍宋修《龙游县志》，不能不提民国时期的《衢县志》。衢县原称西安县，为历代衢州府治所在，入民国改称衢县。这部志书的纂修几乎与《龙游县志》同时，但成书刊印却比《龙游县志》晚了整整十年。《衢县志》的纂修者郑永禧（1866—1931），世居衢城，清光绪丁酉（1897）乡试解元，入民国当了一任湖北恩施县知事，此后一直在家乡从事地方教育和乡邦文献的收集整理工作。《衢县志》就是他一生中的主要学术成果之一。但这部志书也同样花费了余绍宋的心血，凝结着余郑二人志同道合的友情。

早在 1921 年余绍宋决定修《龙游县志》时，郑永禧也决定修《衢县志》。这年余绍宋回衢州，郑永禧来余寓相会，商谈修《衢县志》一事。余绍宋认为，旧《西安县志》和旧《龙游县志》"体例均乖，宜事改撰，不宜仅依旧例续增"。郑永禧虽同意余绍宋的观点，但认为如此则难度相当大。两人相约，两县志体裁务求其同，记载务避抵触。此后三年中，两人各自撰述，书信往来，探疑点，谈心得。余绍宋利用北京各图书馆之便利，在收集龙游县资料时，注意收集旧西安县之资料，亲自摘录，寄给郑永禧。余绍宋身居北京专事编纂，龙游采访则由祝康祺及手下采访员进行。而郑永禧虽居衢城，但事必躬亲，采访、撰写悉由一人独任。三年后，《龙游县志》初稿完毕，郑永禧读后深为赞许，表示《衢县志》也将按《龙游县志》体例编纂。郑永禧考虑到自己身体健康状况，深感独力难支，写信给余绍宋，委托余绍宋纂修《衢县志》。余绍宋非常为难，修志一事非同儿戏，须主客观条件皆备方可为之。他回信郑永禧婉言相拒：

旬日前获读教示，欲以贵县志事相委。绍宋侨居郡城已四世矣，安敢言辞？顾有必需商榷者数事，敬为吾丈言之。修志原有两种方法，一为别出心裁，全部改撰，一为不动前志，但纂续编。两者相衡，后法为易，但必前志完善始得为之，否则必需别撰补遗正讹之编，便涉繁杂。今观嘉庆《西安志》，他不必说，即其仿《浙江通志》体例一端已属十分荒谬。通志、县志各有义例，不容相袭，乃定理也。无论《浙江通志》体例本非完善，即便使完善亦不当效法，况又效之，至于支离破碎乎。绍宋所为敝县新志，即以前志体例未佳，全部改撰，凡为叙例百七十条则，都四万余言，阐明义例与所以参用史裁之故，自谓精当不磨。若欲绍宋承乏衢志，亦必本凤昔所主张，全部改撰。特不知此三年来，吾丈撰成者几何？是否仍用后法？如用前法，有无窒碍，此一事也。

绍宋承修敝县志时，曾由绅耆声明，一切去取悉听主裁，无论何人不得有所干涉。志成后，径在京师付梓，亦不得托名公议，增损原文一字。此次志稿名为官书，实同私家著述。若绍宋承乏衢志，虽不敢作此奢求，要当有相当之信任。未知贵县父老兄弟对绍宋信任如何？此又一事也。

凡事非财不行。此次敝县修志，凡用二万余金，印费尚不在内。如贵县欲令绍宋承修，至少亦需筹定的款二万元，方不至于半途停顿。而如此巨款，当兵差竭泽之余，能否筹措？此又一事也。四事者必需先决加以审度而后敢承。[1]

信中所提四事，正是衢县与龙游两县在修志客观条件上的差异。

1926年秋，余绍宋回衢再见郑永禧时，此时《衢县志》初稿已成，但郑永禧因积劳伤神双目失明了。这年冬，郑永禧托人将志稿送到北京并附上书信："余目已盲，修正之事唯君任之。"余绍宋接受了郑永禧的嘱托，对《衢县志》稿着手审查校对，足足花了两个多月时间，补证了百余条资料，后又为之写了《衢县新志序》。1931年3月，郑永禧先生去世，消息传到杭州，余绍宋不胜悲痛，为其作墓志，对郑永禧不慕功名，

---

[1]《余绍宋日记》第四册，北京图书馆出版社2003年影印本，第97页。

以毕生精力纂修乡邦文献给予高度评价，其铭曰："卓尔一编，踵武盲史。秉斯精诚，虽死不死。余业纵弘，安得媲此。铭兹永藏，伤哉同志！"

1932年，衢县县长倡议成立委员会修订《衢县志》稿，余绍宋心甚忧之。他担心这部志稿如此拖下去刊印将杳无限期，更担心浸透着郑永禧心血，有着翔实资料、体例完善、已具出版条件的志书被某些人擅自乱改而面目全非，甚至志稿散失。在他看来，当时衢县地方无人之才、识、德能超郑永禧之上。于是，他请当时的浙江省图书馆馆长陈训慈将《衢县志》稿录了副本存馆，以备不测。以后事情果如余绍宋所料，此后三年，这个修订县志委员会并未有效开展工作，不了了之。1936年冬，在郑永禧亲人的努力下，《衢县志》终于出版问世。在余绍宋看来，这不仅使中断了120多年的衢县志书得以延续，更是对九泉之下的郑永禧的莫大安慰。

此后余绍宋又着手一项新的工作，即编修《龙游高阶余氏家谱》。早在数年前修《龙游县志》时，因编写《氏族考》，余绍宋曾借调了乡里三五百部族谱、家谱仔细阅读。但他所见的家谱大多数出自谱匠之手，芜秽荒谬，编者既不懂史学，又不谙著述体例。自进入民国以来，民间修谱之风渐兴，用什么观点和方法来编纂一部家族的历史，这是余绍宋着重考虑的问题。在他看来，"家谱与国史方志，实为吾国史籍中之三大枢系。自《世本》以迄隋唐两志所著录，谱学已蔚为专门。厥后丧乱屡经，侵见衰微；然此敬祖尊宗收族之观念，固已普及于民间；故虽穷乡僻壤，而尊视家乘则无间。今就通常谱所载者，凡民族之迁徙，宗姓之繁衍，结婚之年龄，人口之繁殖，天年之修短，乱离中之死亡，门望之演成，遗传之趋势，族制之变革，乃到政治风俗与家族之关系，胥可于是觇之。斯固考国史者所欲取为衷据，亦欲明中国社会之现状者所不容忽也"①。地方志是国史的补充，家谱是地方志的补充，"谱牒亦史之流也"。他要用方志学的观点以及用编纂方志的方法来编修一部家谱，为民间修谱作一范本。事实上，这部《龙游高阶余氏家谱》的确体现出余绍宋"谱牒亦史之流"的思想。

---

① 余绍宋：《龙游高阶余氏家谱叙例》，载《文澜学报》，浙江省立图书馆民国二十四年出版。

《龙游高阶余氏家谱》共 18 卷，卷首为叙例，阐明了作者的编纂思想及是书之体例，其余 17 卷分为 10 大类，即宗支谱（世系图、行序）、世德谱（封赠、祠祀及坊表、科目及职官）、规训谱（家训、家礼）、祠墓谱（祠制、墓域）、祭祀谱（仪制、条规）、祀产谱（旧产、现存产）、传志谱（遗像、世传、墓志）、艺文谱（旧谱、著述）、文章谱（内篇、外篇）、杂载谱。各谱前皆冠以无题小序，或引宋代欧阳永叔、苏老泉，或引《世说新语》注，或引《唐书·艺文志》《隋书·经籍志》，总之引经据典，无征不信，其目的是"聊示子孙俾知史法而已"。当时有评价《龙游高阶余氏家谱》"援据经史百家之书，立论精当，定例谨严。于斯学已绝之际，实别开一研究途径"。余绍宋提出"正史、方志、家乘是构成中国史学的三大枢纽"的论断，为后来学者提供了新的理论和更开阔的视野。《龙游高阶余氏家谱》于 1933 年刊印。其《叙例》先后在 1935 年《文澜学报》和 1944 年《浙江省通志馆馆刊》上刊登。1937 年杭州沦陷，《龙游高阶余氏家谱》被掠之日本，被日本国会图书馆收藏。1997 年，有关方面托日本友人带回复印件，今藏于龙游县档案馆。此外中科院图书馆等处也藏有原件。余氏子孙家藏诸本多毁于"文化大革命"。

主编《金石书画》

1934 年，《杭州民国日报》改名为《东南日报》，并将扩充版面，欲出旬刊一种，专论金石书画。时任社长的胡健中第一个想到的人选就是余绍宋，于是先委派该报记者黄萍荪前去征求意见。余绍宋对于金石书画兴趣极浓，在书画界又素具名望，答应可以考虑。6 月，胡健中亲自登门拜访了余绍宋，并委任余为主编。后定名为《东南日报》特种副刊《金石书画》，每旬出一刊，逢五出版，一月出三期。1936 年 1 月起改为半月刊，月出两期。版面为八开一版，每期四版。

以金石书画为内容的刊物，在浙江是首例。此前 1929 年 10 月北京故宫博物院创办的《故宫周刊》，以介绍故宫藏品为内容。故宫历经两代王朝，搜罗之稀世奇珍、金石书画不计其数。而胡健中仅是一纸委任书，余绍宋何处去寻找可供每旬出一期的金石书画的作品呢？当然胡健中知道余绍宋不但精于鉴赏，又富收藏，更有众多收藏界的朋友。具备了这些条件，第一期《金石书画》于1934年9月15日创刊了。

创刊初期有一段小小的插曲。1934年6月，胡健中已聘请余为《金石书画》特种副刊的主编，就在创刊号出版前几天，胡健中又带了王修来访余绍宋。"胡健中同王季欢（修）来，季欢初识，健中使为我襄办《金石书画》特刊事者。其人颇有文名，谈一小时许去。"①王修字季欢，号杨弇，浙江长兴人，擅山水，富收藏，王氏诒庄楼所藏书画、古董、典籍甚富，于是《金石书画》从第二期起就有了长兴王氏诒庄楼藏品刊出。而且第二期还刊登了一则"长兴贺电"："东南日报社余越园、王杨弇二先生鉴：二公主持《金石书画》特刊，播先民之艺术，阐固有之文明，不胫而行，海内钦仰，谨此电贺，并祝新祺。张传甲、朱本立叩。"可从第九期起，就再也没有王氏诒庄楼的藏品出现了。

听老一辈人说，王季欢很有才气，但太自负，又好自我表现，和越老不太合得来，所以《金石书画》出了没几期，王季欢就主动不干了。其实在《金石书画》第二期出版之前，余绍宋便有济南、天津、北平、南京之游，为期近两个月，返杭时《金石书画》已出版了七期，可知第二期至第七期应由王修主持。这几期王氏诒庄楼藏品比较多，而且从第三期起，王修不但有大量的图片说明文字，还连载了自己撰写的《云蓝随笔》，这显然与该刊的体例不符，更与该刊创建之宗旨相违。第八期刊有王氏诒庄楼藏品一件，第九期起再也没有见到诒庄楼的藏品和王修的文字。王修应该在此时已经退出该刊，时间是1934年12月初。

《东南日报》特种副刊《金石书画》创刊之目的是为了普及民众，余绍宋在发刊词中已尽言之，其文如下：

> 金石书画之有裨于学术人生，而为一国文化之表现，夫人知之，不待言矣。顾藏庋之家，恒喜称秘，不以示人，穷僻之乡且弗论，即都会中寒唆之士，亦有终身不获睹先民之奇制剧迹者，遑论有众。夫温故知新，古有明训，吾国苟欲跻于真正文明之域，自非阐扬固有之文艺不为功。而欲事阐扬，则必以所固有者广播于有众，使古人精神所寄，渐以浸渍于人心，有所观摹，有所凭借，庶足以发其

①《余绍宋日记》第八册，北京图书馆出版社2003年影印本，第81页。

兴趣，油然生敬爱故国之思，而乐于从事，以渐臻夫发扬光大之域，此不易之义也。自新法印刷输入以来，坊间固有以之印行名迹者，定期刊物间亦有之，顾皆索价甚昂，寒畯者仍不易得，至于有众更鲜问津，其于广播之道，去之尚甚远也。广播之法，莫捷于报纸矣，而在有声誉之报纸，其奏效也尤捷。杭州《东南日报》，固卓然有声誉之报也，社长胡君健中，鉴于倡导斯道之不容缓也，乃决发行旬刊，专事于广播之业，而以搜集、审订、编录之事，商之于余。余维各地报章所附刊之画报，所印多属一隅风物，及趋时之男女影片，殊与文化无关，虽偶印及书画金石，而一鳞片爪，语焉不详；又或妍丑并陈，难以究诘，彼其初意原不在于阐扬国有文艺，无责焉耳已。今胡君毅然而有斯举，实开报界广播之先河。昔人有言：作始也简，将毕也巨。是举也或即为他日文艺复兴之滥觞焉，未可知也。余虽谫陋，又安敢辞。唯是一人之闻见有限，而杭州虽号文物之邦，然自洪杨战役以还，藏家衰落殆尽，作者亦寥若晨星，取材之艰，自不待论。此则尤望海内方雅有以赞助而是正之，俾渐就于发扬光大之途者也。

《金石书画》刊登的内容是历代著名金石拓片、历代名人书画（今人书画篆刻一概不收），每件藏品均有名家撰文简介。藏品来源主要是私人藏家所藏，如龙游余氏寒柯堂、长兴王氏诒庄楼、杭州陈氏伏庐、杭州高氏梅王阁、杭州高氏乐只室、番禺叶氏遐庵、湘潭袁氏礼阆邮斋、杭州王氏秋蘜池馆、绍兴余氏怡园、淮阴陈氏石墨楼、顺德胡氏有所思斋、嵊县王氏兼善堂、杭州杨氏丰华堂、杭州邵氏倬庵、广东台山黄氏静者居、天都黄氏宾虹草堂、广东香氏梦诗庐、海宁邹氏适庐、诸暨陈氏仰逋居、诸暨余铁山、杭州阮氏木石居、武进徐氏石雪斋、崇明童氏绿云山房、杭州俞氏香叶簃、会稽顾氏金佳石好楼、绍兴孙氏道难谌砖馆、杭州高氏存道堂、婺源朱氏宾虹堂等三十余家。余绍宋以其强大的号召力和影响力，才能争取到本省和外省的如此庞大的收藏家队伍的支持。创办共三年的《金石书画》，以其入选作品之"真"和"精"颇受当时读者的好评。后来每24期成合订本一大册，共出合订本三大册。合订本当时远销东瀛，所以《金石书画》当时在日本影响也很大。可恨者，

1937年7月日本帝国主义发动侵华战争，不久东南日报社被迫南迁至金华，后至丽水山区，特种副刊《金石书画》也被迫停刊。

余绍宋主编《金石书画》不主观臆断，对书画作品、金石拓片的真伪，都听取多方意见才做决断。文字说明也请专家撰写，如金石方面的注释说明，除自己动手外，常请金石家陈伯衡、顾鼎梅等人撰写，书画方面的鉴赏及说明文字也同。《金石书画》创刊之前，胡健中即委任余绍宋为主编，但从第一期至第十二期，刊头仅"东南日报特种副刊"八字，直至第十三期开始才加上"余越园主编"五个字。

《金石书画》既然是艺术专刊，刊头题字十分重要。第一期创刊号，余绍宋自己是位书法家，自然由他用楷书书写，第三期余绍宋用隶书题写刊头，第四期王修用隶书题写刊头，第六期韩登安用篆书题写刊头，第七期吴兴温广年用正书颐写刊头。此后书画家黄宾虹、高时丰、高时显、高时敷、马叙伦、邵章、顾鼎梅、童大年、叶为铭等人均用各自擅长的书体题写了刊头，使《金石书画》更加丰富多彩。

由于时代的局限性，在当时的印刷条件下，《金石书画》已属于印刷精良的刊物了。但在今天看来，自然还远不如人意。它的最大功绩在于著录、影印了当时民间的许多珍贵藏品，这些藏品许多如今已不存在。至于刊物本身，存世也已不多。1987年，鉴于本刊物存世稀少，杭州古旧书店的严宝善从浙江图书馆古籍部借得原件合订本3册，影印发行。后来我告诉他《金石书画》共出了87期，前72期为合订本3大册，后15期因抗战爆发未成合订本，只有散页。经多方搜求才得到后15期，一并影印，分订为4册，1988年8月影印发行，共印900册。这是严宝善先生所做的一件大好事。

影印的《金石书画》有分四册装和精装一册两种，后传到台湾。当时胡健中还健在，他提出杭州古旧书店是侵权行为。经协商，书店寄赠书数册，始告平息。

《续修四库全书总目提要》

自从清乾隆皇帝撰修《四库全书》和《四库全书总目提要》以来，海内学者欲补正《四库提要》的大有人在。嘉庆间阮元等为《四库全书》

未收之书补撰提要 170 余种。此后学者在各自学术领域的著作中，对该书多有匡谬或补遗。余绍宋的《书画书录解题》就是对《四库全书总目提要》中子部艺术类书画之属的大量补正，共收书 860 余种。当然这只是全书中小得不可再小的一部分。要续修《四库全书》或续修《四库提要》，需要众多学者的共同努力、安定的时代环境和丰厚的财力物力，清代中晚期以来国力渐衰，迨至近代均无此能力。

"世间事往往有动机不尽纯正，而效用甚广者。"王云五在台湾出版的《续修四库全书提要》序中这样说。"二十世纪二十年代初，日本政府迫于国际和国内的压力，决定比照美、英等国的先例，将'庚子赔款'的一部分'退还'给中国，并趋向于将这笔巨款的一小部分用于中国的文化事业，由此而引出的三个文件就成了正式着手编纂《续修四库全书总目提要》的发端。"① 1925 年 10 月，在北京成立了东方文化事业总委员会，由中日双方学者参加。中方有邓萃英、柯劭忞、江庸等 11 人，日方有入泽达吉、濑川浅之进等 7 人。继之成立人文科学研究所和东方文化事业图书筹备处。前者为《续修四库全书总目提要》订定拟目、体例、撰写、分类，以及计划经费、购书等原则问题，均由中方学者担任；后者为掌管调查、搜集、购置、储存所需图书之事宜。

撰写提要的工作始于 1931 年，当时参与撰稿者仅柯劭忞、江瀚等 6 人。至 1933 年底和翌年初，又增聘了孙人和等 30 多人，1938 年春又增聘了 20 多名较年轻的学者参加撰写工作。②余绍宋应是 1934 年初被聘为撰稿人的，他主要负责子部艺术类的撰稿工作，子部艺术类的另一位撰稿人是班书阁。余绍宋日记中就有 1936 年为《续修四库全书总目提要》撰写提要的记录。一年多以后，日本发动了侵华战争，在当时特定的历史环境下，余绍宋虽然仅是一介书生，无任何职务，但社会影响很大，又是日本留学生，有许多日本学术界和书画界的朋友，于是不得不于 1937 年秋离开杭州，隐居在龙游县沐尘村的山区之中，此后大概再也没有和东方文化事业总委员会有过任何联系。

1934 年起，《续修四库全书总目提要》的工作，日方改由桥川时雄

---

① 罗琳：《续修四库全书总目提要》前言，齐鲁书社 1996 年版。
② 罗琳：《续修四库全书总目提要》前言，齐鲁书社 1996 年版。

主持，撰稿人所成之稿都陆续付印。抗日战争胜利后，桥川时雄返回日本，并将原稿及清抄稿交中方代表沈兼士接收，桥川带走的是油印本。《续修四库全书总目提要》工作从此结束。26 年以后的 1971 年，台湾"商务印书馆"根据藏于日本京都大学人文科学研究所的油印本，重新排印，于 1972 年在台北出版了《续修四库全书提要》，32 开，共 16 册。该书仅存提要 10080 余种。

　　1949 年 10 月 1 日中华人民共和国成立后，《续修四库全书总目提要》所有稿本、图书及档案，全部归属中国科学院图书馆。"《续修四库全书总目提要》的手稿和誊清稿存在着不少缺陷，主要原因是当时没有进行总纂工作，拟目和分类不尽完善合理；提要成于众手，学术水平和工作态度上的差异，使稿本精粗详略不一，瑕瑜互见。""中国科学院图书馆古籍组曾点校整理了《续修四库全书总目提要》的经部、史部和　部分集部。1993 年中华书局曾出版了其中的经部（上、下两部，共 240 余万字）。由于各种原因，暂停了点校工作和点校稿的出版工作，1996 年起由齐鲁书社全部影印出版。"①全书 16 开精装，凡 37 册，另索引 1 册，共收入古籍 33000 余种，比台湾"商务印书馆"的 10080 余种多了两倍以上。这是一部由我国 71 位专家、学者共同撰写完成的大型书目提要工具书，是我国近代学术史上一项浩繁的工程。余绍宋仅是这项工程的参与者，因略述其概，以存史实。

京津重游

　　余绍宋一生十分珍视朋友之间的友谊，交游的范围也很广。因为自己曾经做过官，所以达官贵人认识不少，平民百姓也认识不少，但交往最多的还是学者、文人、书画家。他对朋友不论地位高低、富贵或贫穷都以诚相待，尤其是出身贫寒的穷朋友，如方仲先等人在京时临时遇到点经济困难，他先慷慨解囊，并向其他朋友募款以解朋友之急。又如朋友请他帮助谋职，大凡可靠的人他都尽力帮助。余绍宋与王宠惠、罗文干等人交情很深，此两人一直任要职，所以朋友常请他去说项。他感叹

---

① 罗琳：《续修四库全书总目提要》前言，齐鲁书社 1996 年版。

说：只要亮畴（王宠惠）、钧任（罗文干）在位，我将不得"安宁"，落拓之人认识达官显贵，并非好事。古人所谓隐之者恨山之不高、林之不深也。

1934 年 9 月，转眼在杭住了六七年，余绍宋想念旧友，于是有济南、京、津、南京之游。9 月 23 日正值中秋佳节，天朗气清，秋光大好，正宜出游。于是余绍宋由龙游籍友人叶筠彦陪同，乘车赴南京。车过上海，老友胡啸云、刘亨斋专程到车站相见；上海至南京车中又遇翁敬棠、林公铎两位老朋友；到南京车站，戈卓超、孙永年两人来站迎接。次日上午谒明孝陵，游中山陵、谭组安墓，游灵谷寺、无量庵；下午游夫子庙、秦淮河，又游鸡鸣寺，登景阳楼，览古台城，观胭脂井，俯仰兴亡，岂胜慨叹！是日同游者有郑莆庭、孙永年、姜次烈等人。此次游南京，住中央饭店，夜晚又有多年未见之老友刘仲缵、何枚如、李君辩、陈哲侯来会，骆和笙、廖允端、宋延华至，其中不少系在北京时之同僚，当时在南京政府内任职。

第三日因下雨不能出游，于是余绍宋到司法行政部访老友罗文干。中午罗文干约饮，席间初识陈树人，一见如故。余绍宋对陈树人评价很高："气味极好，虽为贵人，毫无习气，真吾辈中人也。"[1]在南京的最后两天，又游览了三台山，"登其最高层，一览旷远，旋游燕子矶，俯瞰大江东去，气象为之一振"。

此次余绍宋游南京，会见新朋旧友很多，尤以司法界为多，除北京司法界同仁外，或法校门生，或同乡，或旧友，达五六十人之多。初识者除名画家陈树人外，又初识了一位龙游同乡邱炜。邱炜字躬景，溪口镇双溪村人，保定军校毕业，曾任陆海空军总司令部交通处中将处长、津浦铁路管理委员会委员长等职。邱炜虽行伍出身，却关心地方事务，此次余绍宋与他见面谈了许多地方公共及安全事务。两人此次相识，也是最后一次见面。不久邱炜返龙游溪口探亲，因阑尾炎突发去世，年仅43 岁。

离开南京后，余绍宋又在胡啸云及叶筠彦陪同下，乘车至济南，济南为泉城，故先游趵突泉，发现已看不见泉水涌出之状，为此大为感慨：

---

[1]《余绍宋日记》第八册，北京图书馆出版社 2003 年影印本，第 95 页。

"因建设厅方在此设蓄水池，不知浚池后，尚能复旧观否？济南泉最多，可安蓄水池者应不少，何必筑在此，此真大煞风景事。近来新人物所作所为类如是，可慨也。"旋又游大明湖、铁公祠、北极阁。在济南，余绍宋及陪同者胡啸云等六七人还游览了离城40余里的龙洞和佛峪两处。20世纪30年代，交通极不发达，尤其是山区，少有公路，此两处即使胡啸云在济南多年也未能游。此时适初通公路。龙洞在济南城南40里，"两崖壁立千仞，林木阴翳，龙洞寺建于其中，东崖上刻字颇多，离地数十丈，不能细览。其上闻有洞，人不能登云。西崖号曰锦屏山，其南横入山腹者即龙洞也。洞内邃深，初入稍隘，渐入稍宽。同人持电炬行，十余分钟始由崖之北出洞，气候忽变，微雨渐降，不敢久留，亟赴佛峪，相距六里。……四围悬崖峭壁，林木丛生。余等循溪道曲折至瀑布下。惜久旱泉流甚小，瀑布下数十武，有一方石窣起，上镌'听泉'两字，遂登其上小憩。旋由瀑布之右攀援而登环翠台，路极险仄……台凸出四山之中，高数十丈，俗称凤凰山。未详其始。台上天然平坡，旧有石亭，已圮，基石犹存。登其山，四山环抱壁立，乃观瀑布最胜处。山树已微红，惜未及经霜。章甫云：经霜则满山皆红树矣！极思流连，而雨至，下坡一览寺观，匆匆登舆返龙洞村"①。

在济南，余绍宋还参观了图书馆，观看了馆藏书画和汉画堂中陈列的嘉祥县的汉画像石。汉画堂上层是罗泉楼，收藏了大量古钱。作为图书馆收藏如此多的书画文物，尤其是汉代刻石，在全国也较少见。最后参观了藏书楼，仅看了部分善本书。余绍宋非常重视书画、古籍、文物之保管，每到一处，总要参观图书馆、博物馆等处。由于天下着滂沱大雨，不能游千佛山和黑龙潭，余绍宋在济南前后共四天，会朋友十余人，多为当时北京法政专门学校学生。

10月1日，余绍宋抵天津。天津为北京之后方，余绍宋在京16年，无数次到过天津，且又侨居一年，所以朋友很多。余绍宋一到天津，就有周伯澄、土贻孙等数人来迎。老友胡子贤已由北京迁居天津，所以余绍宋到津后，每日会友和访友，或在朋友家看书画。胡子贤藏画很多，有许多画水平很高，但画家事迹失传，余绍宋认为必须对这些画件详加

---

① 《余绍宋日记》第八册，北京图书馆出版社2003年影印本，第101—104页。

叙录，以免失传。他说："余深悲昔之画家，怀才不遇，终老林园，世人不知，遂致淹没。固由交通不便所致，然亦昔之士人，不求闻达于当时之故也。故凡遇此种画，必详为著录，借永其传，亦发潜阐幽之旨耳。"他此次在天津所著录此类画即十数件。又初识任振采，此人藏方志最多，"几足雄视海内"。两人大谈方志学，一见如故。天津尤少可以游览的风景点，余绍宋在津停留了六七天，未曾出游，只是会友四五十人之多。10 月 7 日离开天津，有胡韵琴者特自北京来迎。

"车抵前门车站，暮霭苍茫中，见前门敌楼高耸，如见故人也。晦闻、宰平、平甫、立生、卣铭、庆生、劲庵、毅安及胡孟柔、周绩禹、王雨林三世兄并在车站欢迎。""七年离故都，今日重来，恍如梦幻，岂胜人民城郭之感。"这是余绍宋旧地重游，踏上北京土地时的情景。一个已没有任何职务的读书人，有如此众多的好友，足见他平日对朋友的忠诚。由于当时旅馆条件太差，老友王立生约寓其家，遂于第二天迁至王立生家。王家在北院道，寓斋可望见宫阙，且临近御河，其旁又可观赏太庙之丛柏，余绍宋借寓王家，愉快地度过了在京访友、游览的二十多天。

余绍宋先后游览了中央公园、颐和园，荡舟昆明湖，又游景山公园、北海公园。又应卓君庸（定谋）之邀，游西郊其自建之自青榭别墅，同游者林志钧，顺道参观了燕京大学。抵自青榭别墅后，陈仲恕（汉第）、江翊云（庸）也来相会，又同游香山看红叶，顺道访傅沅叔（增湘）。越一日，应林斐成之约游其西山秀峰别墅，同游者余戟门、尹尧新、王立生。秀峰别墅原为秀峰寺，林斐成购得后大加修葺，移佛像于后进，又添建房屋数椽，极为精雅，院落中松栝两大株，花木成丛。午后又游鹫峰山庄，山势险峻，石级曲折，山庄建于山之巅，分为三层，依山而建，凡二十余间，凭栏可眺明十三陵。此二处别墅皆为林斐成之产业，经营此山所费几十万金，真可谓豪华。是晚寓秀峰别墅。次日乘兴游醇贤亲王园寝，俗所称七爷坟，风景颇佳，其坟后丛林泉水尤胜。由七爷坟再登山至左佛寺，寺中有北魏太和廿三年造像一躯，高约丈许，甚精美，背面刻有造像记十余行。又游老爷山龙泉寺。下午又游大觉寺和黑龙潭，傍晚返城。两日所游皆属西山地界，因当时交通不便，又龙泉寺、大觉寺等处年久失修，游人罕至。

除郊游之外，余绍宋此次到京还两次游故宫，参观书画文物，又游北平图书馆观古籍善本。兹录其自述参观图书馆及故宫博物院之记录：

> 谢刚主来，同往观北平国立图书馆。初识徐森玉（鸿宝）、刘子静（节）。此两君者凤知余名，故一见如故。导游全馆，规模至宏大。又遇叶左文、瞿兑之两君，观宋元精本及明本之佳者廿数种；其藏地图之室亦多名品，不能悉记。（10月23日）

> 林宰平、谢刚主、瞿兑之来约同游故宫，顺访马叔平、徐森玉。森玉乃导游故宫图书馆，此馆素不开放，中藏书籍甚多，不能具览，仅观御制、钦定两种书，已极闳富。其中精抄本最多，即《佩文韵府》《康熙字典》等类书亦皆用俗称宋体者抄之，仅《文选》一种有五本，精妙之极，卷首皆有高宗小像。然后知帝王之力，固无所不可者也。主图书馆事者为何澄一，前日来访不值，今始晤及。又破例特开乾清门，遍游诸陈列处，有一室专列陈墨旧笔，一室专列雍正时成扇，云是新发现者。成扇中颇多精品，雍正自书诗扇皆甚可观。十二时半始出宫，谢刚主约饮同和居。（10月25日）

余绍宋这次北京之行，到朋友家看书画可谓是他最大的乐事。在京期间，他先后到陈仲恕、周庆生等朋友家观赏书画。在陈仲恕家见到赵子昂画竹，非常精到。当时他请人摄影，后来刊登在他主编的《金石书画》特种副刊上。在陈家又看到归昌世和郑穆清的两本画竹的册页，都很精到，而陈仲恕出示的郑板桥画竹，余绍宋以为不可靠。陈所藏大涤子（石涛）的画兰手卷极精妙，并有乾嘉时人题跋十数则。又曾到周庆生家看黎二樵山水画册等。又到汪慎生家看其所藏旧墨，慎生与宋绍宋关系甚好，愿余任意取用，余当然不能夺人所好。在众人观看时，一位朋友不慎将一丸明代墨摔碎。余绍宋深感内疚，认为如果不是他要看旧墨，就不会发生这件事。

自从1915年余绍宋在北京西砖胡同寓所倡办宣南画社以来，迄此次北都之游已20年。先是陈师曾谢世，继之余绍宋南归定居杭州，继之汤定之移居沪上，胡子贤移寓津门，社友星散。余绍宋此次旧地重游，余戟门提议重开画会。余在京二十余日，画社曾集会两次，两次活动情况如下：

> 赴戟门家怡园画集。此画社因余十六年离平，遂尔停顿。至是戟门乃议恢复。然当时同社大半星散，乃增约俞瘦石、汪慎生两君参加，贺履之以老疾未至。饮毕，复循例合作画幅。余与平甫、慎生、子贤①联手成山水一帧，宰平题记之，余亦题一段。盖乙卯画社至今已满廿年，而人事变迁，不能无今昔之感也。（10月16日）

> 五时入城，抵戟门家。今晚乙卯画社同人公请重开画社。贺履之丈亦至，已颓唐之甚，无复当年气概矣！戟门出所藏扇页及梅瞿山、戴鹰阿画册相赏。相册仅六开，似非完本。鹰阿册原为故友胡夔文所藏，昔曾携至吾家莲花寺画会。夔文深宝爱，故每页均有题咏。殁后辗转归诸戟门。今日重逢，即物思人，岂胜黄垆之感。（10月21日）

余绍宋离京七年，此次旧地重游，新朋旧友相聚，倾谈欢宴，各以书画或诗词互赠，实在是生平一大快事。朋友中以林志钧、黄节、陈仲恕（汉第）、马夷初（叙伦）、江翊云（庸）、邵伯䌹（章）、王亮畴（宠惠）、余戟门（棨昌）、汪慎生（溶）、卓君庸（定谋）、梁平甫（锦汉）、马叔平（衡）、谢刚主（国桢）、王立生、林斐成、胡韵琴、梁卣铭、尹尧新、卢毅安、祁劲庵、胡孟柔、王雨林、周绩禹、邵茗生、汤芸邰、徐石雪（宗浩）、凌植支、汤尔和、蒋梦麟、戴君亮、邵禹敷、刘抱愿、金潜庵、朱博渊、朱侠黎、张棣生、周庆生、熊十力（子真）、肖俊贤（厔泉）、袁珏生（励隼）、傅沅叔（增湘）、陈蔼士（其采）、周养庵（肇祥）、袁伯夔（思亮）、蒲伯英（殿俊）、何海秋、俞瘦石、林硕君、吴子昂、王劲闻、际博生、林仲易、邵渔敷、叶左文（渭清）、瞿兑之（宣颖）、谭瑑青、章式之、姜渭贤、孔希白、俞季翔、陈筑山、陈芷皋、王济川、胡石青、张狄省、黄子涧、梁思孝、李柳溪、陈公穆、张元伯等人相见次数最多。

余绍宋在北京还拜访了江叔海（瀚）、陈宝琛等老前辈。又初识的

---

① 胡子贤专程自天津赴北平参加画会。

新朋友有张朗僧（宗祥）、张大千（爰）、张善子（泽）、于非阁（照）、徐森玉（鸿宝）、王羽仪、徐北汀、胡佩衡等人。在北京二十余天，会新朋旧友百余人，算得上是朋友满天下，海内多知己。

在北京期间，余绍宋还应荣宝斋之请，画笺谱大小三种，共十一幅，刻成后水印自用和发售。时隔七十年，笺谱又是易耗品，如今存世已不多见。其间又曾为黄节题所藏《李西涯慈恩寺稿》册子，为卓君庸题所藏《宋仲温书两种》，又为王立生题所藏《张二水画幅》，为章式之题所藏《汪应禄山水册》，等等，为朋友所作书画则远逾百幅。黄节、林志钧、邵伯䌹等人又为余绍宋题自作《归砚楼娱亲图卷》。

离开北京的前一日中午，王立生在中央公园来今雨轩大宴宾客，为余绍宋饯行，到者三十余人。饮毕、黄节、王立生、梁平甫、汪慎生与余绍宋合影留念。不料数月后黄节病逝，此照片因刊登在《黄晦闻先生讣告》上，得以留存至今。

乙亥广东之游

余绍宋结束了北都之游，返杭后不久，又有了广东之游的计划。此前余绍宋没有到过广东，但他和广东有着不解之缘。一是他在北京和各地都有许多知心朋友是广东人，如梁启超、贾节、叶誉虎（恭绰）、胡子贤（祥麟）、王亮畴（宠惠）、罗钧任（文干）等，表伯梁鼎芬也是广东番禺人。而且1929年广东省教育厅还曾聘请余绍宋为广东省通志馆总纂，后来因老友黄节未能返粤，以及经费不足等原因未能赴仕。第二，更为主要的原因是余绍宋曾祖父余恩镰在粤为官27年，祖父余福溥少年时奉母由闽转赣入粤，后曾任两广盐运史。母亲褚太夫人也自幼生活在广州，与延秋公结婚后才定居衢州。直到90多岁，她那不太标准的衢州话中，还夹带着浓重的粤语口音。褚太夫人在浙江，主要在衢州生活了70多年，而她的兄弟姐妹则大多留在广东各地，数十年中余氏和褚氏在粤去世的先人茔地大多在广州郊外。此次余绍宋广东之行，当然也是计划已久的事。

1935年3月1日至4月19日，余绍宋有广东之行。当时浙赣铁路尚未全线通车，所以走的是水路。因走水路须先到上海，在上海会见了许多老友，如黄宾虹、汤定之、陈叔通、邓秋湄、刘崧生、刘放园等十余人，郑弗庭（天锡）专程自南京来相会。次日即与诸葛源生、李韶清两人，同乘威尔逊总统号大客轮前往香港。诸葛源生是兰溪人，旧识，在香港开有药店，故常往返于港沪之间，此次正好同行；李韶清系老友黄节之婿。此前数月黄节在京去世，余绍宋痛失知己悲伤不已。黄节身后萧条，灵柩自京运往广州，困难重重，余曾为此致函叶恭绰等诸老友，在诸老友的关心下，黄节灵柩始安全运抵故土安葬。此次余绍宋南行也为黄节后事安抚诸子女，故其女婿李韶清也同行。3月4日船抵香港九龙码头，在港两日，游览了海岛风光。香港这个中西文化交融而成的特殊城市，给余绍宋留下了很深的印象。

3月6日清晨，余绍宋乘船抵广州，黄节之三女一子俱来码头迎接。住定后，广州友人邵治文、程荣祥、罗节若、黄子静、卢香泉、钟玉文、叶柳宅诸人先后来访。黄子静还邀请余绍宋移寓其小画舫斋，次日余绍宋即应邀移居黄氏小画舫斋。黄子静（1885—？），名兆镇，字子静。生于新加坡。莱佛士书院毕业，又游学英国牛津大学及内宇学院。回国后，居广州、澳门、香港等地。子静酷爱中国书画、古玩文物，收藏甚富。小画舫斋建于晚清，坐落于广州弛天荔枝湾湖畔，为黄子静的园林邸宅，子静常会友于此。余绍宋此次只身一人来到广州，在小画舫斋住了一个多月，会友作画都在此斋中。凡作书画大小近百幅，多数都留在广州。子静殁后，其侄黄秉章（1905—1997）亦嗜书画，能承其业。1999年，秉章子女将其祖子静及父秉章多年所收小画舫斋藏品，捐献给香港中文大学，其中就有不少余绍宋此次广州之行的作品。

到广州后第三天，余绍宋在当地几位朋友的陪同下，赴广州城东名叫知府垄山冈的祖茔处扫墓。墓在半山腰。先祭扫祖母墓，祖母因在粤去世，所以余绍宋未见过祖母面。之后又祭扫了子容（余士恺）大伯，子容为滋泉公长子，后过继为滋泉三兄之嗣。数日后又赴城东郊名为企人石的山地祭扫陆氏伯母墓（为余士恺元配夫人）、大伯祖（当为滋泉公之兄）及张氏伯母墓、丁氏伯母墓（当系延秋公堂兄之妻）。余绍宋在粤四十余日，将离粤时又一次赴墓地扫祭，并录下碑文及请人绘制墓地位置图。这是1935年的事，不久抗日战争爆发，余绍宋再也没有机会赴广州了，余氏在广州的先茔也再无人祭扫。

余绍宋母亲褚氏家族自民国以后逐渐衰落。余绍宋此次来广州，自然必往探望，因得见庶外祖母，已衰颓之甚，谈及往事，则不胜唏嘘。所居十分穷陋，寒苦可想。而小舅舅比余绍宋还略小数岁，为了生计，在离广州较远之始兴县任职，因致函请其来广州相见。只见小舅舅容颜苍老、精神萎靡，余绍宋心中百感交集，于是请广州朋友谢仙庭帮助将其调至近省城的县任职，这也是他仅能做到的事。

余绍宋来到广州，除扫墓、探亲、访友之外，当然对向往已久的广州，要各处游览一番。至香港时先游了海岛风光，也游览了香港街市，又至九龙城，复渡海经轩里斯道、铜锣湾、筲箕湾上山直趋石澳，此地"背面海天，风景绝胜。遇水塘回至浅水湾，颇似普陀之千步沙，当为香港最胜处"。迨抵广州之后，又游览了广州的街市，乘艇游览了荔枝湾等水域，而扫墓时又趁机游览了广州近郊风景。游粤秀山，登镇海楼，一览广州形势。时广州特有之木棉已渐开放，为此在游广州四十余日及回杭后的数月内，余绍宋曾画过很多木棉花，这在他绘画生涯中是极罕见的。

经朋友的帮助，以及黄节子女、女婿李韶清等人的努力，黄节之墓地已选定。又与广州图书馆商榷，图书馆亦允为收藏黄节所遗藏书。其他黄节诸后事也安排妥当，余绍宋才安下心来，并致函陈仲恕（汉第）、马夷初（叙伦）、叶遐庵（恭绰）诸朋友，通告了黄节后事办理情况，足见诸朋友间的友谊是何等的真诚。

在广东东江北岸，位于增城、博罗、河源等县之间，有一座罗浮山，实为罗山和浮山的合称。山脉东北至西南走向，长达百余公里，为花岗岩构成之穹隆状山体。主峰飞云顶（海拔 1282 米），在博罗县城西北，多瀑布、泉水，风景优美。山间多道观，道教称为"第七洞天"，相传东晋葛洪曾修道于此。为粤中游览胜地。余绍宋既来广州，诸事已安顿完毕，必往一游。但因当时交通尚不便利，尤其增城至罗浮山麓汽车道尚未修竣，天雨便成泥淖，于是待天气晴朗后，与粤中友人黄子静、钟玉文、许伯勤、张哲臣并道士麦明柔，一行六人，乘汽车行四小时始达罗山下的双燕亭。登山入冲虚观，观在罗山之麓。晋咸和间，葛洪至此炼丹，始建此观，后几经兴废，清康熙年间重建。山色清新，草木葱郁，诚修道之胜地。众人在冲虚观匆匆用膳，饭后即乘肩舆赴酥醪观。酥醪观距冲虚观三十余里，道路崎岖。肩舆行三小时，至佛子墺山麓，号为分霞岭，山路更崎岖峻峭，肩舆已不能上，众人相率步行登山，至山之巅，则罗、浮两山在望，盖此为两山分界处。墺巅原有小筑，也已圮，仅余石门，清伊秉绶原题"蓬莱门径"四字也已不存。自佛子墺下，便进入了浮山，林木较盛，遥望茶山，景色尤美。佛子墺至酥醪观约八九里，须自后山入观。后山古木参天，极为幽邃。同游者先到逍遥台，因钟玉文与观中道士甚熟稔，众人至时，道士数十人整肃衣冠相迎，十分隆重。时已薄暮，钟玉文导游全观，即返客堂晚餐。此观因在浮山深处，道路崎岖，游人罕至。清朝中晚期该观有一住持，俗名江本源，号瀛涛，能诗文，曾于观左筑浮山第一楼，以便游客居住，一时名士俱愿与之交游，如张南山、黄香石、谢里甫、汤雨生等人。所以当时观中尚存诸人遗迹，均为石刻或木刻，墨迹已不见存。辛亥革命后，有自号"清遗民"诸人，因此处深邃，也以此观为遁迹之所。

翌日清晨，饭毕，乘舆赴石灶。行三里至下坡，又三里出水口峡，又三里至凝碧潭。绕山行丛莽中，上分水墺，墺之下，山径至险仄，行里许至山冈，冈脊处复又开阔。立冈上四望，重峦叠嶂，泉瀑分流，气象十分阔大。下冈约一里许，便有新筑石阶，因山势仍峻陡，众人乃徒步下山。瀑流冲激，穴为深潭，复绕洞壁而出，别一支复冲激之，形似灶口，故称石灶。四周之石俱甚光滑，有一石刻"煮石处"三字。流连忘返，复从原路回酥醪观。冲虚观、酥醪观地处深山之中，当时极少有游人，山路险仄，又多榛莽，并有猛兽出没。当地人常以纵火方法焚烧丛莽，因而祸及长松大树。余绍宋深为之可惜，但也无法阻之。是日下午返冲虚观，顺道游茶山观。步行而上，曲折幽邃，鸟语花香，历数百石级始达茶山观。道观已久废，仅一道士居之，颓败之状，几乎无坐憩之处，风景却极佳。茶山观前有一石桥，一湾泉水曲折而下，路旁一石礅刻"古蓬莱"三字。观后侧有瀑布，分三折而下，石壁之上刻"飞清"二字，乃清人黄香石所书。此道观虽荒芜，却留有不少人文景观。流连一小时许，众人乃同返冲虚观歇息。

又次日，游华首台、合掌岩、东坡观瀑亭、黄龙观、白鹤观等风景。余氏日记中附录所写之游记，十分精彩，既记事，亦写景，更有品评，兹录其中一天的游记如下：

3月18日，晴，七时一刻乘舆游华首台。沿途山色甚美，过梅花观，已成墟矣！九时抵山麓，循级而上，两旁花木繁密，怪石嶙峋，极为幽胜。先过雨花桥，桥侧有尊胜阁，阁下石刻"岭南第一山"，又一石刻"罗浮第一禅林"六字，复转而上，始至华首台。僧曼华出迎，意至勤恳。罗浮山号称五观五寺，今所存只此一寺，亦唯此寺有僧，余俱为道士所占矣！寺僧无识，其新修磴道及墙壁，俱凿道旁之石为之。破坏佳境，莫此为甚！当告曼华，此后切弗更凿。

在寺略憩，即上合掌岩。岩前有亭址，寺僧谓久圮，无力重修，即俗传东坡遇仙处，其亭即名"东坡亭"云。岩下十数级即见瀑布，飞泉直下，水花四溅，真如倾万斛明珠。其上题"飞云溅雪"四字，非虚言也。下有一石突之其中，号"洗衲石"，相传空隐禅师洗衲于是。流连久之，下至通天岩，又名蝙蝠洞，唯岩上有窍，可以仰视天空，别无可观。岩下有潭，其对岸石壁峭削而下，左侧泉流潺湲，右有大树，下临危石，极为幽邃。此处名罗汉洞，其池名濯垢池，俱有刻石。复转至半月岩小憩，即回寺午餐。以此寺特胜，流连至二小时，始赴黄龙观。

观在山深处，抵山麓不得见。但见高处林木蓊郁，中一瀑飞流，境至幽杳。过洞口，经抱珠亭、筊住亭，历级而上至半山亭小憩，复上凡三里许始到观。据舆人云："从前自山麓以至观前，道旁俱有长松荫蔽，境极清凉，后悉被人砍伐。"今所存仅一二株，犹有参天之势，则未砍伐时，当不逊于宁波天童山径也。观中知客道士待客极简慢。余不能耐，匆匆下山，至所谓虾公岩者一观，觉无甚趣味。复回至流杯池，池上有桥，曰涤尘。池石平坦，上有一石突起，刻"洗觯"两字。池为泉流经过处，天雨水大池水必满，池水下流便为瀑布之源。余亟欲观瀑布，乃回至道旁有石碣书"下临观瀑"四字之处，径仄而势甚陡，丛莽蔽之，深不可测，（钟）玉文、（黄）子静、（张）哲臣三人惮不敢下。余与（许）伯勤卒鼓勇探之，麦道士随行，命舆夫之健者一人相助，曲折蜿蜒，蛇行而下，凡十数折始到可观瀑处，据石仰视，泉自山巅下注，分数股奔流至底，约长二十余丈，飞珠溅玉，洵属奇观，在罗浮山中诸泉，当首屈一指矣！即无识之舆夫骤观之，亦惊叹以为好景也。流连二十分钟，复攀援而上。此处实应修筑较广之路，俾游人可以随意往观，乃该观道士全无知识，任其险阻，殊为可恨。且闻人言是观颇饶于资，悉为住持之道士吞没以尽云。

归途经白鹤观，闻玉文云已败坏，遂不敢观，遥望五龙潭，依约可辨。黄龙、白鹤两观地域，今已为市政府划为公园，白鹤观之后山已着手建洋楼，即凿观前诸嘉石为砌墙之用，见之伤心。今自冲虚观至华首台，道路已兴筑过半，此道一通，将来游罗浮，便不至若吾辈今日之苦矣！五时归冲虚观。

今明两日观中道众作道场，其形似多与释家类似，不知起于何时。最初黄老家所为必不若是，疑皆唐宋时道士窃取释家法式为之，以期与释家抗行。但一时尚无佐证，始存我见以俟异日考究。许伯勤则甚以我见为然。罗浮山以梅得名，连日游览所见甚少，惟杜鹃花则颇多，杜鹃鸟则到处闻其声，恨未见其形也。山中桂多盛开，殊乖时令，然粤人则谓向来如此，此未见诸记载。[1]

在罗浮山游览了四天之后，3月19日余绍宋与陪同游览诸人雇专车，于傍晚返回广州黄氏小画舫斋。4月初，老友罗文干也回广州，带了时任广西省主席黄旭初的信，邀请余绍宋游广西桂林等风景区，并为余借了飞机。但一则罗无暇陪余同往桂林游，少了游伴；二则此时故宫运英古物展览会将在上海举行，余绍宋很想赴上海参观。由于上述二因，余绍宋失去了游桂林的机会。

余绍宋在广州黄氏小画舫斋住了四十余日，结识了许多广州书画界和收藏界的朋友，在小画舫斋中观赏古代名画不计其数。仅黄子静收藏的就有《吴渔山山水长卷》、《赵孟頫楷书道德经并老子像》册[2]、《大涤子松竹梅石轴》、《文徵明松下高士图轴》、《徐俟斋兰石幅》、《王石谷六段横幅卷》[3]等。又何冠五收藏的有《清湘翠蛟峰图轴》、《八家寿意图册》（八家为王翚、吴历、恽寿平、张穆、王忘庵、顾云亚、唐光、姜云）、《潘

①《余绍宋日记》第八册，北京图书馆出版社2003年影印本，第323-328页。
②《赵孟頫楷书道德经并老子像》后连载于余绍宋主编的《金石书画》。
③《王石谷六段横幅卷》后连载于余绍宋主编的《金石书画》。

莲巢山水册》、《查梅壑山水册》、《清湘蔬果册》、《新罗人物花鸟走兽昆虫册》、《四王吴恽集册》、《华新罗画眉双幅》等。又有香翰屏以车来迎往其寓看画，有《王叔明万松仙馆图》《九龙山人高粱山图》《石溪山水》《黄石斋山水轴》《张贞居山水》《谢伯诚观瀑图》《徐幼文山水》《董玄宰山水》《新罗山人白猿果子图》《沈石田桐阴煮茶图》《张二水兰石》《主石谷山水》《董香光扇集》《陈眉公扇集》。第二次又赴香翰屏家看书画，有《苏子由打冰帖》《赵松雪四札卷》《张勾曲题茂林隐居四景诗片》《周景远致仲彬总管手札》《鲜于伯几归去来辞草书卷》《蓝瑛金笺六尺十二屏》《黎二樵绢本六尺十二屏》《宋思陵书扇十二页》凡数十件。又马武仲持来《石豁山水立轴》。又冯十九（己千）也收藏甚富，与余绍宋同船自广州赴上海，随身携带名画甚多，在海轮上曾出示手卷七盒，有《宋居中百骏图卷》《华秋岳山水卷》《唐子畏桃花庵图卷》《岳东伯花卉卷》《释石涛抱瓮归山图卷》等，又有《人涤子写黄研旅诗意册》《唐子畏秋风纨扇图轴》等。以上所述足见粤中藏家之众，收藏之富，令人惊叹！更何况叶誉虎等大藏家此时尚不在粤，其所珍藏之品尚不在此列。不论是鉴赏家或书画家，必须观看大量的古代书画精品，方能提高自身的鉴赏力和笔墨功力。而余绍宋在这方面可以说是得天独厚，早年在京都几乎每周数次有各书画店送书画上门求售，并留在寓中细细研读，又曾任故宫博物院善后委员会常委，得观故宫书画藏品，北京、杭州诸画友所藏珍品也能得以一一观赏，加之个人的勤奋和天赋，这些得天独厚的条件造就他成为了一代书画理论家、鉴赏家、书画家。

由于余绍宋在书画界的声望，藏家均以得其题跋为幸。在广州，他应友人之请曾为黄子静题《关墨井长卷》《清湘圃册》和《石谷六段横幅》等，为何冠五题《黄鹤山樵一梧轩图》等。然而最多的却是在小画舫斋为广东的新老朋友作画，又为所游之道观等处作画，兹录当时画中题语数则，即可见当时作画之情况：

　　乙亥春仲来游广州，寓小画舫斋。居停，黄君子静出示所藏《清湘画东坡诗意册》，精妙绝伦，全册俱用渴笔焦墨写成，是清湘画中另一幅面目，不多观者也。因拟一幅并录苏诗。

石涛画不能学，亦不可学，此亦偶然得其形似之一二而已。罗君孝锡在座，观余落墨，谓此即是石涛神理，殊不敢承也。

乙亥春，余游广州，寓西关黄氏小画舫斋者一月，作画凡五十余幅。顷将归杭，而仙根先生复以此纸相属，匆匆倚装写成，聊以塞责而已，即希正之。

浮山胜概，今人游罗浮者多至罗山，而鲜至浮山，以稍僻远故也。今图佛子凹至酥醪观一段景象，即存之酥醪观中，以慰山灵，发游观之兴。若其幽绝胜绝之处，固非尺幅所能尽，亦非拙笔所能形容也。（为浮山酥醪观所作《浮山图》题语）

乙亥春仲，来游广州，寓黄子静先生小画舫斋。子静为治画室，出旧藏纸墨，嘱为挥洒。友朋嗜此者，纷集围观。余弗顾也。此册乃于静嘱写以贻陈君伯任者，余尽一日之力成之。子静及罗孝锡丈、张哲宸兄观余落墨，为之击节。其实出于仓卒，岂足留存。伯任精鉴别，富收藏，亦焉用此覆瓿之作耶？徒增余愧而已。①

以上诸画端题语，足可见余绍宋在小画舫斋中为友人作画情形之一斑。为了赴沪观看故宫博物院运英古物展览会，余绍宋不得不忍痛放弃广西桂林之游，于4月19日离开广州。黄子静、张哲宸也赴沪参观运英古物展览会，因得以同行。所乘轮船为"海元"号，是中国人经营的客船。船至香港，友人冯己千也登轮同赴上海。冯己千此行尚携有藏品，余绍宋因得以在轮船之中细细观赏冯己千之珍藏。4月25日上午九时抵达吴淞口，在金利源码头上岸。沪上友人施再春以汽车来迎接，余绍宋、黄子静、张哲宸三人于是同往上海新亚酒店。住定后，上海友人纷纷来访，如沈季让、郁曼陀、彭素夫、周砚香、戴鸿奎、姜润生等人。此时已在上海复旦大学读书的长子余意陶也即时赶到。午饭后与黄子静、张哲宸、冯己千、施再春、余意陶同赴运英古物展览会，参观了瓷器及书

---

① 余子安编：《余绍宋书画论丛》，北京图书馆出版社2003年版。

画类之展览，次日又参观了书画、玉器、书版、铜器诸类之展览。余绍宋对此次运英古物展览会的安排，在其日记中有如下评论：

先观书画、瓷器两类，瓷器尚不甚差。书画则虽多精品，然此次政府允英政府之请，欲使西人知东方艺术之精，宜为有系统之陈列，附以说明书，俾知画道源流与其变迁嬗递之迹。今则采取百十种示之，毫无标准，漫无条理，安所足义乎？就书言之，只有宋徽宗、张羽、杨廉夫、苏东坡数种，而张羽尚是赝鼎。不从篆隶及历代名家顺次采录，彼国人本不知中国书学，徒取此数种示之，岂中国书法仅此数家即能代表耶？则不如不与为宜矣。至所取之画，唐画俱漫漶之品，宋画则多数名家俱付阙如。如荆、关、董、巨，仅有董、巨，而无荆、关，巨然画尚不可信；大小米则仅有南宫，而无敷文之类。元画除黄、王、吴、倪四家外，所取甚少。明画文、沈、仇、唐四家，仅沈画甚佳，余三家皆非精品。明季画家至多，流派亦各有独到处，采录亦少。如画中九友之作，即不完备。石涛、石溪、八大、浙江诸僧作品，仅见石涛与麓台合作竹石一种，余悉不备。恽南田画花卉，独开一派，与明代白阳、服卿诸派不同，乃偏取其残损枯木竹石一幅，而不取其花卉，岂不大奇。而白阳、服卿之作品未见采入。清初金陵八家亦几无一家得与其选，却取最无聊之金廷琮、清高宗诸画滥厕之。正不知审画诸人何以愦愦至此。颇闻审画员中若高剑父之流，平日于中国画毫无根柢，但取日本画风任意涂抹以欺世人，自谓为创作，却鄙夷古画，以为俱是不堪学者。以此等人任其事，宜其若是之糊涂矣！在粤中闻卢子桓言：高剑父平日虽甚反对古画，却于此番政府聘请审查员会大肆运动，以为博得一头衔，可以利用之云，可叹！

余绍宋在沪四日，除两次参观展览会以外，则访友及及人米访，先后凡会友数十人，如沈季让、郁曼陀、施再春、彭素夫、陆颃夫、王晓籁、江岳峦、梁云山、卢兴原、陈叔通、汤定之、王福庵、项兰生、江竞庵等。4月28日晨再与黄子静、冯己千等人话别，中午返回杭州，结束了两个月的广州、上海等地之行。

杭州十年书画代表作

余绍宋辞去一切职务，自京津来杭定居后，一直过着十分闲适的生活，既无官场的烦恼，亦无公牍劳形，以书画自给自娱，虽不甚富有，但生活还过得不错。除日常支出外，尚有余资可供遨游。将近十年之间，北上游北京、天津、济南等地，复又南下游广州、香港诸地。至于上海、南京则有闲即往游，浙江之天台、宁波、金华、兰溪等地则不止一次，至于衢州、龙游则每年必往返一二次。旅游一是为观赏大好河山，搜索绘画题材；二是结交朋友，他每到一地，新朋旧友必相聚欢谈。

在杭期间（1928—1937），余绍宋完成了《书画书录解题》《画法要录》二编的撰写工作，完成了《重修龙游高阶余氏家谱》的修订，主编了《东南日报》特种副刊《金石书画》，也参与了《续修四库全书总目提要》的撰写工作。然而大多数时间仍然是临池作书、伏案作画，创作了大量高质量的书画作品。

书法方面的代表作品有：

楷书《归砚楼记》。1933年余绍宋从龙游人吕赋真家赎还其曾大父镜波公旧藏"河图""洛书"两方古砚，因作《归砚楼记》一文以记其事。记凡4页，每页高23厘米，宽33.4厘米；每页20行，每行12字。末题"癸酉夏友端山馆旧主余绍宋作于归砚楼"。

余绍宋擅书法，且各种书体俱能，尤长于草、行二体，少有人知其擅楷书。是册近千字，以精楷书写而成，字径仅1.5厘米，铁划银钩，一丝不苟，既有晋唐人之严谨，亦具元人之飘逸，实为其楷书中之精品。是幅作品曾刊于拙编《余绍宋书画集》第84—85页。

草书《述书赋》并语例字格。唐窦臮所著《述书赋》历来被书法界视为名著，综论历代书家，分上、下两篇。上篇自上古至南北朝，下篇自唐初至玄宗，论及书家196人，凡7460余言，品评、论述俱称精当。语例、字格则由其兄窦蒙所撰，凡700余言。

是册凡42页，每页高29厘米，整页宽35厘米。高丰题签，签曰"寒柯堂草法"。扉页分书题曰："述书赋并语例字格。甲戌孟夏，越园书成自题。"

甲戌为 1934 年，余绍宋 52 岁，因系壮年作品，故笔笔精到。字体近章草，字字不连绵，又多波磔。余绍宋的章草在京时颇为知名，这册草书为其精心之作，而且留以自赏。20 世纪二三十年代，书法界以卓定谋、于右任两先生倡导，主张以章草为基础，欲使草书规范化，并希望章草成为通行字体，故有标准草书社之创，北京学术界对此反应不一。余绍宋则持极不赞成之态度。他认为书法有其两重性，一为美术性，一为实用性。若以美术性计，大可复古；若以实用性计，尽可用俗体字（其实我国第一批简化字，多为近代所用之俗体字），因其易识易写，所以更易通行。若以章草为通行字体，不但不易识不易写，而且章草多波磔，书写起来一定不会迅速，与实用之意义相违背。70 多年过去了，章草终未能成为通行字体，足以证明余绍宋当时的推断十分正确。此册以历代公认的章草之法为基础，并参以己意书写而成，足可代表余绍宋此时的水准。因独具个性，高丰誉之为"寒柯堂草法"。沙孟海先生生前见之，也大为赞许。

临《惠安西表》隶书。《惠安西表》即《西狭颂》（全称为《武都太守李翕西狭颂》），又名《李翕碑》。汉建宁四年（171）刻于甘肃成县鱼窍峡，系摩崖刻石，拓本、印本常可见到。此册系按陈伯衡所藏宋拓本所临，笔法瘦劲飘逸，与寻常所见之本不同。凡 24 页（其中跋 4 页，篆额 2 页），前有篆书"惠安西表"四字，后有跋，款题："丙子首夏，临淮阴陈氏藏宋拓本。寒柯居士。"跋云：

> 往见《西狭颂》旧拓本，笔画肥钝，颇疑汉人无此种体态。及见是拓用笔挺劲，神味隽永，极刚健婀娜之致，波磔俱尖锐而藏锋，已渐开正书之体势，与世传旧拓肥钝者真天壤之别，始知是碑曾经俗人列凿修改，真意全失，宿疑顿释。其被刊凿当远在清初以前，历时甚久，故前贤无论及之者。此拓实为海内孤本，烟墨甚古，必为宋拓无疑。虽残缺百余字未足为病。石墨楼中得此尤物足以豪矣。余借临十余过，因得窥汉人用笔之妙。深自忻幸，遂题其后。右跋原拓本语，附书于此。越园试乳羊毫。

余绍宋所遗书法作品以行草和行楷为多，草书也不少，纯章草、真书和篆隶较少，故今人知其能作章草和篆隶者不多。而碑刻所存留者，则以真书或行楷为多。他一生书碑甚多，而且既然要付诸石刻，必为精心之作。所惜者，一经刻石，气韵全无，刻工技术高者，则下真迹一等，刻工技劣者，则真意全失。而以前无复印技术，刻碑必然以手迹为底本，原迹往往在刻碑过程中被损或被毁。所以刻工精到之碑或拓本，流传下来，可以代表书写者水平之一斑，也可知书写者当时在书法界的地位及影响。兹列举余绍宋居杭时期所书重要碑刻如下：

《重修西溪厉樊榭先生祠堂记》。此碑用楷书书写而成，楷法中略带行书笔意，所以通篇飘逸潇洒，然毫无懈处。碑净高 [①] 103 厘米，净宽50 厘米，额净高 22 厘米，净宽 19 厘米。凡 17 行，每行 36 字，字径约 2.5 厘米。著名教育家马叙伦撰文，著名篆刻家王提篆额，时人称为"三绝碑"。碑阴为捐资人名单，为东皋社友徐行恭所书。1932 年立碑，碑原立于西溪厉樊榭祠堂，不知何时祠圮碑佚，也不知何时碑石被巧妙利用作为砌墙石，砌在今蒋村的一座无名桥下，不久前被发现（其实十余年前文物普查时已被发现），并用巧妙的方法从桥墩下取出，另行保护，可惜碑额已不知去处。

《重修绍兴大禹陵碑》。此碑用正楷书写而成，用笔方整，笔画厚重，惜刻工不佳，大失真意。碑净高 164 厘米，净宽 90 厘米。凡 18 行，每行 37 字，字径约 4 厘米。著名国学家、思想家章炳麟撰文，东皋雅集社友高丰篆额。碑在绍兴市大禹陵园内，有碑亭保护，碑建于 1933 年，如今还完整无缺。

《重修杭州西湖岳忠武王庙碑》。此碑用正楷书写，用笔较圆润，是余绍宋常用的比较有自家特点的书体，刻工尚佳。碑文净高 152 厘米，宽如厘米，凡 23 行，每行 38 字，字径约 3 厘米。王廷扬撰文。1934年杭州岳庙修建后，立于岳庙西侧碑廊内。碑阴向壁，为募捐名单，今已不能看见，余绍宋所书，记当时共募得银 51800 元，为修庙所用之资，当时市政府出资 2000 元，其余均从民间募得，杜月笙、张啸林各出资8850 元。如今碑石仍在岳庙内，仅个别字被凿损，全碑尚完好。

---

① 净高、净宽指有文字部分的高与宽，无文字之边框或花边都不计在内。下同。

《鄞县大咸乡淡灾后记》。此碑用楷书书写而成，用笔细挺且方整，与大禹陵碑厚重方整略有不同。碑高 132 厘米，宽 66 厘米，18 行，每行 38 字，字径 2.5 厘米。著名书法家沙孟海撰文。此外应该有《鄞县人咸乡淡灾记》，也是沙孟海撰文，余绍宋书丹，并有高丰篆额，但一时无从见到原件，不能妄加评论。两碑均建于 1934 年，碑石原在鄞县大咸乡，今存否不得而知。

《黄晦闻先生墓志铭》。此墓志用正楷书书写而成，不逊晋唐名人之书，刻工也较佳，可谓仅下真迹一等。墓志净高、宽均为 68 厘米，26 行，每行 28 字。字径仅 1.5 厘米。章炳麟撰文，张尔田篆盖（盖未见）。1935 年晦闻殁后归葬广州，墓今尚存否不得而知。

《郑雪江纪念碑》。此碑用行楷书书写而成。碑文一般多用楷书书写，此碑为行楷较为少见。此碑不但系余绍宋所书，并由其撰文、篆额。碑高连额 190 厘米，宽 80 厘米；凡 23 行，每行 49 字。1936 年碑立于金华。今存否不得而知。

此外，余绍宋在杭期间所书碑刻，目前尚能见到拓本的还有如下数种：

《蹇季常先生墓表》，1932 年，林志钧撰文，余绍宋正书，石原在北京西直门外。

《张又莱赠菊种碑记》，1933 年，程学銮撰文，余绍宋正书，石原在杭州孤山。

《叔母郭太夫人墓志铭》，1934 年，袁思亮撰文，余绍宋正书，石原在湖南湘潭。

《内务总长孙洪伊墓志铭》，1937 年，陆乃翔撰文，余绍宋正书，石原在杭州五云山下。

《司法厅长阮性存墓表》，1937 年，余绍宋撰文并正书，石原在浙江余姚。

在杭近十年，余绍宋所作绘画数量非常之多，售出者和赠朋友者比自留者多出数十至上百倍。这一时期他是以书画谋生的，而且其润格与同时期的书画名家如吴湖帆、吴待秋等人的润格在伯仲之间。也就是说，在当时众多的书画家中，他们的润格是名列前茅的。这时期余绍宋留下的画作也较多，有代表性的举例如下：

《秋晚》，1929 年作，为水墨山水，高 120.9 厘米，宽 32.1 厘米。

此幅作深秋景色，近水远山，疏林茅屋，秋气霭霭，一派初寒气象，可以说把中国画的水墨运用到了极高的境界。这幅画是应当时国际博览会而作的，曾送往欧美各国展出，且曾获奖，后又被印影流传。抗日战争初期，杭州沦陷，此画流失，后又复得。2000年，家属经浙江省博物馆要求，捐赠给浙江省博物馆收藏。画端有1929年和1940年两段题跋：

> 秋晚　　己巳秋余绍宋作于杭州寓次。

> 此画昔经送往莫斯科、柏林、纽约、东京展览，谬得佳誉，且有印本流播人间。（民国）二十六年（1937）随杭州以沦陷，越三岁，友人自上海购得，寄归。是亦可谓曾经沧海者矣！虽曰敝帚，聊复珍之。越园自记。

《归砚楼娱亲图卷》，1934年元月作。1930年底余绍宋在杭寓所"寒柯堂"落成后，不久奉迎母亲褚太夫人来杭居住，后又赎还先人所藏河图、洛书两砚，所寓之楼因命名为归砚楼。余绍宋在归砚楼中创作书画，母亲常在旁观看，颇得天伦之乐，于是有是卷之作。卷高34.5厘米，画心长达1521.8厘米，引首及拖尾题跋约20米，堪称巨作。引首马一浮题"莱衣散彩"四字篆书，卷后有胡祥麟、林志钧、黄节、江庸、罗敷庵、邵章、章钰、孙世伟、陈洵、高丰、孙瘤翁等人的题语、题诗，签条为陈汉第所书。这幅画作状写四时风景，春夏秋冬依次写成。胡祥麟的题跋对该画颇具概括性："卷中层峦复峰，遥岑极浦，与夫桥磴林屋，沙唇水口之属，宜稳处必平，宜幽处必曲。自初春至深冬，递嬗细写，树法皴法随之而变。虽逐段分布，仍是一气呵成，而一种祥光指间拂拂，观之令人爱敬之念油然而生……"其他诸跋也俱精彩。此卷曾经沧海，只须读余绍宋两段自己的题语，便可知一切。

> 癸酉冬，奉迎母太夫人就养杭寓，母暇时必观绍宋涂抹以为乐。一日，从友人处借得石谷长卷影本，母亟赏之，谓绍宋盖亦作一卷存览。因窃取大体，点染四时景物，随兴为之，凡一月而就。此一月中，绍宋命笔，母必临观，未之或间，而于位置及色彩轻重浓淡

之间或有所指示，靡不恰当。绍宋无似借以承欢，笔墨甚形舒适，卷本虽长而成之乃觉甚易，盖知娱亲之乐，真人生不可多得者也，图成书以志幸。甲戌（1934）春，余绍宋记于归砚楼。

三十一年（1942）五月，敌窜浙东（按：今衢州、龙游一带旧称浙东，盖两宋之制），龙游沦陷。予所居沐尘（按：此时余绍宋已迁至龙泉住溪，家人已避至福建浦城）亦遭劫，书画古器之仅存者，荡焉无存，独是卷未失，但已展弃满地，遍遭践踏。或因卷长不耐细观，致未知为余作，得免于难。乱后重付装池，兽迹犹未湔尽，中间失此一段，系写丛松飞瀑，长三尺许，殊为可惜。不补作者，欲永留荼毒之纪念也。越一岁，绍宋记于浙江省通志馆。

《墨竹长帧》，1936年作，高244.5厘米，宽40.5厘米，款题："丙子十二月拟石涛，余绍宋。"

湘潭袁氏礼阓邮斋，藏有丈二石涛水墨兰竹巨幅，气势磅礴，题语甚古奥。人多以为赝品，而余绍宋鉴定为石涛之精品，所论颇令时人叹服。石涛此幅后来刊于《金石书画》第11期第一版上，又刊于合订本第一册封面上。

石涛所作尺幅很宽，并于竹下作兰石衬托。余绍宋所作者，高达244.5厘米，宽仅40.5厘米，仅作墨竹数竿而不附兰石，构图上毫无相似处，却题"拟石涛"，因运笔用墨之法出自石涛，识者一见可知，应该是不求形似而求神似的典型。余绍宋传世墨竹不少，只要稍加留意即可知，他所作墨竹上追宋元，参考明代诸家，极少附以兰石。运笔用墨十分讲究，而对风、晴、雨、雪等各种自然环境下的竹观察得很仔细，可以表现得栩栩如生。1931年初，日本皇太后派人从上海重金购得余绍宋所作墨竹四幅，当时在上海书画界引起轰动，6月初上海各报及英文大陆报都刊登了这件事。

其实余绍宋1915年才开始学画山水等，1928年米杭创办东皋雅集后，才开始习画梅、竹、兰等，不数年便臻精熟而高古入化，其中缘由除了天才便是勤奋。他不但勤于动笔，更勤于思考，从前人的作品和理论中吸取营养为己所用。1932年8月，他在回答叶恭绰先生询问他写竹方法的信中说：

欲免板滞不外多画，大约每日写十纸，半年后便臻纯熟，纯熟则板滞之病自去矣。提笔为之亦可免此病。至取法必自元人入手，清代画竹竟无卓越之人。大涤子、鲁得之、诸羲庵虽入清代，实为明人。若郑板桥解散旧法，自谓高超，实非正宗，一学使坏。至近人蒲华、吴俊卿，则恶劣之甚，尤不可稍沾其习也。大约元人于枝、竿、叶三者俱讲究，明人则讲究竿、叶，而于枝法已漓。至清，则枝、叶两者俱随意为之，而托于写意以自鸣高，实不足观、不足学也。

《罗浮纪游册》，1935 年 4 月作于广州黄氏小画舫斋。凡 14 页，每页高 18.2 厘米，宽 24.3 厘米。右为画，左为题。

我国的文人画多以写意为主，山水画往往多是想象中的景物，或以古诗中的境界用笔墨把它表现出来。当然，画家要有成就必然要游历名山大川，以真山真水来丰富自己的作画素材。古贤所谓"师古人不如师造化"，石涛所谓"搜尽奇峰打草稿"都是以自然界的真景为师，但所作之画未必与真景完全一样。而纪实山水则应与真山真水相符，是以画家自己的方法去表现真实景象。余绍宋游历过许多地方，也画了不少真山真水，但如今能见到的并不多。《罗浮纪游册》是他 1935 年春游广州罗浮山时所作，虽然是小册，却是他纪实山水中较有代表性的作品。全册凡 14 页，有设色，有水墨；每页画法也各不相同，有米家画法、山樵画法、大痴笔法、石田笔法等，所画景象均以实景为写生对象，并在左半页题写实景之大概情况，题语尤为隽永，兹录如下：

第一页：自荔枝凹远望罗浮，雄奇葱郁之气已迎人矣。凹中四山皆松，风景绝胜。

第二页：佛子凹为罗浮两山分界处，峭峻殊甚。有一石题曰：分霞岭。其巅有坊曰：蓬莱门径。

第三页：酥醪观后山，今已辟为公园，东莞钟君玉文将补栽梅花千本于此。因预为写之。

第四页：石灶为浮山第一奇观，以形似得名。

第五页：自酥醪洞远眺飞云顶，其泉流之下则白水门也。此次未及登，远望而已。

第六页：茶山林木至茂，泉流亦佳，洵浮山胜境也。

第七页：梅花院已颓废，山色特清丽，因为写之。

第八页：黄龙洞自山麓至观，原有古松夹道，长凡数里，不逊吾浙天童山径也。近悉为无知道士毁去，斧斤所赦今仅余数株矣。其右突出者，为老人峰。

第九页：黄龙洞下瀑布约三十余丈，蜿蜒而下，极为壮观。惟道路崎岖，观中道士不加修筑，游者罕至。

第十页：白鹤观前多石，形状至奇伟，亦罗山胜景也。今有人于观后筑洋楼，悉碎其石以为砌墙之用，可谓焚琴煮鹤矣！函图一角以留其迹，掷笔慨叹。

第十一页：华首台树木最胜，今约略写之，不能仿佛其百一。

第十二页：合掌崖瀑布所谓飞云溅雪者是也。下有洗衲石，上有东坡观瀑亭遗址。

第十三页：五龙潭远望其象若是。

第十四页：冲虚观（三字分书）题云：乙亥二月同钟玉文、黄子静、许伯勤、张哲宸游罗浮，三宿于此，罗浮归后，参用古名家画法匆匆写成，聊记游踪，不遑计工拙也。是月二十三日记于小画舫斋。余绍宋。

一同游罗浮的许伯勤（万雄）作了一首纪游诗，也题在第十四页上，录如下：

　　与余越老、钟道士、黄七丈、张八兄同游罗浮山中呈余先生诲正：

　　缥缈罗浮春已深，偶然邀约远相寻。过烟寥树抓为画，险洞辽途慰得阴。一百年来无此乐，二三更里有玄音。名山高士成缘会，斟酌平生最赏心。

　　乙亥花朝，后学许万雄呈稿。

除《罗浮纪游册》之外，余绍宋还有《天目山纪游》、《东天目山瀑布》、《九峰深秀》（九峰山即龙丘山）、《琼台双阙》（在天台县）等纪实山水画，都是居杭时所作。

第四章　山居岁月——避寇八年

山中岁月长

1937 年 7 月 7 日，日本侵略军于当夜在卢沟桥附近举行军事演习，诡称一名士兵失踪，要求进入宛平县城搜查，并要中国驻军撤出宛平等地。当地驻军拒绝了这一无理要求，日军即炮轰宛平城和卢沟桥，中国驻军第二十九军官兵奋起抗战。是为卢沟桥事变。卢沟桥事变次日，中共中央发布通电指出，平津危急！华北危急！中华民族危急！号召全国同胞和军队团结起来，筑成民族统一战线的坚固长城，抵抗日寇的侵略。

第二十九军得到全国人民的声援，奋勇抗敌，坚持了半个多月，但是由于日本强盗对华的侵略蓄谋已久，骤增大量兵员、铁甲车、坦克，并增派飞机轰炸，第二十九军副军长佟麟阁、师长赵登禹不幸阵亡。军长宋哲元等率部撤到保定，北平沦陷，故宫、颐和园等处文物被日寇掠去。中华民族到了最危险的时候，国共再次合作，万众一心，为时艰苦的八年全面抗战开始了。

就在七七事变前一个多月，1937 年的 5 月下旬，余绍宋收到了南京中央大学的聘书，聘请他出任南京中央大学国画教授。余绍宋还致函校长罗家伦，表示接受聘任，并于 7 月初为中央大学招考国画系新生命考试题三道，寄山。正在余绍宋准备赴南京中央大学任教之时，震惊中外的七七事变爆发了，日寇侵华，国土沦陷，不久南京中央大学迁往四川。12 月，南京失守，突如其来的一切，使每个人都乱了方寸。8 月的杭州已纷乱之至，中旬，日寇飞机空袭杭州机场，许多人出外避难，公路、铁道也不堪重负。万一杭州失守，余绍宋作为一位著名人士，是绝对不能留在杭州的，但此时他在政府内没有任何职务，只有自行设法赴乡间暂避。于是他先将部分重要藏书运往龙游保存，但因交通困难，大部分藏品未能运出。8月中旬，余绍宋携眷离开杭州，先到衢州，复到龙游。10月，南京中央大学寄来通告，学校已移至重庆，即将开学，促余绍宋即赴蜀任教。余母得知后，很不放心，不想让他远游。此时余绍宋已55岁，母亲已77岁，他只好作书致罗家伦校长，辞去教授兼系主任的职务。信的内容大致说："现在浙赣路迭遭敌机轰炸，行旅顿感艰危，而家慈春秋已高，闻余将远役川中，不胜忧虑。仆少孤露，赖母氏劬劳，得有今日，实不忍垂暮远离。夙知执事教孝厉忠，谅蒙鉴许。……"后来余绍宋又作诗一首辞南京中央大学教授致校长罗家伦。

11月，嘉善、平湖、嘉兴、桐乡、长兴等地相继沦陷。国民政府移驻陪都重庆。日寇飞机狂炸萧山，浙江省政府陆续撤往云和。12月24日，日寇进入杭州，又派飞机轰炸衢州机场，衢州、龙游也危在旦夕。12月中旬，余绍宋长子携眷自衢州至龙游，于是合家相聚。17日，余绍宋奉母并率全家老小迁至龙游南乡之董村，居董村凡10天，合家又迁至龙游溪口镇南数里之沐尘乡，寄寓巫瑞琛家。沐尘乡距龙游县40余里，四面环山，中间有溪，离浙赣铁路较远，地处偏僻，敌寇不敢轻入，较为安全。余绍宋在此乡居住多年，乡中民风淳朴，多为畲族，与乡民关系也十分融洽，并为乡民出谋划策，如改良造纸业保护水资源等，至今该乡老人还不忘当年往事。

日寇的侵略战争给中国人民带来了无穷的苦难，千千万万的家庭流离失所、衣食无着，交通阻滞，电信难通。余绍宋避居山林，与许多朋友都失去联系，心中惦记着国家和民众，耳闻眼见的只有战争。"讹言日以兴，真伪畴能辨。掩耳既不甘，倾听徒辗转。反畏消息来，犹得一时遭。交谈无异言，都为计逃免。"[1]一位年近花甲的老人，手不能提，肩不能挑，也不懂指挥打仗，他所能做的就是以一技之长，捐献自己的书画义卖，以所得钱款支援抗日前线。抗战期间，余绍宋多次捐献书画，每次少则几十件，多则百余件，支援抗战救援会。虽然战时书画价格很低，但他所能做到的也只有这些了，他坚信中国人民一定会战胜日本侵略者。

———————————
① 《避寇诗》，见《寒柯堂诗》卷一。

政府定新历 7 月 7 日为抗日战争纪念日，令全国素食，为战死者追悼。他在一首诗中写道："半幅山河破，全军壁垒新。一成终复夏，三户必三秦。战国遗风起，春秋大义伸。要令新七夕，从此作良辰。"①

抗战期间，余绍宋与时任浙江省民政厅厅长的阮毅成过往密切。阮毅成（1904—1988），浙江余姚人，法国巴黎大学法学硕士。1931 年回国后，历任国立中央大学教授、中央政治学校教授兼法律系主任，并任《时代公论》主编。1937 年出任浙江省第四区行政督察专员，抗日战争初期为浙江省政府委员兼民政厅厅长。任职十年，在战时战地实施新县制，成立省县乡镇保甲民意机关，为提高行政人员水平，成立地方行政图书馆，举办地方行政干部特种考试等，1941 年创办新群中学。抗战胜利后，创办《胜流》杂志，为国立浙江大学筹设法学院，并任院长。1948 年底去台湾，历任省地方自治研究会委员、"中央日报社"社长、东方杂志社主编等职。阮毅成对浙江省尤其是杭州的一山一水、人文典故都十分了解，去台湾后非常思念杭州，每每与人谈话都离不开杭州。他在报刊上发表了许多有关杭州的文字，后来汇集整理出版了一本《三句不离本"杭"》的书，足见他的思乡之情和爱国之情。该书有许多杭州的人文、地理、风俗、掌故等，曾多次再版，流传甚广。此外在台湾还著有《彼岸》《前辈先生》等书。

我少时曾见过阮先生，但已没有记忆。20 世纪 80 年代初，我与阮先生取得了联系，曾通信多次。这时他已年近八旬，还在不断地写作。他写了一篇也是与杭州有关的文章《康有为与天一园》，其中一些插图就是我拍的。阮毅成先生是余绍宋死后第一个为他写纪念文章的人，也是写回忆、纪念余绍宋文章最多的人。阮毅成的父亲阮性存是余绍宋日本留学时的同学，两人来往密切。抗战时期阮毅成与余绍宋来往更为密切，所以他的文章最具真实性。为此引用阮毅成《记余绍宋先生》一文中关于 1939 年至 1942 年前后的一段史实。

民国二十八年 4 月，浙江省第一届临时参议会在永康下园朱成立，以朱氏宗祠为会址。此为各省中最早者，亦即自国民政府实施

---

①《新七夕》之一。

训政以后，各省地方民意机关成立之最早者。我向浙江省政府提请以越老（余绍宋字越园，浙人多称之为越老，是阮毅成之父辈，阮毅成所有文字中均称余绍宋为越老）任省参议员，经报奉行政院核准。越老乃自他的原籍龙游县沐尘乡来到永康，住在高园。永康人民多系聚族而居。曰朱、曰高，皆地方望族。高园面临自永康至缙云之大道，但亦有茂林修竹，民间鸡犬相闻。自此以后，以迄民国三十四年抗战胜利，越老在浙江省第一届及第二届临时参议会中，初任参议员，继担任副议长，并一度代理议长。他在省参议会中，每次询问、发言或提案，均以能言与敢言著称。他最注重军风纪的整饬与民间额外负担的减轻。就军风纪的整饬而言，越老曾有一次，借坐了一部友人的旧汽车，经过他的故乡龙游城外用黄色沙土筑成的公路。车破路坏，自不能驶得太快。而后面忽然来了一辆在当时算是新式的小轿车，风驰电掣，司机频频地大鸣喇叭，催促他的破车快行，以免阻碍后面车辆的行进。越老车上的司机事实上无法加速，而后面的车子忽然停住，走下了几个副官，赶上前来，大喝停车，并打开车门，将司机拖出车外予以殴打。并且说："后面车上坐的是某某长官，你拦阻去路，贻误军机该当何罪？"越老见状大为气愤，也立即下车，走向后面车子，去见某某长官。那一位虽然不认识他，但看他丰神俊朗，仪表非凡，也猜到不是寻常之辈，遂也开门下车，一面喝止打人的副官，一面请教越老的大名。越老乃在路旁力斥其不应该放纵部属，殴打民车司机。某某长官只得向其道歉。路旁围观的民众，人人称快。

1939年4月8日，浙江省临时参议会在距离永康数里的一个村庄举行第一届大会，到会参议员31人，5月10日闭幕，选出赵舒、刘湘女、邵裴子、余绍宋、徐浩等九人为驻会委员。从此余绍宋经常往返于永康与沐尘之间。8月27日，浙江省各界在永康方岩五峰书院内举行孔子诞辰纪念会，省政府主席黄绍竑约请余绍宋讲"孔子的尚武精神"。他以孔教的智仁勇三达德，勇尤重要，刚毅果敢自能我战必克的精神鼓舞民众，并强调在国难当头的时候，汉奸作乱，有人是非不明，人们更应该体会孔子的与时偕行的学说和他的尚武精神，以取得抗日战争的胜利。当时的《东南日报》对此有详细的报道。纪念会首席主席李立民在致辞中说："本省自 23 年（1934 年）以后，每年在今天召集各机关人员、各界人士举行纪念，并敦请学者演讲，阐扬孔子学说。今天我们敦请余越园先生来讲演。余先生的道德文章，为全省人士所景仰。现公推为本省参议员，我们得以朝夕相聚，于省政多有匡襄。其平日提倡气节，砥砺廉隅，发为言论，足以廉顽立儒，尤足为吾人所推崇。"

1940 年 11 月 11 日，浙江省第一届临时参议会举行第四次大会开幕典礼，余绍宋代表全体参议员致答词。他向省政府提出了三点建议，其一是，居安思危。"自杭州沦陷后，敌寇两年未来侵扰，一切处于松懈，遂至有萧山之失陷。萧山失陷后，知警惕矣。阅半年余，敌人无甚企图，又复渐松懈。不料敌人恃隙而动，于是遂有镇海之役及此次流窜富阳、新登、临安、诸暨、绍兴之祸，损失不可以数计。"其二是，"为治不在多言，顾力行何如耳。此为二千年前政治家之名论，今日仍当奉为圭臬者也。默察省政府近来施政，未尝不谋力行。顾所属机关，都未能体察此意，但见终日开会、出布告、作报告书，纸面文章，无不好看，而实际能实行所言者不多。此为今日之通病，难以讳言。……使所言者皆能实行，其不能实行者，毋宁弗言，而对于言不顾行、行不顾言之官吏，加以惩处，庶足以保政府之威信，而增强行政效率"。其三是，希望政府调整机构，裁并骈枝机关。在此次会议中，余绍宋还对浙江省战时粮食的管理、调度以及食盐、柴荒等问题，提出了四项提案。

1942 年 5 月，抗日战争进入了相持阶段，日寇做垂死挣扎，集中兵力进犯浙赣铁路沿线。此时龙游县城沦陷，龙游县政府已撤至梧村（梧村在沐尘乡西南方）。余绍宋此时在沐尘，闻讯后便急速撤离沐尘乡，先经罗坑（今称芦坑，在梧村之南，已近遂昌县），又移至遂昌县之高棠，再由高棠经白马山、溪源岭到石练，再自石练移居到龙泉的住溪。自沐尘至住溪沿途皆高山，平日甚少行人。余绍宋与少数同行者行走于山谷之中，老母及妻子儿孙辈只能暂避于附近山中，未能同行。此次日寇进犯使他历尽战乱之苦，如他在《自沐尘避难至遂昌石练记事十二首》诗中所说："我生何不幸，垂老罹艰屯。烽烟突然起，吾邑忽沉沦。退兵一何速，军机毋乃神。吾侪岂及知，含痛离沐尘。"又《闻沐尘被占，敌人居吾家三宿始去》诗中说："讹言今日竟成真，铁骑纵横陷沐尘。

古井莫教夷作涸，老松终恐斫为薪。从兹故里无完土，何事吾家尽敌人。亲友应知先远避，沦胥皆为太因循。"日本侵略军给中国人民带来了无限的不幸与苦难，前方多少英雄儿女浴血奋战，乃至壮烈牺牲，而后方余绍宋在自沐尘经石练到住溪的途中目睹百姓缺衣少食艰苦地生存下来，也写下了不少诗篇。这时作为一位年已花甲的老人只能发出浩叹："沐尘遁迹老寒柯，遭时多难疲奔波。母离家破归不得，手无斧柯奈彼何！忧思抑郁亦何补，酒酣耳热聊作歌。鸣呼一歌兮曲始奏，凄凄已觉悲风透。"(《七歌仿杜工部》之一)

抗日战争进入了第五个年头，南京汪伪政府内部矛盾迭出，汪伪政权于是有换班的打算。记得先父、先堂伯父都曾说过："余绍宋在日本留学时，和后来曾任日本首相的近卫文麿是同学，为此引来了险遭绑架之祸。"1942年5月，日寇疯狂进犯浙赣铁路沿线时，余绍宋离开沐尘之前曾经发生过一件十分危险的事。当日寇进攻龙游之时，教唆某汉奸暗中派数人到沐尘，企图绑架余绍宋。因沐尘是一个小村庄，群众发现行为鬼鬼祟祟的陌生人，引起余绍宋及其周围人的警惕。正当危急之时，官方派十余人匆匆保护余绍宋撤离沐尘，辗转由山路跋涉至住溪。其时余绍宋之母、之子、之弟等在衢州石梁村，辗转移至福建之浦城。当时在龙游的刘衍文先生在他的《寄庐茶座》中详细记录了此事：

> 梁亦与越园师交好。梁投敌后，师即与之断交。1942年日寇流窜浙东，时师隐居龙游之沐尘，在风声鹤唳之际，梁忽派来数客，欲要挟师去任敌伪司法部长。师惊惶失措，虚与委蛇。幸得蒋介石有所风闻，特急令王耀武派一营兵前来抢救，先敌寇到达并护送至安全地带，此数人乃慌张遁去。初师本欲去重庆，旋因日寇退却，时局稍定，为阮毅成向黄绍竑建议上报，圈定为浙江省临时参议会副议长，又任命为浙江省通志馆馆长。师尝言，万一被劫持，只有绝食而死耳。[①]

文中之梁，指的是梁鸿志，民国初余与梁同在北京为官，所以相互

---

① 刘衍文著：《寄庐茶座》，上海汉语大词典出版社2004年版，第55页。

熟悉。余绍宋南归定居杭州后，与梁鲜有来往。梁投敌后，余嗤之以鼻。梁受日寇指使，派人来沐尘，企图挟持余绍宋去南京，才有以上一场险情。余绍宋在《自沐尘避难至遂昌石练记事十二首》诗中说："死亦奚足惧！所忧被挟持。自省亦常人，虚声遍四驰。尤有惊心事，老母已衰迟。愚孝不欲尽，随侍殊非易。"至于刘衍文先生文中谓"幸得蒋介石有所风闻，特急令王耀武派兵前来抢救"云云，大概是传闻的错误。我以为，余绍宋当时仅一介书生，不致惊动蒋介石；再者，蒋介石在重庆，鞭长莫及。保护余绍宋撤退的人员，应当是地方官临时派出的。

时任浙江省民政厅厅长的阮毅成这时也在浙南，他在《记余绍宋先生》一文中详细叙述了日寇侵犯浙江的情形：

我于5月17日（1942年）上午9时，才在方岩从电话中得到后撤的命令。限下午4时前，各机关、学校、团体全数撤毕。因4时起，即破坏永康通金华、通东阳及通缙云、丽水的公路。对于撤往何处并无指示，只谓相机办理，力求安全。我们当时的颠沛流离不能尽述，最后止于龙泉的八都。其间宁、绍、金、衢、严、温、台、处，各属纷纷沦陷。在兵荒马乱之中，我无法探得越老的消息，真是万分怀念。自他到了住溪，与八都相距150华里，其地与浙江的遂昌县、福建的浦城县，均相接界，又近江山县。

我既知越老亦在龙泉县属，乃派人持书前往问候。我问八都乡乡长，能遣一人送信否？因深山之间，既无电讯，又无公路，来往必须步行。我初意来回三百里山路，至少非3日不转。而乡长谓："一日半足矣！"盖山居村民，履高山如平地，且能日夜兼程，途中不须休息。

一日半不到，果持越老的亲笔复函归来。大兵之后，彼此幸均得平安，并得再通音问，感慰不已。

越老在住溪住了三个月。敌军退走，沐尘收复，他乃先行回里。9月，浙江省政府在流亡喘息之余，在云和恢复办公。10月15日举行第一届省临时参议会第六次大会。越老先期从沐尘来到云和，寄居北乡的河坑，写了寄居杂兴诗24首，描写当时生活清苦的情形，至为详尽。

我也乃在云和与越老重得见面，恍如隔世。他对这一次的浙赣战役，深为不满。他认为有关方面应早日有所布置，不应该事先谓绝可无虞，而临时又匆忙先行撤退，以致地方糜烂，民生荼毒。他真是有说不完的辛酸，咏不尽的悲痛。他曾写了不少的诗，予以记述。如谓："我既负言责，近复侧史筵。立言首尊攘，秉笔贵信传。秽迹赖以暴，敌忾赖以宣。……大难犹未已，再厉期勉旃。"当时或有人不乐其言，而今日乃得留为信史。

其时浙江省临时参议会议长徐青甫（鼎年）先生，在 5 月永康危急时，辗转后退已到了重庆，一时无法东返。副议长陈屺怀（训正）先生，也在那时退到了福建南平，正待车回浙。因之，临参大会遂公推越老为主席，致开会词。

余绍宋的开会词较长，语言也比较激烈，主要是讨论此次日寇突然进犯，政府未能做好预防，以及战后的善后问题。比如："最主要的，应该把这次敌寇流窜地区的善后办法，报告中央暨委员长。这件事情，在党政方面所不能说的，我们以人民的立场表示意见，自更妥当。很希望党政首长，替我们到中央力争详陈。这次敌人窜扰，与前几次不同，异常残酷，而且有许多情形，并非受敌人之害，而是遭自己人的蹂躏。这种痛心的事，中央也许不十分明了，我们应该详述。至于善后问题，我以为应党、政、民三方面来共同合作，同心合力，把各地方整顿重建起来。本来开会要等副议长到，他定有很多很好的意见，好在他已在路上，不日可到。现在只先以个人的见解，贡献各位，希望大家多多发表意见。"临时参议会仅仅是个民意组织，说起来是代表民意，实际上在当时国民党控制下的政府设立临时参议会也仅仅是标榜民主而已。在临时参议会中，余绍宋是最善言且最敢言的一位。

不久行政院命令各省成立第二届临时参议会，当时的浙江省政府报请以陈屺怀任议长，余绍宋仕副议长，都得到行政院核准。陈屺怀年事已高，任议长后不久即逝世于云和。

1943 年 12 月 15 日，第二届浙江省临时参议会在云和孔庙大成殿举行第二次大会开幕典礼，余绍宋以副议长代理议长的职务致开会词。首先他对议长陈屺怀先生的逝世表示感慨，对新议长朱郁堂先生即将就任表示庆贺。在谈到国际形势时他说："我们回看前次大会后八个月间国际的局势，在北非，在欧陆，在太平洋的两岸，盟军都获得胜利。目前已由守势进而为攻势，而划时代的开罗会议，以及德黑兰会议，尤为决定总攻及战后国际集体安全的关键。我们中国不仅是世界战局中反攻暴日的主力，抑且成为今后国际和平的支柱。因此就显示出，我们浙江在战略上及建国中地位的重要。但正因为地当冲要，迫近战线，动荡不宁，一切广泛的省政，每感因时推进之困难。"所以他提出三点当务之急，其一是促进宪治，其二是纾缓民力，其三是扶植民族的正气，立国的精神在于扶植民族的正气。对每件工作他都提出了许多实施方法。

到了 1944 年底，第二届省临时参议会也在云和孔庙大成殿举行第三次大会的休会典礼，标志着第二届临时参议会行将结束。余绍宋在会上又发言，强调抗日建国方略之要点，解除民间疾苦诸大端，要求政府官员要实事求是，不恣空谈。八九个月之后，日本投降了，浙江省政府各机关迁回杭州，中国又步入了一个新的历史阶段。

情系家国

抗战期间，余绍宋表现出强烈的忧国忧民之情。除了在省临时参议会上大胆发言为民众讲话，在他的诗中表现得更淋漓尽致。1940 年他有《庚辰谣》13 首，其中就有这样的诗句："我今作官奚为哉？虽为国家亦为财。小官不可做，廉吏不可为。虽有刑章儆贪墨，挟贵挟长莫我违。于今物价正腾涨，兼营商运利倍畅。公车可占税可蠲，揭橥军用谁敢抗？纵教发觉亦何妨，几辈贪人皆远飏。"对当时官场腐败、贪污成风、假公济私、兼营商运、谋取私利的官员进行无情的揭露。又如："富出钱，贫出力，凡属国人咸有责。就中出者谁最多，独有农人知爱国。出力最著为服兵，户有两丁征一丁。所征尽是力田者，春耕遂废秋无成。"对当时农民的艰辛表示极大的同情。又如："米价强抑平，物价翻翔贵。米贱物贵太反常，徒使商人专其利。物产于地出于农，病农利商岂得计？"是对政府某些病农利商政策的不满。如此种种，堪称实录，后人读之如读史。

余绍宋不仅是口头上的忧国忧民，自己也为某些不良情况的改善而尽绵薄之力。如经常以自作书画义卖所得款支援抗敌后援会或赈灾，为龙游县疏浚鸡鸣堰而大声疾呼，为挽救农村经济发起组织纸业合作社，等等。

1937 年抗日战争之初，余绍宋勤于作书画以赠抗敌后援会，他在日记中常有记载，如："书联二十对以送抗敌后援会展览发售，所得悉储以为抗敌之用。"（10 月 28 日）"再书联三十对悉以送抗敌后援会。"（10 月 29 日）"检旧作山水五幅，补题名款，亦送抗敌后援会。又写乌桕两幅，题霜天奇艳四字，以送抗敌后援会。"（11 月 1 日）"写松、竹、梅凡九张，以送抗敌后援会。"（11 月 2 日）"画五尺中堂墨竹二张，送抗敌后援会。"（11 月 3 日）不久金华、衢州各报都刊登了余绍宋以书画捐助抗敌后援会的消息，标题为"余氏书画展览"。而余绍宋生前最反对开个人画展，以为有标榜之嫌，又有失清高品格，而定价陈列任人选购等于市井。但此系抗敌后援会的推销方法，他也就不予反对了。当时登报之广告如下：

浙江省龙游县抗敌后援会通告
宣字第十四号

案查本会为筹充抗敌经费计，经征求得书画名家余绍宋先生珍贵作品多件，定于本月 20 到 21 日在城内县立民众教育馆中山公园举行展览会，标价竞卖。是项抗敌救国运动定蒙各界爱国人士乐于赞助，鼎力推销也。为特通告周知，务希及早惠临，先得稀世珍品，藉偿爱国夙愿为要！

　　特此通告

主席常务委员会徐兆吉
中华民国二十六年十一月十七日

由于余绍宋在当时书画界的名望，龙游抗敌后援会的义卖很成功。11 月底衢州的官绅也请余绍宋作画，他在日记中有这样一段记载："画竹二、松二，衢州官绅欲援龙游例，求作书画若干幅，开会展览以为抗敌经费。义不可辞，许之。即函陈伯冶接洽。"（11 月 30 日）此后数日内均为衢州抗敌后援会作书画，共计数十幅。余绍宋对于这种爱国义举向来积极主动参与，对于民众疾苦也愿伸出援助之手，尽自己所能尽之力。早在 1931 年全国大水灾，受害地区广，灾民甚众，上海筹募各省水灾急赈会向各界募捐。此时余绍宋正赴上海割痔，得知此事，毫不犹豫即捐赠画 20 件、书法 80 件，以润资全数赈灾。上海筹募各省水灾急赈会为他在新词报上刊登了书画助赈启事，其文如下：

龙游余越园先生书画助赈启事

余越园先生前掌法曹，素精书画。鉴于今庚水灾奇重，愿写墨竹二十幅、行书八十幅，以润资全数助赈，实堪钦佩。先生书画名满天下，无待赘陈，用为登报通告。如愿藏先生作品者，既尽赈灾之义务，兼得名贵之墨宝。谅海内同仁所赞许。尺幅均以五尺对开为限，墨竹每幅十八元，行书每幅五元。如欲署双款，可将上款与润资送至本会。二星期取件。

上海筹募各省水灾急赈会许世英、朱庆澜、虞洽卿、王一亭、屈文六、黄庆澜、张啸林、王晓籁等同启

凡于民众有利的事，余绍宋均视为己任。虽然自 1927 年以后他已是一位普通百姓，但以他当时的社会影响力，在省级官员中，他说的话、提出的要求还是有一定作用的。比如龙游鸡鸣堰的疏浚工程和龙游纸业合作社的组织，他都予以关注。1939 年 2 月 4 日《龙游民报》上刊登的两则消息，就是很好的例子：

鸡鸣堰疏浚大工程已完成

本县鸡鸣堰创筑于明之万历年间，嗣因年久失修，淤塞废弃。邑人余越园氏，于民国十二年修辑县志时，洞悉此堰工程之大，农田受惠之多，即拟发起疏浚。因限于人力物力，暂告停顿。迨至民国二十五年间，江衢各县发有旱灾省款建筑堰坝之举。周县长暨余氏等，遂亦乘机向省力请，当蒙邀准。唯工程方面规定由省水利局主办。讵前局长周镇伦，设计欠妥，堰坝建筑虽粗具规模，但无滴水入流，工程经费已耗巨万。幸周县长颇有见地，毅然变更其误点。会同省黄技士，重新设计，继续兴工改筑。不数月而全堰已贯通无阻。余氏以宿愿已偿，无任欣慰，特于前日邀同周县长、郑书记长、

陆技士、孙委员永年、吴委员南章，一行六七人，偕往察勘。全堰工程坚固，水流畅通。咸极满意。并闻余氏将于日内撰文躬书勒石，以示表彰，而垂不朽云。

余越园为民挽回农村经济，维护纸槽暗耗，发起组织纸业合作社，东南乡人士闻风纷纷参加

本县东南两乡以产纸为大宗。全年产量统计在二十万担以上。迹因时局关系，每担最高值仅四元五六角，最低值竟跌至二元六七角，平均计算每担不过三元六角之谱。查屏纸之制成，腌料及制造工本，每担在三元五角以上。而以此低价脱手售于纸商，除成本外，已无料身可取，抑有亏耗之虞，是以多山之户，产料愈丰，则赔累愈大，经济之周转益感困难。诚非纸价之彻底低廉，实被贩商垄断所致。此种暗耗，全县全年统计，殊足惊人。邑人余越园氏，深鉴及此，为挽救农村经济计，特发起组织纸业运销合作社，以免受此无形损失。

闻东南两乡人士闻讯纷纷参加，章则亦已拟就，一俟呈省核定，即可切实进行。预料将来槽户受惠，当不少也。

余绍宋热爱故乡，关心故乡的公益事业，还远不止此。关心他作品的人都知道，大凡他重要的书画作品，都会写上"龙游余绍宋"。他早年撰《龙游县志》，是对故乡最大的贡献。其实余绍宋生于衢州，后又宦游北京，复又定居杭州，抗战前根本没在龙游长住过，但他始终对龙游怀有故乡情。1941 年他又将劫余藏书八千余册，捐献给龙游县立图书馆，其中有不少珍本，这是对故乡文化事业的极大关怀。有诗一首记其事，诗如下：

以劫余藏书八千余卷捐赠龙游县立图书馆，聊抒所怀，示馆长祝鸿逵

亡书久兴嗟 [①]，顽寇犹猖獗。劫余已几微，况复多残缺。抱守

[①] 原诗注：予前岁曾有《亡书叹》二篇，记杭州藏书沦陷事。

惭未能，聊以供众阅。慷慨非敢夸，辱奖尤愧赧。急公久有心，往事吾能说。吾乡昔被兵 [1]，文籍皆沦没。忆予幼读时，求十不得一。正如饥饿人，思食无从乞。幸得贤侯张，捐俸勤采掇 [2]。从兹奠馆基，一时富缥帙。我幸出其门 [3]，穷年欣兀兀。深念得书艰，及壮曾补缀 [4]。惜哉世变殷，流转多散佚。今犹夙昔志，重为补遗阙。虽多常见书，泰半旧刮刷。其间地方志，原版多已绝。所愿典藏人 [5]，毋更蹈前辙 [6]。职司既有存，维护应多术。聊作广厦观，借收东隅失。敝帚不自珍，曲突倘可必。

余绍宋所捐八千余册图书，以地方志为多，且有孤本，一直都珍藏在龙游县立图书馆。1955 年 3 月衢州专区撤销，并入金华专区，1959 年 12 月龙游县制撤销后并入衢县，乃属金华专区。大约就在此后不久，余绍宋所捐八千多册古籍从龙游镇被调拨至金华市，完全违背了捐献者当初的意愿。20 世纪 90 年代末我曾去金华参观，当时这批古籍图书收藏在金华侍王府，砖地平房保管条件极差。不久前听说保管条件已有所改善。

重修浙江通志

八年全面抗战中，余绍宋不但关心国家大事、民生疾苦，同时也十分关心文献的保存与整理。1939 年 11 月 6 日，浙江省第一届临时参议会第二次会议在永康召开，已被选为参议员的余绍宋向会议提交了《拟请省政府设委员会征集通志、县志材料》的提案。当时正值抗战初期，杭嘉湖等地先后被日寇占领，文物惨遭毁灭。而浙江省其他地区临近前

---

① 原诗注：洪杨之役。
② 原诗注：张公名炤字初白，榆次人。吾县之有藏书自公始。往予撰县志时，即因其捐俸购书为之传。
③ 原诗注：予应童子试出公门下。
④ 原诗注：二十年前予曾捐书数百种入藏书楼，今所存已无几矣。
⑤ 原诗注：今馆长系新任。
⑥ 原诗注：前数任馆长中有不甚得人者，故图书间有损失。

线，随时有沦陷的可能。为此余绍宋忧心忡忡。他在提案中写道：

> 文献赖志书以存，其为重要，自不待论。唯向来省县政府，多未措意及此。故一遭变乱，散佚无遗。即如浙西各县，经此沦陷，一切地方掌故档案，从前因未有人负责整理，遂致无从移出，以后更无人考证。其损失之浩大，岂容思议。前车已覆，来轸堪虞。自宜略仿章学诚"各县应设志科"之议，先时预为之备。由省政府通令各县，聘请有学识士绅数人，组织一委员会，专事其事（小县则不必设会，专聘一二人任之）。拨定经费以供采访抄录之需。其浙西沦陷各县，仍宜设立。一面征佚补亡，一面专记沦陷后情事，以备异时载入专书，借资警惕。省会则由省政府聘请渊通博雅士绅若干人，组织委员会，以总其成。其详细办法，应由民政厅详为拟定。经费一层，则需稍裕，方足尽其能事。如是则将来事定后，编成志书，不患无所取裁，可成信史。万一有变，亦能转徙，不致散亡，实为目下急要之务。或为当此抗战时期，不必为此不急之事。不知文献是历史概基，无历史则无人类社会，失其凭借，而民族精神亦无从资以发挥，不可忽也。

该提案当即经大会通过，送省政府办理。然而其时日寇铁骑已蹂躏浙江省属县半数，具体实施自是相当困难。

1942年5月，经浙江省民政厅厅长阮毅成、教育厅厅长许绍棣提议，浙江省政府决定成立浙江省史料征集委员会，任命余绍宋为主任委员，原省参议会议长陈屺怀为副主任委员，陈辞而未就。委员则由主任推荐，余绍宋推荐了叶左文、刘祝群、袁道中、邵裴子、陈训慈、黄百新、姜卿云、王松渠、胡建中、查宽之、余铁山、沈复生等13人。但战时很多委员根本无法到任，而余本人和少数在会委员坚持工作。

浙江省史料征集委员会成立后，向省县各机关发出征集史料的通知，除调查省县档案，还向各图书馆汇集地方志书籍及材料。不久浙赣战役爆发，日寇退兵后，又于次年元月10日发出通知，向省县地方人士征集史料。战时财力、物力都很缺乏，浙江省史料征集委员会仅有十余名委员，人员很分散，又有很多史料散落在沦陷区未及撤离，工作进展也极艰辛。

经过同仁的共同努力，1943 年 8 月 1 日，浙江省史料征集委员会改为浙江省通志馆，由浙江省政府聘请余绍宋任馆长。此前，省民政厅厅长阮毅成、教育厅厅长许绍棣曾多次与他面谈，力邀他出山，主持省志修纂。更令他感动的是省政府主席黄绍竑的邀请函："吾浙文物失坠，史材散佚，非急搜求整理，将恐所闻所见荡焉以尽，泯焉无传。夙钦先生道德文章，乡国矜式，乘笔方志，士流争推，敬请主持规划。"对于担任通志馆馆长一职，余绍宋是有思想准备的。在他看来，如今国难当头，大好河山被日寇蹂躏，民生凋敝，这场战争给浙江人民带来的灾难是空前的。最使他痛心的是战争对文献的毁灭。他认为，战争给中国人民的痛苦是可以通过今后全民抗战所取得的胜利得到抚慰的，而作为传统文化的载体——文献典籍的散佚，对中国这么一个具有五千年文明史的国家所造成的损失是无法弥补的。自己乃一介文人，国难当头有责任通过修志将浙江省的文献整理保存起来，以俾将来薪火相承。尤其是可以将日本侵略者在浙江所犯的罪行一一记录下来，告诫子孙，使之勿忘国耻。为此余绍宋接受了馆长之职，这一年他已 61 岁了。

通志馆馆址设在云和县城郊大坪村一座梅家大宅内。当年浙江省政府一部分机关移到云和，小小的六千人口的山城早已是人满为患。大坪村距县城五里，梅家大宅背靠白龙山，面对云和县城。梅家大宅主建筑三进三开间，走出大宅北门，面对的就是白龙山坡上郁郁葱葱的毛竹。山中蜿蜒下来一条小涧，山泉直至大宅西墙脚。这里环境幽雅，非常适宜修志做学问。

馆址选定了，要把工作开展起来，余绍宋面对的工作实在是千头万绪。他清醒地认识到，这届修志有六大难处。一是缺史料。杭州沦陷，许多机关单位匆忙撤离，档案文献丧失殆尽。如今在穷乡僻野，交通阻塞，采访以及与各县之联系十分不便。二是通志断修时间过长。《雍正浙江通志》距今已两百余年，这两百年正是我国剧烈变更时期，鸦片战争、太平天国、庚子赔款、清帝退位、建立民国……这些大事都与浙江省关系密切，记叙有相当难度。三是人才缺乏。馆长余绍宋、副馆长凌士均、总编纂孙延钊，这是省主席直接任命的，而具体的分纂、编纂须有相当学术功底之人士担任。对于余绍宋来说，肩负主修一省之志的重任，于当时而言，最缺的是人才。"国学沦亡，人才凋丧，于今为烈，聘请编纂实难。其人其地位高者不肯俯就，其国学无根底者未能从事。又文才已少，史才尤难。著述之事必归宏雅，非同记簿……昔司马公之成《通鉴》，以有刘敞诸人；纪文达之成《提要》，以有戴震诸人。环视群伦，可延聘而来者曾有几人"（《筹设浙江省通志馆意见书》，刊《浙江省通志馆馆刊》创刊号）。四是时间紧。当时省政府方面要求大致八年完成通志，但在如此环境条件，人、财、物难以保证的情况下谈何容易。五是通讯不便。云和地处浙南一隅，与杭嘉湖等沦陷区不能交通，因日寇侵扰，就连与金衢严等地的修志机构联络也难保正常。六是经费紧。时值国难，物价昂贵。"中央之加薪率不过二成三成，物价之腾跃率为五十倍百倍"，省财政拨款能否保证通志馆同仁养家糊口及通志馆开展工作最起码的开销？所有这些，都是他当馆长必须考虑的。

在诸多难题中，余绍宋认为当务之急是解决人才问题。他需要一批与自己志同道合者，而这些人又必须具备史才、史识、史德，最好是在某一学术领域有超人的才干。他亲自撰写了《略评旧浙江通志兼述重修意见》《浙江省通志稿编纂大纲》两篇文章在《东南日报》"文献汇刊"上发表，以期抛砖引玉。又写了《致本省旅外同乡书》，将浙江省修志之事通告，诚恳希望海内外"乡贤响应，党国精英，学林硕宿，凡关编纂义例……渴望指示宏裁……使全浙人士，咸晓于敬梓恭桑之义而起图成也"，表达了他为修志求贤若渴的心情。

这三篇文章发表后，即得到了社会上的热烈反应。科学家竺可桢写了《论通志星野存废问题》，学者李一飞写了《对通志编纂大纲之意见》，富阳学者章乃羹写了《略论修志意见》，瑞安学者宋慈抱（墨庵）写了《省志问题献疑》……一批学者进入了余绍宋的视野，有台州学者目录学家项士元，德清水利学专家俞寰澄，青田文史专家刘祝群，平湖戏曲史研究家、教育家钱南扬，诸暨学者蒋麟振州学者钟毓龙、韩登安、邓冶欧、谢燮堂，云和人高均、梅志初、王箬浮，龙游人劳泰来、祝鸿逵……共有三十余人。这些人都成了通志馆的编纂和分纂，他们能聚在山城云和，肩负修志重任，多半是爱国思想使然，同时也服膺余绍宋在学术界的威望、品行为人和道德文章，以及他礼贤下士、求贤若渴般地爱才惜才。

瑞安人宋慈抱先生当年已近六十，一直在家读书，未曾外出谋过事。

他见《浙江省通志馆馆刊》的征稿启事，遂寄来了《省志问题献疑》等几篇文章。这位老先生行文严谨，下笔飞快，善作六朝骈体文，著有《续史通》。他既无举人、进士的功名，也无博士、硕士的学位。余绍宋从未与他谋过面，却对他的著作十分欣赏，聘他为编纂。此后宋慈抱在通志馆专事《艺文考》的编纂。1985年浙江人民出版社出版的《两浙著述考》计120万字，就是宋慈抱在通志馆工作的成果。

还有一位陈豪先生，于通志馆成立之时，在《东南日报》上发表了一篇《写在浙江省通志馆成立以后》的文章，提出了许多意见和看法。余绍宋读后，马上与报馆联系，寻查作者，欲聘其人来志馆工作。可惜未能找到此人，余绍宋深为惋惜。

当时通志馆还有三位青年人——洪焕椿、刘衍文、唐家仁。这三位年轻人在通志馆工作的六七年中，受到了余绍宋的谆谆教诲，打下了扎实的知识功底，后来都成了新中国卓有成就的学者。

洪焕椿（1920—1989），瑞安人，晚清国学大师孙诒让的外孙，通志馆总纂孙延钊的外甥。在通志馆，洪焕椿从事经籍志的编纂工作。解放后任南京大学历史系主任，著有《浙江文献丛考》《浙江方志考》《明清史偶存》等。1982年，他在《浙江文献丛考》后记中追忆："在浙江省通志馆的那几年，在余绍宋等老一辈学者的指导下，从事版本目录和文献考订工作，得益较多。"

刘衍文（1920—　　）、唐家仁（1924—？）皆为龙游人，当时只读到初中毕业，在通志馆工作七年，负责《浙江省通志馆馆刊》编辑。生活上他俩得到余绍宋慈父般的呵护，而学业上又受到严格砥砺。解放后，刘衍文成了上海教育学院教授，唐家仁是《大众电影》杂志副总编，两人皆著作等身。

当时通志馆设编纂二十余人，由馆长确定人选，提请省政府聘任；另有分纂十余人，由馆长聘请。其后，又设浙东办事处、浙西办事处，每办事处设主任一人，分纂数人，另雇有办事员与工人；各县、市成立文史馆等组织，并聘有采访员。人员初步确定后，省志编纂计划也大致拟定。按计划省志编纂分为四期共八年时间，每期两年，前六年为编纂期，后两年为定稿期。第一期着手进行的有馆务、采访和编辑三方面工作。馆务方面，一是征集图书，以前史料征集委员会所征资料全移交通志馆，并从青田、庆元等县图书馆借调部分图书，并从书肆、藏家手中购买。二是编印《浙江省通志馆馆刊》，每年出四期，馆刊以"发扬浙江文献、报告馆务状态为宗旨"。三是促进各县重修县志，健全修志机构和网络。采访方面，建立健全采访机制，随时物色留心文献有学之士，为省志所用。编辑方面，在馆之编辑分纂可利用省府所在地各厅之档案，对人口、民族、生活习惯、职业状况、田地、物产、党务、议会、行政、司法、教育、实业、交通、财务、军事等凡有条件可编写者，立即着手进行。以后三期进程排得相当紧凑，内容也相当具体。

余绍宋根据《浙江省通志编纂大纲草案》一文，拟定：重修通志体例依照龙游县志；叙述直至最近发生的事实为止；凡今日已有科学根据的资料，如天文、气候、地质、矿产资源及各种统计，均用图表述；旧志中各项虚伪、荒诞、迷信的记载全予删除；此次纂修《浙江通志》无时间上限，属重修性质。其主要内容与门类如下：

一、纪：大事纪，采用编年体裁。

二、考：疆域考，下设沿革、经纬度数。地理考，下设全省形势、气候、雨量、潮汐、地质、省县市沿革表。民族考，下设民族、人口、方言、外侨。社会考，下设生活情形、职业概况、谚语歌谣、婚丧祭礼、岁时礼俗、地方习俗。田地考，下设农田、山地、农户、田价、地价、山价、水利。物产考，下设矿产、农产、水产、特产。艺文考，下设著述、艺术。古迹考，下设古时公共建筑、碑碣、故宅、名胜、陵墓、古物。

三、略：党务略，下分省市县党部、三民主义青年团、民众团体、动员工作。议会略，下分省议会、县自治及议会。一般行政略，下分省政府及各厅处、行政督察区、县市地方自治行政、地政、警察、会计、救济、卫生、劳役。司法略，下分法院、诉讼案、监狱、律师、会计师。教育略，下分组织机构、学校制度及经费、社会教育、留学、印刷局、报社、训练。实业略，下分银行、合作、公共企业、农业、渔业、矿业、盐业、森林、工业、商业、物价、封锁政策。交通略，下分铁路、公路、水路、驿传、电报、电话、邮政。财务略，下分预算、决算、税务、海关、盐务、公债、专卖、公款公产。粮政略，下分田赋、仓廒、运输、备荒。军事略，下分海防、要塞及堡垒、征兵、自卫队、保安队、军械、军医、军法、军民合作。宗教略，下分佛教、道教、回教、基督教、异教。建置略，下分城池、桥梁、海塘、祠庙。

四、传：有人物传、列女传、宦绩。

五、谱：选举略，下分考试、学制、议员。职官略，下分历代制度及现制、文官表、武官表。

以上为正志，此外有附志。附志有杂记、两浙文征。杂记附于正志之后。两浙文征仿《明文选》之例，诗文并收。诗、文两类又分内、外编，浙江籍人所作诗文收入内编，非浙江籍人所作收入外编。编排以年代为次序，内编除介绍作者简历外，并注明所采诗文的出处。整部志书体例遵从章学诚"三书四体"。

战时物价飞涨，通志馆同仁组织员工福利会，租赁土地种植蔬菜，以改善生活。余绍宋有时也和大家一起农作，足见通志馆初创时的艰辛。他在《移居南溪乡大坪村省府并设通志馆于此》诗五首中有如下的描述：

> 志局初开创，羁栖喜自随。丛残珍故纸，货殖重村耆。
> 野获堪征信，山堂且拾遗。嘤鸣时有和，不必叹流离。
>
> 同人谋丽泽，旅宦当居家。福利原如此，清廉岂有加。
> 漫嫌学圃鄙，相率并耕夸。我亦伤迟暮，东陵且种瓜。

自浙江省通志馆成立以后，余绍宋基本上住在云和大坪村通志馆旁的别舍，与通志馆同仁合作十分愉快。阮毅成则常来看望余绍宋，每次馆务会议阮毅成也都来参加。他在《记余绍宋先生》一文中有一段生动的叙述：

> 越老在云和住了三年，方因抗战胜利，而回杭州。他在云和的这一段时期，生活不但安定，而且文酒之会，无日无之。其时物质生活清苦，但人人奋发，互信共信，精神上至为愉快。
>
> 民国三十四年（1945）新春，云和大雪。越老住在离城10华里的大坪，为雪所困，不能出门。我约其来大庆寺梨园我家中饮春酒，他无法践约，却填了一首词送来：

烛影摇红《新年大雪》

不道新年，门庭阒寂堪罗雀。雪深三尺断行人，有酒和谁酌？矫首西南非昨。细思量，已殊苦乐。窜身穷谷，茧足荒山，冲寒徒踔。莫漫多愁，天涯何处容安泊。已能高卧复何求？奚事嗔食薄。蓦地开缄欢跃，又生憎，缤纷洒落。青樽红烛，辜负居停，难酬佳约。

过了几天，雪止。越老约我到他家中午饭。酒酣，越老对客挥毫，送在座者每人红梅一幅。黄季宽（绍竑）当即在我的一幅上题道：

忆孤山初换新装，湖上影飘谁伴得，应只有，鹤翱翔。

同座的项慈园（士元）先生也在画上题道：

一枝春意逗，慎勿误桃花。

于是宾主皆抚掌大笑，尽欢而散。越老对项的题句，颇为欣赏。他说：太雪之后，把酒画梅，乃是不久可以回到孤山寻梅的预兆。是年八月，抗战果然胜利了。可惜这一幅梅花，连同《石门观瀑图》均在撤离大陆时失去了。

浙江省一项巨大的文化工程就在这么一个特殊的年代和特殊的环境里启动了。在人力、物力、财力皆极其匮乏的情况下，以余绍宋为首的一批爱国知识分子，蜗居山城，为中华民族的传统文化默默地奉献着。其中蒋麟振（宰棠）先生因环境条件恶劣，积劳成疾，病死在大坪村。

《寒柯堂诗》

余绍宋曾说："余不能诗，故所作俱不存稿。"所以在 1937 年以前，他几乎没有留下几首诗，仅存《龙游县志》中两首，此外日记中若干首和偶见的自作画中的几首题画诗，总数极为有限。抗日战争爆发后，他息影龙游沐尘乡、云和大坪村等地，"抚事感时，渐多吟咏"，于是八年中存诗约千首，抗战胜利后选出五百余首，1946 年交浙江文化印刷公司承印，命名为《寒柯堂诗》，厘为四卷，铅印一册，线装，目的是请诗友指正，故并非正式出版物，但是只有极少数诗友批阅后归还。我曾见陈雁迅批校后返本，朱笔所加几乎无空白处，以为须更改、修正者则贴以飞条，足见求教者心之诚，批阅者之认真。

日寇入侵给中国人民带来了无穷的苦难，当然余绍宋平静、有规律的生活也被打碎。他每月必做的《金石书画》编辑工作被迫停止，社友云散，他自己也不得不避居山区。日寇陷杭州，他一生心血所聚、最心爱的藏书被毁，家园被践踏，当然就"抚事感时，渐多吟咏"了。

半世苦风尘，垂老遂初服。西湖欣卜居，辛勤成小筑。隟地虽不广，亦颇饶花木。器物虽不精，布置尚远俗。有时雅兴来，挥毫映窗绿。有时良朋至，倾谈动信宿。经营逾十稔，幸此慰幽独。所冀乐余年，区区愿已足。岂知一纵敌，名城遂荼毒。蹂躏无复存，吾庐亦荡覆。覆巢无完卵，此语闻之熟。山河半沦亡，宁恤数间屋。一切世间物，变灭如转烛。吾生亦须臾，何必嗟无禄。……（《闻杭州寓庐被劫感叹成篇》）

草堂既遭劫，他物宁足怀？缥缃十万卷，失去良堪哀。尤伤失手稿，一散不复回。画史述师承，自喜生面开。谈艺溯身毒，自谓无匹侪。探源到雕绘，珍重等琼瑰。薄录集方志，搜罗穷九垓。两浙郡县备，万卷今古赅。提要已垂成，一一绳史裁。唐书补艺文，发奋广取材。一代著作林，次第已编排。汗牛不可致，一旦尽雁灾。半生心血瘁，念之肝肠摧。寇仇奚足怨，但怨时命乖。岂不思旷达，文献伤沉埋。中原已涂炭，区区固涓埃。所痛及吾身，辛苦始得来。愁闻读书声，怯过藏书斋。触目皆伤心，吾身安寄哉！哀思不能寐，中夜起徘徊。（《亡书叹二首》之一）

余绍宋是一位并不富有的书生，穷大半生的积蓄建造起来的居所被日寇占据了。往日可与朋友谈艺论文，又是自己生活和读书作画的居所，沦陷于日寇的铁蹄之下，怎么会不为之叹息呢？最令他担心和不安的，是他心血所聚的藏书和他用一生心血写成的手稿将被日寇掠夺和损毁。事实证明抗战胜利他回杭后，不但藏书已被毁，著作手稿也已荡然无存。已完成的自著手稿《画学师承记》《佛教艺术概要》皆失去，另有即将完成的《补新旧唐书艺文志》一书手稿也都失去。余绍宋喜藏方志，尤其注重浙江方志的收藏，几乎已到"两浙郡县备，万卷今古赅"的程度。他平时又有每读一书，必书提要于书之卷首的习惯。但因藏书被毁，许多提要手稿也随之丢失，以致余绍宋许多著作从此湮灭，未能问世。这不仅是他本人的遗憾，对后世的研究者来说，也是一件无法弥补的憾事。

《寒柯堂诗》四卷，有感怀的，有纪游的，有题画的，有纪实的，等等，但多与当时的史实有关，友人谓之"诗史"。感怀的如《中秋感怀》《思家六首》《闻衢属寇退赋二首》等，纪游的如《游丽水五首》《游永康方岩二首》《游缙云仙都二首》《九月同张忍甫、金润泉等游黄山既归作诗纪之》等，题画的如《雪中写竹漫题》《又题写菊》《题故友徐心庵画花卉》《题画》《自题写竹二首》等，纪实的如《避居董村七日复迁至沐尘，示董锡麒、巫瑞琛三首》《出征九首》《后出征五首》（均次杜工部前后出塞诗韵）《庚辰谣十三首》《寓云和大坪，闻日本投降，口占用杜老诗韵》《抵杭州》《劫后西湖二首》等。在苦难的八年全面抗战中，余绍宋作为一位深明大义的知识分子尤为忧国忧民，事事以国家为重，明察秋毫，敢于直谏，一片为国之心时时流露于诗文之中。即使是纪游诗、题画诗，也都流露出忧国忧民之情，更不必说纪写当时实情的《前后出征诗》、记录民间疾苦的《庚辰谣十三首》等诗了。

《寒柯堂诗》四卷，前有友朋来牍及序，后附跋，友朋褒奖与批评俱存，余绍宋恭谦之怀及友朋直谅之雅，均堪钦佩！此摘录友朋来牍若干。

陈屺怀（训正）先生曰：

> 越老诗间架过于阔大，庭室中反不易安排。鄙意以后工夫宜专注于"洁"字。

林宰平（志钧）先生曰：

> 循读兄诗，佳处如快剑斩阵，骏马下阪，只有赞叹，更无可说。唯音节色泽方面，兄似未屑措意，调哑色黯，相对索然。我们读他人诗，亦不喜此，自作往往犯之不觉，此宜戒也。又韵字亦万万不可忽视，东坡谓孟浩然诗韵高而才短，大作似适得其反。兄画与字皆有韵，诗亦必有之，望少留意。……

江翊云（庸）先生曰：

大诗极为超妙，无一浅语。兄从前不甚为诗，近来始多作，不意精到如此。孙过庭云：思则老而愈妙。放翁云：功夫在诗外。信然。抱负、识见、气象非可于诗得之，然工与不工则亦视技术如何。技术之工拙，则与分有关。人谓多做则技术必进，实不尽然。知友中有日事吟哦而终无成就者，其天才乏也。偶有所感，为公一倾吐之。

陈子长（际清）①先生曰：

……公此次违难流离，颠踬倍蓰少陵，而发为文章，非唯矜练且复骚雅，非维缜密且复安详，可兴可观。三百之遗音不怨不尤，尼父之自道，是真诗史矣。子舆氏曰：诵其诗知其人。际清读公诗，想见公之为人，非夫定静安虑而有得者何以臻此？

叶遐庵（恭绰）先生曰：

大诗多直写胸臆，指事类情言皆有物，不必侈言诗史，自成其为史。……三卷中率笔不少，如欲去芜存菁，乃为选家之事；若云纪事，则留此沙石无妨全景，希大雅更酌之。

陈叔通（敬第）先生曰：

境真情真，所谓掇皮皆真也。而健笔又足以举之，八年离乱，得此亦足偿所失矣。极佩极美。

袁巽初（思永）先生评第四卷曰：

① 陈际清，字子长，与余未曾晤面，仅是神交。

大作展读数遍，情文并至，格调亦高，五古尤胜。凡避难所历一一如绘，且能言人之所不敢言，信笔所之，委婉将胸中心事写出，平淡中饶有意味。盖大坪以后诸作较前益进，诗为愁工，古人岂欺我哉！其中字句偶有小疵，遂为略加点窜，借副谆嘱。

1946 年印《寒柯堂诗》四卷本之前，为了满足朋友索阅之要求，1944 年曾刻过《寒柯堂避寇诗草》三卷本，所收诗系 1937—1943 年六年中之诗，较四卷本的《寒柯堂诗》前三卷为多，盖已删去许多自以为或友朋以为不佳之诗。四卷本为足本，所收诗系 1937—1945 年八年中之诗。

1986 年龙游县成立余绍宋研究学会，曾按《寒柯堂诗》四卷本，光电刻印 500 份，分发给与会者，如今已很难见到此光电刻印本。迨至 2002 年，龙游县政协文史委员会点校重印了《寒柯堂诗》四卷，用简化字标点、横排、平装一册，在书前加印余绍宋像、诗稿手迹、龙丘山图以及原书封面书影、台湾版封面书影等，并有龙游县县长杜世源序一篇。书后附录凡三种，为《寒柯堂宋诗集联》五卷、余绍宋集外诗词、台湾"商务印书馆"1972 年影印本序跋。台湾版《寒柯堂诗》按四卷本略缩小影印，书前加马寿华序，后加阮毅成跋。全书最后有刘衍文先生重读《寒柯堂诗》小识一篇，又有编者后记一篇。

再说一说《寒柯堂宋诗集联》。抗战初，余绍宋移居沐尘山中，所携带之图书很少，绝大部分在杭州沦陷时被劫或被毁。山中岁月唯以书为伴，又无从寻觅图书，百无聊赖，就闲取宋人诗集读之，遇有可对偶的句子，就集为联，二月之功得两三千联。友人怂恿付印，于是从中选出千联，厘为五卷，每卷两百联。战时物资奇缺，开本较小，纸张粗糙，仅为赠朋友而印，故印量也不多。

如今《寒柯堂宋诗集联》原稿本尚存世，另又有誉清本两种。其中一种有十卷，每卷两百联；又一种四卷，仅卷一至卷四，与前一种卷一至卷四完全相同，疑为不全本。已出版的五卷本与此二种誉清本完全不同。四卷本有余绍宋亲笔题记两则，可见当时成书动机和经过。出版时两题记均未收入，录之如下，以免散佚。

题记一：

庚辰新春蛰居山中，百无聊赖，乃取宋人诗集读之以自适，遇有佳句堪作楹帖者，辄集之。随集随书，备为临池之助。积二月凡得数百余联。其中容有为前人已集者，出于偶合，非敢雷同。藏书既已沦亡，亦复无从检校，知我者必相谅也。世乱方炽乃为此不急之务，吾知过矣！吾知过矣！然不为无益之事，奚以遣有涯之生耶？因书以弁简端。沐尘遁叟越园记于邻竹斋。

题记二：

读宋贤诗往往觉如已所欲言者，吟味不尽，故有此集。其不合吾意者，词虽工，弗取。因是知集句亦须有性灵，即俗所谓个性也，性灵所至若有神助。山斋夜静，一灯荧荧，悠然神与古会，顿觉左右逢源，不啻若自其口出焉，自亦不知其何以然也。亦穷居之一乐也。

避寇八年书画代表作

抗日战争爆发后，余绍宋蛰居龙游的沐尘山中，与外界通讯十分困难，社交活动自然也比较少了，这样一来读书、作画的时间反而多了一些。龙游县虽然不大，但读书人倒不少，喜爱书画的人也不少，于是诗书画之会也常常在余绍宋借寓的巫瑞琛家里进行。巫瑞琛还专门把巫氏大厅侧之偏屋辟为书斋，其侧有竹林，故命名为邻竹斋。余绍宋在此作画、会友。1938年某一天，在邻竹斋中画集，吴友石、包鹤年、劳泰来、劳挺生、唐作沛请余绍宋合画《六梅图》。图既成，诸人要余题诗，遂有三绝句，其一首如下：

吞钩无那且徜徉，邻竹斋中引兴长。
谁谓龙丘风雅尽，六梅顷刻便成章。

此后邻竹斋常常是雅集的场所。邻竹斋画集虽无法与宣南画社和东皋雅集相比，但在战时的小山村里能有如此活动，委实亦是风雅韵事。有了邻竹斋较宽敞的画室，余绍宋开始创作更多的书画作品。

避寇八年的前几年，是余绍宋目前留下作品最多的年份。1942年去云和重修《浙江通志》以后，他作画写字的时间就少了，目前所能见到的作品也不多。以我所能见到的书画作品，列举若干如下：

书法方面的代表作品有：

《隶书八言联》，联曰："好读秘书务聘新粲，遥闻广乐中杂希微。"此联书于1939年春，为龙游王应平属书者。余绍宋早年居北京时，几乎遍习各种汉碑，而平日书写极少用隶书，此联为其精心之作，结体古朴，用笔雄健。是年他正好57岁，所以钤有"维摩老子五十七"白文印一方。

《章草题自作诗稿》，文曰："予不能诗，故所作俱不存稿。丁丑秋避难返乡，抚事感时，渐多吟咏。朋辈纵臾誊录，遂有兹编。起自其年九月，迄于今年四月，凡得诗一百数十首，不敢自信也。既于役永康，与慈溪陈岊怀先生同事，因持以就正。承其教削，获益不浅。爰记此以为永念。己卯夏五记。"钤"余越园"朱白相间印。

章草起自汉代，其后逐渐消退，至元代赵孟頫、明初宋仲温等起而振之。但终因章草不易识，又不易书写，所以无法普及，几乎失传。直至民国初，渐有书家研习之，如于右任、卓定谋等人，而余绍宋则与梁启超认真研习章草。此篇纯用章草书写而成，书体极似史游《急就章》，字字不连绵，捺处用笔多波磔，是余绍宋章草的代表作品。

草书张惠言《黄山赋》册，凡17页，每页高29.5厘米，宽40厘米。款题："壬午立夏后一日，酒后灯下书课。"钤"绍宋之玺"朱文印、"精心草圣积有岁时"白文印。题为酒后书课，可知为随意书写之本。纸地为玉扣纸，我所见到的余绍宋的这种以黄纸所作之书课册子不下百余种。他每读一书或文，往往边读边录，读毕也书毕了，常于不经心处见精神。此《黄山赋》凡一千四百余字，灯下一挥而就。综观全册，用笔如行云流水，一气呵成，跌宕起伏，意趣天成，足见书写时对书体结构及用笔之熟练。余绍宋平日习字之作，往往被人持去装裱成册，以供观摩。此册书成后，翌年被贺培心索去。册尾又有一跋云："此去春书课，随意涂抹，不足存者。培心先生过沐尘草堂见之，谬加激赏，必欲持去。因书此志愧，并希正之。癸未新春，余绍宋记。"

关于《第十集团军抗日阵亡纪念碑记》。为了纪念抗战初期在浙沪、青浦、金山卫、嘉善诸战役中牺牲的第十集团军的将士，第十集团军总司令刘建绪属余绍宋撰文并书以为纪念。碑石立于衢州市区的峥嵘山。碑石为方形，四面刻，碑文净高 180 厘米，宽 80 厘米，字径约 7.5 厘米，单面 9 行，共 36 行，每行 22 字。全碑连座、连额当在 5 米以上，十分巍峨。碑建于 1940 年，毁于 1966 年。

碑文中对阵亡将士之壮举深表敬意："其为忠烈，宁得比量。是则阵亡诸君之正气，足以上薄日星，下弥河岳。苟无表忠之文，其何以发扬蹈厉而收我战必克之效。建绪懔天心之警惕，痛士卒之伤亡，虽大难未平，胜算可卜，而惧岁月之淹，以渐忘前事也。因谋立碑，以垂不朽。"

碑文用正楷书写，端庄雄浑，应系余绍宋所书碑文中最大的一块。可惜碑已不存，拓本也极罕见。

《瑞安仙岩摩崖石刻》。1943 年，余绍宋以浙江省赈济会常务委员的身份，视察瑞安赈务，曾应邀游仙岩，观梅雨瀑，作诗一首以纪游，以行书书成，此后即刻在瀑布之旁的山崖。我没有去看过，据说如今还在。摩崖高约 145 厘米，宽 62 厘米，字径 6—11 厘米不等。《视察瑞安赈务既毕县长许学彬约仙岩观梅雨瀑有作》为五言诗，诗云："托故偷闲适，因人作胜游。云移岩似动，瀑注壑疑浮。仙迹怅何许？贤关欣可留。翠微深霭里，潇洒送归舟。"

此外龙游县沐尘乡如今还保存着余绍宋 1939 年居沐尘时所书"沐尘泉"三个大字，三字为隶书，跋为行书。跋云："此泉至清，予避居沐尘常汲饮之，真堪沐吾尘俗也，因以名焉。己卯春余绍宋。"

1939 年 12 月，浙江省政府在方岩寿山公园建立浙江省抗战阵亡将士纪念碑，由黄绍竑、陈屺怀撰文，余绍宋书丹。我没有见过原碑，也没有见到拓片。原碑毁于 1965 年。

绘画方面的代表作品有：

《水墨棕榈树轴》，水墨纸本，高 146 厘米，宽 82 厘米。画家一般仅以棕榈树作为山水画中的衬托，很少见古人以棕榈树为绘画主体的，此幅仅作棕榈树一株，一无依傍，树干、树叶均用大笔写出。前后左右，浓淡干湿，墨色分明，高昂挺拔，气宇不凡。并于画端题诗：

独爱棕榈树，孤高意气扬。
花繁蜂蝶静，叶战水风凉。

冬夏不改色，荣枯自有常。

知音古寥落，为汝表昂藏。

戊寅春为邻竹斋主人画

余绍宋

又题跋云：

此树昔人鲜有吟咏，亦无专为作画者。余独喜其干直而发叶有恒，故画成复作一诗以寄意。越园又记。

此幅作于 1938 年，其时为抗日战争第二年。诗中所云"孤高意气扬""冬夏不改色，荣枯自有常"，以及题跋中所云"其干直而发叶有恒"，这些赞扬棕榈树的句子，喻人们保持气节的重要，并对某些不保晚节者予以讽刺，可以说寓意深刻。

《水墨兰竹石》大幛，水墨纸本，高 173 厘米，宽 95.5 厘米。我所见余绍宋写竹达数百幅之多，但很少见到竹下附写兰石的。他常说："宋元人写竹，空无依傍，明清以后始附以兰竹。前者难，后者易，避难趋易，人之恒情。"作画的人都知道，仅写竹，竹枝直生，不可屈曲，不易布置，如附以兰石，则便于布置变化。所以明清以后直至当今写竹附兰石者较多，仅写竹枝者少。此幅巨幛附写兰石，用笔用墨酣畅淋漓，气势磅礴，为余绍宋写竹之精品。

《龙丘山图》巨幛，设色，纸本，高 239 厘米，宽 122.6 厘米，为写实之作。龙丘山原在龙游县境内，山以汉龙丘苌隐居而得名，明成化时割属汤溪县，龙游县立名遂失依据。龙丘山又称九峰山，山石为红色沉积岩，因多地下水之故，多横向裂痕。观其皴法多从写生中得来。水口流泉，云雾山谷，古树葱郁，均得之自然。数年前我也曾往龙丘山一游，再观此图，方知其深得自然之真谛。这幅《龙丘山图》还有一件有趣的往事，那就是时任浙江省民政厅厅长的阮毅成十分欣赏此图，他在《记余绍宋先生》一文中有如下叙述：

越老见我每次去沐尘时，必对此巨幅龙丘山图欣赏良久，甚至出神，乃对我说：“兄如能使龙丘山重归龙游县管辖，则即以此图奉赠。”我谓：“自明代划设汤溪县以来，已历五百年，此事恐难办到。斯图固吾所爱，不敢求也。”民国三十三年3月，越老又向我谈及此事，斯时龙游、汤溪均陷敌手，龙丘山也为敌所占。越老乃将其龙丘山长诗，写成一册见贻，并加跋语谓：“毅成世长先生长省民厅有年，周知地方情弊，亦深以兹山割属汤溪为非宜。思复其旧，而未敢决也。因书旧作此篇贻之，使知吾县人士，历数百年，于兹事犹有余憾，其或者有以慰吾侪喁喁之望乎？诗虽不佳，义有所尔。愿我贤明长官，哀而鉴之。”

抗战初期至浙赣战役之前的数年，衢州、龙游等地还未沦陷，余绍宋曾与友人一起游历了缙云仙都、丽水、武义，龙游的乌石山、豸屏山以及安徽的黄山等地，并创作了许多写实的山水画。可惜游黄山的许多山水画至今我不曾见到，只有《豸屏纪游》《幽岩揽胜》两幅尚存人间。从这两幅画中也可看出，他如何以自己的观察运用传统技法来描绘山川景色。

《幽岩揽胜》立轴，设色，纸本，高173厘米，宽95厘米。乌石山在龙游境内，距城40华里，旧名幽岩，山石为石灰岩，山腰有乌石寺，满山皆古松，大炼钢铁时大部分被砍伐。数年前我也曾往一游，古寺部分被毁，归后再观此图，与真景酷似，只是满山松梅已所剩无几。《幽岩揽胜》原画题语如下：

乌石山旧名幽岩，去龙游县治四十里。宋张魏公俊、岳武穆王飞北伐时过此，俱有留题，为邑中胜迹。丁丑秋余避倭难返里，约同人往游，既归，与吴南章合作是图记之。寒柯居士余绍宋。

旧志载有康熙间教谕黄涛乌石山诗，乡先达余恂曾有和作。余抚时感事，亦步原韵两篇，并录于此：

绝壁破云开，秋深揽胜来。巉岩虽崩岁，山径却迂回。望断天涯路，心寒大地灰。登临感多难，孤负好楼台。

极目战云开，伤心我独来。泉声似呜咽，鸟语亦低回。慷慨怀前哲，凄凉望死灰。题词犹宛在，何以慰泉台。

《豸屏纪游》立轴，设色，纸本，高173.5厘米，宽96厘米。豸屏山在龙游县境内，山势险峻，冈峦起伏，南面平原树木葱茏。峰顶有平地，宽广约十亩，建有古寺一座，名曰"秀峰寺"。1938年春，余绍宋约龙游诸人游此山，归后并作《豸屏纪游》大幛。原画题云："戊寅三月八日，同胡宝灿、陈兆兰、曹大保、吴南章、祝葆谌、童藻卿、何云臣、王壮涛、袁景华、钱景棠、叶雪青游此山，余既有诗记其胜，复与南章合作此图，凡八日始就。余绍宋时居沐尘山中。"又题云："此图章法布置及树木点苔，多出拙手，其他则南章之功居多。越园记。"并有长诗题于该画右下方，用章草书写，极飘逸秀美，诗长达三百字，不录。

综观《龙丘山图》《幽岩揽胜》《豸屏纪游》，均系写实之作，也均为大幅巨作。余绍宋自然无暇皴擦渲染，所以均由吴南章代劳，而画之最主要者章法布局、树木点苔则必亲自动手，所以一望仍知为余氏笔墨。吴南章，龙游人，曾任龙游战时中学校长，也善画，山水学余绍宋，今仍能见到其流传下来的作品。

《松》《竹》《梅》三巨幅，水墨，纸本，每幅高354厘米，宽95厘米。若不是沐尘邻竹斋画室宽敞，如何能作如此巨幅。"不写连林写独树，寒柯取义宗陶公。"《松》只画孤松一树，挺拔苍劲如蛟龙；《梅》则写老梅三株，盘桓交柯，错落有致，极具古意；《竹》则写老竹新篁交相辉映，老笔纷披，纷而不乱。松、竹、梅为余绍宋画中常见之题材，然如此巨幅却不多见，每幅高达丈二，章法极难分布，而此三幅极尽画家之能事，章法极佳，且用笔用墨一丝不苟，十分难得。三幅均作于1940年10月，每幅均有长题。

《沐尘岁寒三友图》三轴，水墨，纸本，每幅高174厘米，宽63.5厘米。三幅均记写龙游之景物，1941年春作于沐尘邻竹斋。《松》题云："沐尘乌石岩老松势甚奇矫，因图一幅并系小诗：凭岩特立莽苍苍，乌石涛声倍激昂。对此寒柯无限意，因君写出我衷肠。辛巳元夜灯下，余绍宋作于沐尘山中。"《竹》题云："沐尘寓庐邻竹斋后细条丛生，极饶生趣，辄取其意为图而系以诗曰：寓斋幸与此君邻，每写丛枝倍有神。多谢虚怀能识我，悄无人处更相亲。辛巳新春，余绍宋写于斋中。"《梅》题云："沐尘梅溪之梅斩伐已尽，今唯沐尘溪边尚余老干一株，姿态甚古，因为写照，并附小诗：梅溪寂寂已无梅，剩此乔柯傍水隈。于我特深知己感，幽魂潜袭笔尖来。辛巳人日，寒柯居士余绍宋并题。"

《书画合璧》，册页，水墨，设色，20页，每页高33.6厘米，宽25.4厘米。此册1943年作于龙游城北叶氏仁寿轩，题材多为平日不曾作者，如蟹、灵芝、荷、菊、梅花、酒坛等。且为酒后即兴挥毫，反觉随意自然，兴到笔随，不拘题材，较刻意所画者更为天真潇洒。每页均有题字，颇与时代吻合。计书法4页、画15页、跋1页。

书法4页如下：寿（一字，楷书）、深致（二字，篆书）、国以永宁（四字，隶书）、苏颍演诗（一页，草书）。

画15页题跋如下：

水暖。（山水）

一百年后告人此寒柯先生所写，无人信也。（山水）

斯游乐乎？越园写。（山水）

程清溪恒有此意境。培心吾兄正之。余绍宋。（山水）

曾见汉家池馆来。老越。（灵芝）

菜蔬同视。卅二年情事如此。越园记之。（灵芝）

经年不获尝此味，写此疗之。（蟹）

陂塘生意。越公。（荷）

云中见一鳞一爪，人知其为龙也。吾画松又何必写枝叶耶？（仅画一松干）

远我遗世情，陶诗意也。（菊）

缩本临梅道人亦是创格。（墨竹）

酒意拂拂从花叶出。（墨兰）

灵均心事，寒柯写之。（墨兰）

晚来天欲雪诗意。（梅花与酒坛）

似亦有金石气，老越自道也。（红梅）

癸未二月二日，贺子培心过龙游，予适在城北叶氏仁寿轩，忻然道故。酒酣出素笺，属随意作书画。顷刻成十九页，游戏之笔殊不足存，聊以志此会之因缘而已。酒后题语不觉矜夸，深自愧悔！惟吾培心兄谅之。绍宋记。

第五章　夕阳崦嵫——生命的最后四年

春蚕到死丝方尽

1945 年 8 月 15 日夜半，刚睡下不久的余绍宋被一阵鞭炮声惊醒，有人来报告：是日本天皇发布诏书，日本无条件投降了！余绍宋百感交集，兴奋异常，感叹成篇：

> 夜半俄闻敌已降，起来颠倒着衣裳。
> 惊疑醒作还家梦，失措欢如中疾狂。
> 何意忽能逢此日，从兹不必滞他乡。
> 八年锋镝余生在，莫向崦嵫叹夕阳。

这一年余绍宋 63 岁，他主持下的重修浙江通志工作才起步不久，满腔希望"八年锋镝余生在，莫向崦嵫叹夕阳"，想好好地努力一番，以完成他所热爱的省志修纂工作。

8 月，余绍宋离开云和大坪村，先往母亲褚太夫人的暂住地衢州静岩看望家人。抗战初，褚太夫人及子孙辈随余绍宋住在龙游沐尘约一年，后来褚太夫人即随次子余绍勤住在龙游附近山村，余绍宋长子余意陶则随衢州中学迁至衢州石梁。至此全家在静岩团聚。余绍宋在静岩因病住了一个多月，又赴龙游沐尘，料理沐尘居所的结束工作，于 10 月回到杭州，有诗云：

> 西湖依旧我生还，何事峰峦树尽删。

肌肉已销筋骨露，美人一病损芳颜。[①]

余绍宋回到杭州，看到满目疮痍的西子湖感慨万分。家园被日寇破坏，自己萱寿里的故居"墙垣已洞穿，瓦砾纷满目。花栏滋蔓草，尤伤失梅竹。可怜四丈松，亦遭斧斤斫。寒柯安在哉，嗟我名安属。故物无一存，起居伤局促"。家园被毁，他心痛不已，但战后物资奇缺，物价飞涨，民生疾苦，他心中更是不安。他呼吁："所望秉钧人，速为斯民吊。磁基正其时，和气易感召。俾作太平民，湖山容啸傲。"但以后的三年内战还是使他失望了。

余绍宋回杭后的头等大事，还是继续他的省志修纂工作。早在回杭之前，他就多次和省政府联系，讨论安排浙江省通志馆的办公地点。起先，省政府决定把杭州里西湖的国术馆作为浙江省通志馆和临时参议会的办公地。因国术馆破坏严重，后经当时任省政府主席的黄绍竑决定，里西湖大学为志馆与参议会廨舍。而里西湖本无大学，或即指旧杭州国立艺专校舍。余绍宋致电黄绍竑询问究竟，电文如下：

> 杭州省府黄主席季宽先生钧右：密
>
> 顷接云和志馆来电，知省参会及通志馆地址，承指定在里西湖大学，甚幸。唯里西湖旧无大学，未悉地点究在何处。又两机关合在一处，所需廨舍较多。通志馆承允明年扩充，增加编纂，则所需房间尤广，未知该处究能容否。
>
> 弟返里后患痾甚剧，医嘱静养，一时未能赴杭。参会大会为集日期，不审已议及否？肃电奉陈，统盼复示。余绍宋申宥。

黄绍竑回电未见。但据阮毅成《记余绍宋先生》一文中说，通志馆借里西湖杨庄为馆舍，其文如下：

> 浙江省通志馆也于抗战胜利后迁至杭州，我代为借得里西湖杨庄为馆址。其后，马一浮先生担任主讲的复性书院，也拟自四川迁

---

① 《劫后西湖》二首之一。

至杭州。周惺甫（钟岳）及陈蔼士（其采）两先生托我代觅院址，我乃为借得杨庄隔壁的葛荫山庄。于是馆院相邻，图史互校。余、马二老，亦相得极欢。我常于晚衙散后，过里西湖，访二老闲谈，背倚葛岭，面对孤山。尤其夏日黄昏卷帘，十里水面尽是荷花，荷香直入几案。小舟初系，二老已煮茗相候。于是文史纵谈，间以笑谑，每至忘归。

事实上据我所知，浙江省通志馆办公地应在北山街（旧称里西湖）的"梅庐"。梅庐被拆之前曾是浙江省级机关幼儿园，位置即今新建的镜湖厅往东数十米处。原有围墙，院内有两棵大樟树，房屋宽敞，院子也较大。梅庐被拆当在 20 世纪 90 年代初，杭城大改建时，当时北山街西段沿湖处尚有旧建筑数栋，今已全部拆除改建。也许抗战胜利初通志馆原在杨庄，后迁至梅庐也未可知。

从 1945 年抗战胜利至 1949 年 3 月，近四年中，余绍宋大部分的时间和精力仍然花在浙江通志的修纂工作上。他工作十分积极和认真，所有稿件都一一批阅。从如今保存的当时原稿件可以看出，好多已经分纂或总纂校阅过的稿子，他仍一一过目，提出意见，好多原稿上都留下他批阅的笔迹。由于省志的修纂占去了他大部分的时间和精力，他所喜爱的书画艺术也少了很多时间去创作了。除此之外，他还为修志的经费奔走和呼吁。阮毅成《记余绍宋先生》一文中对此有详细记录：

其时，越老虽为中央及省两级民意代表 ①，职务忙碌，但其大部分时间与精力，仍置于省通志馆工作。唯抗战胜利之后，省财政极端困难。越老与我及徐柏园兄，乃共同具名，于民国三十六年 2 月 20 日午刻，在上海南京路国际饭店 14 楼，宴请上海银行、钱庄两业的浙江同乡，为省通志馆筹募经费。届时由我先说明修志的重要性及募款的缘由，继由越老陈述其工作近况及募款所得的用途。同乡纷纷发言响应，当场即募得两亿元（旧币）。

---

① 指国大代表和省参议会议员两职。

浙江省通志馆直属省政府领导，浙江省参议会对省通志馆的工作也十分关注。1947年4月，第一届浙江省参议会在杭州举行第二次大会，其间就有几位议员提出询问，余绍宋自己也是省参议员，就即席答复。这在参议会历史上也是一个特例。当时参议员所问的也都是专业性的问题。

如参议员廖家驹问："艺文志部分，文章材料太多，应设法减少，可否于有关部分下作小注。氏族部分，应加注郡名。又考异部分，关于畲客之记载，或有不符，请详加考证。"

余绍宋答云："文章别编文征，氏族加郡，容告各位编纂。畲族考证，昔日本席所作之《龙游县志》已有之，通志自应记载。"

参议员叶向阳问："可搜集以前省志局保存之民初续稿作参考资料。各地采访员，可义务聘请学者担任。又通志完成期间，似可改定为六年。"

余答云："民初续稿，已散失不全。闻上海有一部分，已洽借参考。修志期间，原定八年，本人亦希望提早完成。义务聘请学者担任采访工作，依据以往经验，收效甚微。"

参议员陈烈文问："以往志书人物部分，隐恶扬善。本席以为如通谋敌国之汉奸等，应口诛笔伐，以警后世。"

余答云："本席所作人物表传例议末段有人物别录，即为汉奸而设。以其不配称传，故曰别录。此文已载在馆刊中。"

参议员刘于武问："地方采访员可分函各县参议会，请其介绍，广为延揽。又总编纂应注意文体修正，以求全书体裁一律。"

余答云："早经如此办理。"

浙江省旧志原有明嘉靖胡宗宪修、薛应旂纂七十二卷本，清康熙二十三年（1684）所刻的赵士麟等修、张衡纂的五十二卷本，最后有乾隆元年（1736）刊行的雍正时稽曾筠等人修、沈翼机等人纂的二百八十卷本。雍正浙江通志即是后来多次重印、民国时期影印的通行本。自清雍正至民国历时两百余年，几经兵燹，文献湮没十分严重。民国初，浙江省议会通过设立省通志馆，由当时的省长公署，聘喻长霖任总纂。参加编纂的还有沈曾植、朱祖谋、吴庆坻等人，大多数是清朝的遗老，所用方法仍沿用雍正浙江通志的体例，纪事至宣统末年为止，对孙中山和革命党人仍沿用清朝的称谓，称为乱党。修了十几年，没有成稿，多数还是资料。有人说：当时的政府当局竟会聘这样一些完全没有现代头脑的人来修志，而省议会又会每年通过省通志馆的预算，真是用民国人民的钱，养清朝遗老的老。续修浙江通志的资料和部分初稿后来散佚不少，上海合众图书馆有一部分，浙江图书馆和嘉兴地区也有一些。

抗战胜利后，浙江省通志馆的工作条件有所改善，可以从容修志，并派员往上海、嘉兴等地查检、传抄续修通志资料，但战后国力空虚，财力缺乏，同仁仍在十分艰难的环境下努力工作。1948年6月，《重修浙江通志体例纲要及目录》(以下简称《体例纲要及目录》)付印，但这仅是供各方学者参考和提意见的初稿，之后还须经志馆同人互相检讨、补苴删改。又因门类繁多，半系创例，同人黾勉从事，有的已完成，有的正在着手编纂，有的因资料采集较难，尚陷于停顿状态。此外，还有未能聘得专家而无从着手的。因为准备将大体节目和已成初稿分期发表，所以初稿不依目录次序，而依成稿先后付印。《体例纲要及目录》两万余字，本志总目为二十九编，每编下再分章、节、目；此处文征、杂记为附志，另有细目。《体例纲要及目录》及初稿之二的《田赋》印成后，已是1948年底，因内战不止，国民党政权已摇摇欲坠，当局无暇及此，通志馆也很难维持，结果印成之书一本也没发出去，后来应该付印的其他初稿自然也不能再印。

1949年3月，因时局紧张，浙江省通志馆已完全无法维持，8日余绍宋函请省政府结束馆务。省府当局决定仅留两名职员管理图书及资料，其他人员一律遣散。余绍宋为员工今后生计考虑，向省府当局力争为每人发三个月工资。因当时物价飞涨，他又马上派员去米店联系，将员工们三个月的工资作为米价款预付给米店，使员工可随时向米店领取大米。至于外地人员则发给现金。

历时六年的重修浙江通志工作就此结束。解放后，浙江省通志馆所有初稿、资料及档案移交浙江图书馆保存。除初稿、资料已分类入目保管，各类档案如今述放在未编书库，散佚严重。三十多年后的1982年，浙江各县、市修志工作启动，为给各修志单位提供资料方便，浙江图书馆请人重抄了这部通志的初稿，并光电刻印出版，共125册，约300万字。这部《重修浙江通志初稿》，为当时浙江省各市、县修志提供了翔实的资料，人们也可以从中了解余绍宋的修志观点。因系初稿，未及按原定编纂大纲顺序编排，而是以类别相近加以排列，也有许多内容缺失了。其次序为：叙例、大事纪、地理、民族、物产、建置、名胜古迹、著述、艺术、党团、议会、司法、行政、财务、盐务、国税、省公债、计政、粮政、军事、水利、交通、实业、宗教、考选、人物表传、儒学表及文征等。而已经印好的体现当时修志思想方法的《体例纲要及目录》一直不曾发行，仍躺在浙江图书馆的未编书库里。

1984年6月，浙江人民出版社出版了南京大学历史系洪焕椿教授编著的《浙江方志考》。洪教授早年在浙江省通志馆任编纂。书中以较大篇幅评价了余绍宋所撰的《民国龙游县志》和《重修浙江通志初稿》。1986年，杭州古旧书店影印出版了《浙江省通志馆馆刊》共五期，合订为精装本一册。

浙江省方志学会领导魏桥先生经多年的实践与研究，于1982年在《中国地方史志》第三期上刊登了《方志学家余绍宋》一文，促成了方志学界对余绍宋成就的关注。魏桥先生对余绍宋于民国初年撰成的《龙游县志》及在抗日战争艰苦环境中完成的《重修浙江通志初稿》给予了如下评价：

> 余绍宋的修志精神可嘉；
> 余绍宋修成的志书可钦；
> 余绍宋的修志方法、修志理论可鉴。

抗战胜利之后，除繁忙的修志工作之外，余绍宋也参加一些社会活动，尤其是参议会和国民代表大会。1945年12月18日上午，浙江省临时参议会在杭州基督教青年会举行第四次大会的休会典礼。余绍宋参加了这最后一次临时参议会的会议，并以副议长的身份致辞。他说："本会今日举行闭幕典礼，从此临时参议会五字，遂成为历史上之名词。盖本会为战时机构，属于临时性质。今胜利来临，自当随战事而俱去，此后当改组为正式参议会矣。大会闭幕之后，虽尚有相当时间维持其生命，虽仍有驻会委员会，继续其任务，但留省会者已不多，大多皆须返里。……故当此闭幕之际，实不胜其依恋珍惜之情，此亦同人共有之感想……吾侪被选此职，患难相共，休戚相关，亦已有年。今幸重睹升平，忽须分手，议长属为致词，万绪千端，正不知从何说起。兹拟分检讨、希望两项，略抒所怀，作留别纪念。"

他回顾了省临时参议会在抗战期间集思广益，促进省政兴革，做了许多工作。如第一次大会通过了60余项提案，第二次大会通过50余项提案，第三次大会通过80余项提案，而本次大会系最后一次集会，有关战后复员以及此后安定民生的要政的提案达到110余项。所遗憾的是关于县级财政改革整理没有求得十分确切可行的方案。又回顾了本届临时参议会成立后，正值1942年日寇狂窜之际，民间损失巨大，中央财政计划变更，各县经费支绌。每次开会同人皆以惩治贪污、减轻人民负担为发言中心，可以说是一致呼吁，亦即本会的一贯主张。而因时势的关系，不能尽如同人的期望。

他又回顾了大会期间同人意见融洽，无派别之争，无操纵之弊，意见不同者也能屈从众意，这是众人政治风度的表现。战时的两次会议，一次在云和，一次在景宁，同仁不畏长途跋涉、交通闭塞，冒险而来，依旧开会，不使会务中辍。而秘书处职员寥寥十数人，办理全会事务，从无延误，虽不敢言功，但当无过也。但是一般民众不太明白临时参议会的法定职责，往往以未能弹劾贪官污吏，或监督财政尚未尽其责等加以批评。那是因为不知本会非如正式议会，初无此两种权能。法规所限，也无可奈何。他最后希望政府能实行此次会议所议决各提案。于是浙江省临时参议会即宣告结束。

此次临时参议会上，余绍宋与朱献文联名提出四案：第一，建议中央及省政府调整浙省田赋正附税科则；第二，建议中央减轻浙省特重之正附税率；第三，建议政府废止山地收益捐征收规程，以纾民困；第四，建议中央及省政府改订浙省积谷之征收处置保管办法，并限期清理。余绍宋又单独提出下列四案：第一，建议中央迅予停购军粮，并补发已购米谷差额；第二，建议省政府调整县政组织人事；第三，建议省政府扩充省立第一医院院舍，配合善后救济物资设备，并电请军法执行总监部，腾让浙江陆军监狱房屋，拨充院舍，以利医疗救济，而保人民健康；第四，建议中央将汉奸财物依法没收，提作教育经费、地方公益及修缮法院之用，以利善后复兴。

抗战胜利后，蒋介石从重庆返南京曾路过杭州，并在杭州梅花碑省府大礼堂会见了省市机关负责人、地方耆绅、民众团体代表、省市参议员百余人,举行茶话会,余绍宋以省参议员的身份被邀参加。在茶话会上,先由省主席黄绍竑致欢迎词,继之余绍宋不失时机地向蒋介石提出四点建议:减免浙江田赋,补助地方财政收入,合理供应军粮,修筑浙江海塘。接着杭州市参议会议长罗霞天也提出了建设新杭州、减轻民众负担的建议。蒋介石虽然连声称好,但他当时心里如何想的,谁也不知道。只是后来他积极准备内战,继续他的独裁统治,最终遭到全国人民的唾弃。

1946 年 9 月 1 日,浙江省参议会成立,省参议员由各县之参议会选举。余绍宋由龙游县参议会选出,并由省参议会选为浙江地方银行监察人。

余绍宋在浙江省参议会第一次大会上,就陈璧君农场案,向中央派驻的苏浙皖敌伪产业管理局驻浙办事处主任钟某提出询问:"陈逆璧君在龙游县十里坪的农场,当时系运用政治力量才得以建成。一部分土地是由于强圈,一部分民工是由于征用,陈逆璧君自己曾在战前亲自到龙游县看过,此为尽人皆知之事实。现闻中央侨务机关认为系华侨投资,并改名为务本农场,与陈逆璧君无关。地方舆论哗然。应请赶速查封,拨交地方作为公益之用。"钟某的答复十分含糊,近乎搪塞地说:"该项逆产未曾知道,当去查明依法处理。"不料过了不久,该管理局撤销,这件事便永无下文,足见当时国民党政府在处理汉奸财产时存在着不少猫腻。龙游十里坪农场,土地肥沃,植物生长良好,当时种植桐树,而桐油在战时的需求量很大,陈璧君为此获利至丰。余绍宋本以为,抗战胜利后,一定可予以没收,交地方财政使用,这样龙游县的地方教育及建设就不愁没有经费来源了。谁料事竟出此意外,他深感气愤不平,龙游县人民也甚为不平。

有一件事发生后使余绍宋感到后悔。那就是 1936 年春,国民政府通令各省市选举制宪国民大会代表,后来又下令延至 1937 年夏投票。在龙游人叶筠彦、吴南章等人的怂恿下,余绍宋没有坚决反对参加竞选。于是叶、吴等人就放手去为余竞选,以当时他的社会名望,竞选成功自然有较大的把握。选举国民大会代表在中国是第一次,当然也会有很多人不理解,所以也造成了一些负面影响。再说这也是当局标榜民主的一种手段,却是余绍宋事先所未料及的,只认为是民意组织,只想能有个为老百姓说话的地方。虽然竞选中的种种弊端使他后悔莫及,但他仍以社会贤达的身份入选。国大代表竞选后，不久即爆发了抗日战争，直至抗战胜利后，制宪国民大会始得在南京举行。因已既成事实，余绍宋只得赴南京参加会议。阮毅成《记余绍宋先生》一文有如下一些详细记载：

> ……越老与我均赴京出席。越老住傅厚冈3号，我住上海路88号。
>
> 11月中旬，浙江省举行县长考试，越老与我皆为典试委员，乃向大会请假，回杭主试。25日举行典试委员会会议，越老见试务处计算成绩结果，总平均在60分以上者只7人，并见第8名只差0.15分，乃提议加分，使此人及格。其时弥封未拆，固不知此人为谁。越老的提议当获得通过，弥封拆开之后，始知其名为俞林昌，越老与各典试委员皆不识之。11月25日，越老与我同车到南京，继续出席制宪国民大会。关于国都问题，当时在会内会外，均争辩甚烈。我们二人虽系南方人，却均赞同定都北平。
>
> 1947年冬，举行行宪后第一届中央民意代表选举，越老事先向地方父老声明，不拟应选。但结果仍以社会贤达身份，由龙游县选其为行宪国民大会代表。另一位候选人童蒙正得票较少，列为候补。

这就是余绍宋在制宪和行宪两次国大代表选举时的情况，明明自己不愿意参选，但阴差阳错被推到这个位置。中国有句俗语："人怕出名猪怕壮。"以他当时的名望，要想摆脱也难。尽管余绍宋抗战时与时任浙江省主席的黄绍竑交情很深，与后来的陈仪关系也不错，但他在许多场合对当局多有批评，也会引起当局某些人的不满。他自己也知道要少出面为好，所以不愿参加国大代表的选举。朋友也多以为引退为好，如好友陈叔通就曾有信劝他不要参加国大代表选举：

> 越园先生惠鉴：
>
> 到沪后曾寄由兴业银行转上一函，计已查收，海塘七堡已及崩圮，不知如何抢险。倘再不治，城乡将为鱼矣！……
>
> 兄书画冠时，以自给以自遣皆可。此后竞选，非威胁即利诱，非吾辈所能堪。况政治未必上轨道，徒为政府之利用品，不如苟全

为得。未知兄亦以弟言为然否？鱼占（高时丰）返杭仍捡旧书中开化纸裁为小页，并付以杨无恙画册，欲以助兄画趣，为弟成之，以作卧游，亦未知许我否？专颂著安。弟敬拜手 3 月 15 日

陈叔通，字敬第，杭州人。陈氏为杭州望族，仲兄陈汉第字仲恕，兄弟二人与余绍宋均为莫逆之交。此时陈氏兄弟均住上海，时时关心家乡事，许多家乡事均函请余绍宋等居杭朋友办理。陈叔通致余绍宋一信中详述了浙江当时的情况：

越园先生赐鉴：

……新省长有心肝、有胆气、有智识，青岛成绩卓著，可为吾浙庆幸！尤尊重省参议会。兄与之为旧识，郁公切劝其勿辞，和衷共济大有希望。弟意应否规以求治不可太急，（以）去民疾苦为先，安靖地方，慎选县知事下手。浙江收入大部分皆为中央席卷而去，此节兄与郁公不妨力争。蒋主席近颇敷衍，省议会觑破此关，正可乘此推进一步，为省争得自治地方。初到每有人利用其进取，纷纷建白，即如在沪已有以长兴煤矿为言者，此则明明欲以商亏转嫁公家。弟与揆初已密告：此矿量诚不合大举，全浙亦无大量好煤矿。塘工事则劝以款有着但须集合力量负责速办。（行政院代表为茅以升，中央水利委员会为薛笃弼，其代表为须恺，皆技术——夹行小字）兄与郁公谈及时，如问及地方能有人参加最好，弟与家兄、揆初同保举关衡青，本为导淮专门委员，与茅以升、须恺、萍子良均极熟，诚朴勇敢。如不问切不可提，即问亦须由兄与郁公保举，不可涉及弟等也。

弟颇闻三方面（一方面为省，两方面为中央）均你推我推不愿负责，再延宕下去梅雨又到不堪设想。且有着之款先消磨于薪水工资，亦觉可惜。最好三方面组织委员会，即在杭州，即以浙长为委员长，便可省去公文往还，动须数月，贻误要工。省长不便自言，不妨由两公先与省长商定办法，电中央请其照办。兄以为然否？好官不可多得，即时机不可错过。两公平日向不轻于建白，择要言之，愈能见重。居乡不易之事，即纷纷以为能向省长说话，各求荐事，

此则宜峻拒之人，不相谅，亦无可如何！两公受此痛苦，或亦不少矣。此函乞密陈郁公为荷。专此即颂著安！

　　毅成能留否？弟敬拜手 4 月 10 日

　　看以上这封信的内容，当作于 1948 年 4 月 10 日，信中所提到的新省长应该是陈仪。陈仪（1883—1950），浙江绍兴人。留学日本，1907 年归国。1926 年曾任浙江省省长，1948 年再任浙江省省长。在中共政策的感召下，决心脱离国民党反动阵营，投向人民。后因汤恩伯出卖，被蒋介石逮捕。1949 年移囚台北，于 1950 年 6 月 18 日被害。陈叔通信中十分关注浙江经济民生，希望余绍宋和郁公向省长建言，修筑海塘，以防水患，以利民生。郁公当指朱献文。朱献文（？—1949），浙江义乌人，字郁堂，时任参议会议长。年长于余、陈两人，故信中称之为郁公。也正因为陈叔通深知余绍宋敢于为民请愿，不怕开罪于官府，历届临时参议会和参议会的发言与提案足以证之。在这样战争频繁、民不聊生的年代里，正直的知识分子仍不忘国计民生。余绍宋当然将陈叔通等人也是他本人的意见转达给陈仪。其实此时的国民党政府积极制造内战，国民党内部嫡系和非嫡系之间也矛盾重重，根本无暇顾及国计民生。余绍宋一介书生只有为民请愿的份，没有半点实权，而要员们则各打各的算盘。

　　信最后附语："毅成能留否？"当时朋友中有两个名叫毅成：一位是寿毅成，系银行界的；一位是阮毅成。抗战初起余绍宋与阮毅成来往较多，与寿毅成来往极少，所以这个毅成应该是阮毅成。阮毅成前文已提及，应该是难得的好官。此时阮也已赋闲，故问毅成能留否。阮毅成在《我来台湾第一年》[①]一文中有一段已说得很清楚，其文如下：

　　民国三十七年（1948）10 月 28 日下午 7 时，杭州中国银行经理兼杭州市商会会长金润泉（百顺），约我到后市街由义弄他家中晚饭。同座者有祝芾南（绍周）、余越园（绍宋）、斯燮卿（烈）、徐青甫（鼎年）、钱士青（文选）、张旭人等诸位先生，以我年最少。席间，金谓自民国以来，内战频仍。每当交迭之时，均由商会出面

_____

① 阮毅成：《我来台湾第一年》，载台湾《传记文学》第 42 卷第 2 期。

维持，民间乃得免于损失。现在时局又趋于严重，故约诸公一谈。诸公现皆无官职，不在党政机关，故可超然交换意见。我当时怀疑金与陈公洽原系儿女亲家，是晚之会，乃陈公洽所授意，故终席未发一言。……

12月22日，冬至，下午一时半，余越园（绍宋）先生约至其菩提寺路萱寿里家中晤谈，到有吕戴之（公望）、金润泉、张佐时（衡）、王晓籁等诸位先生。吕为老革命党人，曾于民国五年，浙人反对袁世凯称帝宣告独立时，任浙江省省长兼督军。张时任杭州市参议会会长。王甫自上海来。金润泉谓："昨日晤陈主席，陈谓国事非其所能问。至浙省省内事，其力足以了之，希浙人不必惊慌。亦不必对省政府的应变方针，多所疑虑。"二时，余越园、金润泉、王晓籁、张佐时四人同赴省政府，访陈公洽主席，本亦推吕戴之先生，吕不愿去，遂改推张。

余越园先生等旋即回来，谓："陈主席仍只有那几句话，并谓船到桥头自会直。"我闻言后，心疑陈将另有异图，我全家以早日离杭为是。

从阮毅成以上一段回忆中，可以看到政治大变革之前杭州的一些情况，也足见阮毅成敏锐的政治眼光。而余绍宋虽然在京为官多年，却不改其书生意气，与政治家相比显然逊色许多。

转眼到了1949年1月，浙江人民促进和平委员会成立，余绍宋被公推为主任委员，竺可桢、吕公望、金润泉等人任常务委员。余绍宋以浙江人民促进和平委员会的名义致函国共两党中央，请求再次和平谈判。不久前在旧纸堆里发现了这封被尘封了半个多世纪的信稿，全文是这样写的：

我们无党派的人看起来，大家既都以民意为重，都不忍生灵涂炭，便应立即握手言和。应主张的尽管主张，应让步的总要让步，坦白表示相忍为国，一切以民意为从违，方是表现诚意，方能实现真正和平，得到民主自由的幸福。古语说得好："民之所好好之，民之所恶恶之。"便是真正的民主。古语又说："抚我者后，虐我者仇。"便是真正的自由。孔子所说的天下为公的大同之治，也有共产主义的精神，也合于近代民主自由之真理。我们无党派的人替一般无党派的老百姓说话，是真实不虚、无所偏倚的。至于我们浙江，三年来虽未作为战场，但当八年全面抗战之后，民生凋敝达于极点，又受战争影响，征调之繁，负担之重，实已民不堪命。所以代表说这几句良心公道的话，希望和平早日实现。

原信稿中有句话被删掉了，被删的原文是："可惜政府近年来措施大都违反民意，弄得民心丧尽，才闹到今日的局面。"可见余绍宋对国民党当时的做法是非常不满的。他是个敢想就敢说的人，他的这些想法自然会引起当局的怨恨，甚至引起特务的注意。

在全国一片呼吁和平的呼声中，3月26日，中共中央决定与国民党南京政府和平谈判。4月1日，和平谈判在北京举行。20日，南京政府拒绝在中国共产党《国内和平协议》最后修正案上签字。21日，中共中央发布了解放全中国的命令。国民党政府走向了全面崩溃。

1949年初，国民党政权已处在全面崩溃的边缘，社会动荡，经济凋敝，物价飞涨，民不聊生。3月，浙江省通志馆因无法维持而解散。4月，浙江省临时救济委员会成立，吕公望为主任委员，余绍宋、竺可桢等人为常务委员。

5月3日，杭州解放，不日举行庆祝杭州解放集会。余绍宋时为浙江人民促进和平委员会主任委员，也抱病参加了集会。

余绍宋晚年一心想着浙江通志的修纂工作，心系家国，心系民众，又有许多摆脱不掉的社会活动，却一点没有注意自己的身体，疾病已悄悄向他袭来，先是全身出现小出血点。4月初他住进劳动路浙江病院医治，起初因拔牙出血不止，后来患胃出血，最后诊断为败血症，虽经中西医会诊，仍未能治愈。6月下旬，病情加重，长子余翼自衢州来杭省亲。6月30日下午，余绍宋在杭州菩提寺路萱寿里寓所与世长辞，享年67岁。

书画理论与书画鉴赏

余绍宋有关中国书画理论方面的论著，已出版的有《中国画学源流之概观》《画法要录》（初编、二编）和《书画书录解题》三种，其中以《书画书录解题》最为著名，并多次再版。另有《初学鉴画法》和《国画之气韵问题》两篇系讲演稿和讲演记录稿，流传不广，知者甚少。此外尚有《画学师承记》和《失传家录》，均因手稿散佚而未能问世。更有《新旧唐书艺文志补》和《中国佛教艺术概论》，不仅论书画，与艺术、文学也关系甚大，手稿在日寇入侵时散佚，实在可惜。

大凡一个有很高艺术修养和深厚国学功底的书画家，往往会在他自己书画作品的画端或书尾加以题跋，以表示他对书画流派、风格、作法或创作意图等的心得体会。这些题跋或题诗，就是书画作者理论观点的体现。许多题跋文笔酣畅，含义隽永，搜集起来就是研究这些作者书画理论观点的最好资料。书画题跋的搜集整理自古有之，如宋代有《广川画跋》《山谷题跋》《海岳题跋》等，元代有《梅道人遗墨》等，明代有《文待诏题跋》《弇州题跋》《书画跋跋》等，清代有《曝书亭书画跋》《大涤子题画诗跋》《南田画跋》《墨井画跋》《麓台题画稿》等，清代书画家金冬心、郑板桥、戴醇士等许多人都有书画题跋或题诗传世。除了题自作书画的，还有书画家和文人对古代书画的题跋，也同样是研究作者书画理论观点的最好材料。这方面前人也做了许多，此类书籍历代均有刻印流传，不再一一举例。

余绍宋精于书画理论的研究，又曾执教于北京美术专门学校和北京大学艺术系。自己也是一位书画家，一生所作书画作品数以万计。虽然他已出版了许多书画方面的专著，但散见于其书画作品上的题跋题诗，以及古书画作品上的题跋，皆随着书画作品本身的散佚而消亡。余绍宋身后曾蒙冤 34 年之久，因而其遗作未能得到重视，散佚被毁十分严重。搜集和整理这些资料本该是在他去世后就应进行的工作，但 30 多年中一直无人去做。1980 年，我从工厂回到浙江图书馆工作，才有机会翻阅保存在浙江图书馆的《余绍宋日记》。该日记仅存 1917 年 1 月至 1942 年 3 月 25 年间所记之日记，内容涉及时事并不多，而以读书心得、方志品评、朋友往来、书画经眼、金石书画鉴赏为多。于是我穷数年之精力，先摘录日记中有关书画方面的文字，继之查阅当时杂志、报纸，又友朋往来尺牍，以及所能见到的其书画作品题跋真迹或影印本，散在各处的论书画文字竟有近 30 万字。

为了便于检索，我按学理将其分为五大类，类下再设条目，分类设目具体如下：

画学专论

《中国画学源流之概观》

《初学鉴画法》

《国画之气韵问题》

题自作书画

题自作书法（以创作年代为序）

题自作画（以创作年代为序）

题自作山水

题自作纪实山水

题自作墨竹

题自作梅

题自作松柏、松竹

题自作其他类画

题自作图

题自作画册

题自作屏幅

寒柯堂画记卷之五选录（1948年9月—1949年2月）

题画诗

古书画题跋

古书法题跋　附碑帖、写经、刻经等题跋

古画题跋　附古书画（合璧）题跋、有关书画著述或图谱的序跋、金石书画编辑余谈等

古书画经眼录

读画随录

古书画经眼录

其他

书画技法与心得

书画品评与鉴赏

书画结社选录

购赠受书画文物等记录

金石学杂论

杂录

书成之后，曾就教于顾廷龙、启功诸前辈，谬得夸奖，均以为应即付梓出版，顾廷龙先生并为该书题签，签题"余绍宋书画论丛"。意料之中的是，联系了许多出版社，都认为学术价值不错，但不会有市场，于是手稿在家一搁就是十几年。到了 20 世纪 90 年代末，浙江人民美术出版社的俞建华先生来我办公室小坐，见到了这部书稿，表示愿意出版。经过一系列的修改和准备工作，并经过多次校对，此事还是因故搁置下来，原因还应该是市场问题。

直至 2003 年初，有一天突然接到北京图书馆出版社郭又陵社长打来的电话，询问《余绍宋日记》保存现况，表示有出版之意向。于是我又提出尚有拙编《余绍宋书画论丛》一册，贵社以为可出版否。于是将书稿及日记影印件送达北京图书馆出版社。经郭社长及其他领导、专家审查，决定与《余绍宋日记》同时出版。于是我又请了中国美术学院王伯敏教授为本书作了第二篇序，而第一篇序是毛昭晰教授于 1999 年 12 月作于北京的。

天下真有无巧不成书的事，2003 年正好是余绍宋诞生 120 周年，也就在这一年的 12 月，《余绍宋日记》和《余绍宋书画论丛》同时由北京图书馆出版社出版。此前 2003 年 3 月，北京图书馆出版社还影印了余绍宋遗著《书画书录解题》。天下有更巧的事，就是在 2003 年 2 月，福建海峡文艺出版社出版了小女余昊所著的《学者书画家余绍宋》一书。该书系"从海派到现代大师丛书"之一，该丛书系海峡文艺出版社向浙江省博物馆集体约稿的，收入的人物有赵之谦、吴昌硕、任伯年、黄宾虹等人。以上诸人多为海派画家，而出版计划中也有余绍宋。可余绍宋并不赞成海派的画风，于是小女来征求我的意见。其实五十多年来余绍宋几乎被人遗忘，但必要的宣传还是应该的。虽然仅是三万余字的小册子，但可以全面简要地介绍一下余绍宋，也是件好事。我就鼓励她接受了这一课题，于是这本小册子才得以问世。其实只要看一下书名《学者书画家余绍宋》，就知道他并非海派，而是学者型的新传统派书画家。

《余绍宋书画论丛》所收录的均系余氏论书画之语，因系编辑而成，难免东鳞西爪，该详的无法详，以致缺少系统性。比如书画技法与心得、书画品评与鉴赏两项系书画理论极重要的内容，然而因这方面所搜集的资料太少，不足以单独立一类，实属遗憾，我已在编辑叙例中阐明。但《余绍宋书画论丛》所集足可体现余绍宋书画理论之一斑，多少也可增补已出版诸书尚未提及的一些问题。兹举数例如下：

为陈众孚题《陈奕禧书卷》

余所见陈香泉书多作香光体，此卷用笔遒劲飞动，颇有枝山风格，与寻常所见不同。书时为康熙三十四年，香泉年四十有八，正盛年书也。颇闻故老言，清世祖喜董书，臣下希其意旨，竞事临摹，顿成风尚。香泉生当其时，自亦不能免俗，久之成习，故所遗书董体为多，亦无足异。往读其所著《绿阴亭集》，论书法各条于董书时有贬抑，颇以为疑，故拙著《书画书录解题》中讥其未脱文人恶习。今观是卷绝无香光体态，亦足见其书学之功至深，不为时尚所囿。而集中不满香光亦实有所见，尚非矫情立异之谈。而余前说未免过当，异时当为改定，姑于此发之。

以上跋语 1933 年 10 月作于杭州，是时《书画书录解题》已出版一年多，足见余绍宋对书画的评价随着所见越多，加以自己分析才形成自己的观点，而绝不蹈袭前人旧语，且有错必究。可惜《书画书录解题》每次再版均采取影印的办法，尚不知还有他亲笔的校订本存世，虽校订仅一二十处，但毕竟是他观点的修正，真希望以后再版时能按他自己的校订本出版。又如他的题自作书画：

余前月溯富春江归衢州，沿途两岸红叶如锦，极绚烂之观。而自兰溪至衢州为尤盛。比来杭已落尽，悉成枯枝矣。追忆胜游，写此志慨。（1931 年 12 月题自作山水）

癸酉秋与百新（黄人望）同在杨君绵仲家宴集，院落中有新竹数竿，适当灯光映射处，墙上枝叶浓淡隐现，极秀挺之致。百新见之，招余同观。余谓此即墨竹所由起，李夫人之绝妙粉本也。百新

益击节，既归遂写此贻之。（1933 年题写竹）

一枝之叶显分浓淡，柯敬仲而后作者希矣，此于画理本不合，姑取备一格而已。默思督写，聊复拟之。（1933 年题写竹）

程松门专用浓墨不加渲染，其源实导自仲圭。石田而益加深厚，便觉别有一种苍郁气象。兹拟其意仍间用淡墨渲染者，不欲落其窠臼也。（1940 年题自作山水）

拟黄鹤山樵小变面目，避形似也。凡拟古而离形得似者上也，形神俱似者次也，仅得形似者下也。（晚年题自作山水）

以写意设青绿，虽非正宗，却可免板滞刻划之病。（1946 年题自作山水）

诸如以上题画之语，不胜枚举。仅以上数条也足证余绍宋对中国画史、流派、画法、画理之娴熟，他尊重传统而绝不拘泥于传统，能以自然界之实景为真正的师法对象，灵活地继承传统，并使之发扬光大。《余绍宋书画论丛》收入了大量诸如此类的题语，虽说该详的不能详，却可以保留大量的原始资料，为研究余绍宋的艺术思想、书画理论提供素材。

1982 年北京中华书局出版的《学林漫录》第六集，刊登了一篇署名李铁匠的《萍斋书画札》，文章主要讲述中国书画的伪造史以及如何识破赝品、鉴定真伪。文中提到余绍宋在鉴定书画上的两件事，其文如下：

20 世纪 30 年代，浙江的余绍宋也精于鉴赏。他在 1934 年至 1936 年间（原文如此，实际应该是 1934 年至 1937 年间）主编过《东南日报》的特种副刊《金石书画》。有一张华嵒的花鸟手卷，很多人说是真迹，余绍宋坚持是赝本。后来，在广州藏家黄子静处发现此卷的真迹。两件一比，真远胜于假，尤具风韵，大家都叹服余绍宋的精鉴。（华嵒花鸟卷真迹刊《金石书画》第 68 期）

……1953 年，我卧病杭州新宫桥河下，房东老人晓得我喜欢古代书画，特地从一位姓戚的老画师处借来两件古画给我观赏。其中一件是文徵明的山水手卷，绢本，古色古香，装裱精良。画很有水平，但不可能是文徵明的真迹。可是，引首却有已故鉴藏家高野侯（他的梅花画得很好）的题识："文徵明山水真迹。"卷外有余绍宋题鉴："高野侯先生鉴定文徵明山水真迹。"显然，高野侯的题识是随便写的，而余绍宋的题签则是明知不对，却把不对推到高野侯身上。委婉之笔，令人发笑。

古书画鉴定是一门学术性很强的学科，其首要条件必须多看、多比对，也要有一定的书画知识，最好自己也能书画，更为重要的是要有深厚的文史功底。余绍宋各方面的条件都十分优越：余氏一族七代善书画，少时耳濡目染，备受熏陶；早年在京为官 16 年，隔三岔五就有韵古斋、玉池山房、论古斋、笔彩斋、虹光阁等书画商送书画来求售，并可从容留在家中观看；北京还有许多大藏家的朋友，如陈宝琛、梁鼎芬、朱益藩、江瀚等人，经常可以前往他们家中观看古书画；又曾担任故宫博物院维持会常务理事，多次参加故宫博物院古物清点工作；所创宣南画社，社友集会每出各自所藏共同鉴赏；回杭后则有东皋雅集同人共赏古书画，杭城旧家所藏也都曾得以观赏。故余绍宋所见古书画数量极多，时代跨度也很大。加上他熟悉中国书画史，精研画理，自己也有书画实践，其精于古书画鉴定也是顺理成章的事。在京时他日记中也有很多这样的记载："诸古董商以书画来（求售）无虑百件，展示无佳者。每晨起必以此费一小时。虽觉无谓，然亦无妨，有时且可助吾作画章法也。以八金购《宋仲温书出塞诗帖》。"又："照例看古玩铺送来书画。有《曹听山竹石册》，颇好。但不知曹为何人，名洞，待查。"又："虹光阁送阅《董文恪钱茶山合卷》，颇精。为纪其概……"像这样的记载在他的日记中差不多三天两头就有。

余绍宋对古书画的鉴定，能考虑创作时代背景、时代风格和作者本人的风格等诸多因素，而且他对自己的鉴定也颇为自信。下面列举数则他对各时代不同作者作品的鉴定：

题自藏《北朝人写经卷》

敦煌石室藏经,余所见亡虑百本,多为唐人所书,隋人书者已鲜。此纸笔势挺拔而浑朴,与隋人秀硬、唐人松朗者不同,实所希见,断为北朝人书,识者当知余具眼。戊辰八月,余绍宋记于杭州寓次。

今所见北朝石刻大半板滞或散漫,盖皆常人所书又经刻工以一定之刀法随意镌刻,故千篇一律无复生气。初意北朝人用笔岂皆若是,今证以此纸,虽亦常人书而无板滞散漫之病,盖信北朝石刻之陋,其咎多在刻工,不尽在书者也。

今人死学北朝体者,乌足语此。

敦煌石室藏经自发现后,即被道士王圆箓盗卖给法国人伯希和及英国人斯坦因,待我国有识人士发现后,大部分已流出国门,当时国内所存已不多。余绍宋能见到百本之多,已属不易。20 世纪 80 年代初,台湾书局将从英、法等国拍摄已流出国外的敦煌石室藏经,影印出版,才使读者得以见到大量的敦煌写经。余氏旧藏的这卷《北朝人写经卷》今藏浙江图书馆,后来曾有一位自己说是研究敦煌学的专家来看了此卷,随口就说是宋人写的。到了 20 世纪 90 年代后期,浙江所藏数十卷敦煌藏经准备影印出版,编辑者为了证实究竟是北朝人还是宋人所书,便拿了此卷印本去北京请启功先生鉴定。启功先生一看,并没犹豫,脱口就说:"北朝人写经。"再将余绍宋题跋印本给他看,启功先生笑了。可见古书画鉴定还是有一定准则的。北朝不可能写出宋朝人的字,虽然宋人可以模仿北朝人的字,但时代气息不同,就看你有多少功底、如何去把握了。

下面一则余绍宋日记中的记载,足见深厚的文史功底对于书画鉴定的重要性。其文如下:

今日例称竹醉日,而东皋适为二百集纪念。因相约各出所藏名人写竹,张之壁间以相赏玩,并招客十余人宴谈为乐。十时往,下午四时半始散归。计同人所出共四十余幅，其中以巽初《大涤子兰竹巨幛》、王芗泉之《姚云东立轴》、胡墨卿之《华秋岳兰竹中幅》为佳。

大涤子巨幛至精悍，灏气流行得未曾有。而诸君多致怀疑，甚矣！真赏之难逢也。因向巽初借归，坐卧其下细读之，愈觉其妙。题语亦甚妙，而诸君以为不可解。在社中悬之过高，余近来目力大损，不能细认。归后展视，适傲仁来，相与击节，益觉其妙。其文云："昔人画佛、画龙皆不点睛，谓点之恐腾云而去。道人不谓然，妙迹何必苦留在纸上，生烟御风恣与尔。淋漓点缀。己卯二月清湘瞎尊者石涛。"诸君疑"瞎"字为"睛"之误，不知"瞎"之本字为"瞽"，即盲也。点盲字甚雅饬，胜点睛矣。末句诸君亦多疑之，以为文义不通。其实"恣与尔"三字，宜属上生烟御风读。意谓任汝生烟御风，我只是淋漓点缀耳。文义甚古奥，余谓非大涤子不能作是语也。

晚年书画代表作

余绍宋生命中最后的四年，由于浙江通志的修纂工作占据了他大部分的时间和精力，很少有时间作画。但因为他酷爱书画，仍于百忙之中抽空写字作画。其时他的书画已达到了很高的水平，但他还是会经常抽空临摹古代碑帖。而于读书时则将精辟之语随读随录，借此提高自己的书法水平。

晚年书法代表作有：

《读雪山房唐诗钞·凡例》，一册，凡81页，每页10行，每行字数不等。行书，字径寸许。自跋云："丙戌春，从邵裴子处借得管韫山先生《读雪山房唐诗钞》，读之觉所选甚当，其论诗语具载凡例，精细确当，胜于渔洋、归愚之怀有偏见者多矣。因随读随抄，存以备览。凡三夕抄竟。越园记。"

《竹庄诗话·各家评语》，凡49页，每页10行，每行字数不等。行书，字径寸许。极流畅秀美，为晚年书法之精品。自跋云："丁亥新正，偶一日无事，取幸本《竹庄诗话》读之。首有集各家评论一卷，颇有他书所未见者。因随读随录之。自晨至于日入而毕，运笔如飞，不暇计其工拙，亦未校其原文有无讹舛也。越园记。"

《陈子昂感遇三十八首》，凡36页，每页8行，每行字数不等，草书字径1寸至3寸不等。这也是余绍宋平日边读书边习字之作。自题云："戊子祀灶先一日试笔。越园。"

《瀛奎律髓·忠愤类》，凡22页，每页8行，每行字数不等。行书字径约寸半。自跋云："偶读《瀛奎律髓·忠愤类》五律，愁苦如畴昔避寇时所亲历者。随读随书，两夕而就。危乱复萌，深可虞也。己丑正月，越园习字。"

以上四种性质的读书笔记分别作于1946年、1947年、1948年、1949年，晚年所作可谓齐备。诸如此类及临摹古碑帖的书迹，我还见过多种。令人惊叹的是，以上四种洋洋万余字，我没有发现有一处涂改，或漏字、错字，足见余绍宋对古典文学诗词烂熟于心，且对行书、草书的结体、用笔之娴熟程度已达到了极高点。再者，其书写速度之快，也令人叹服。算了一下，这篇《竹庄诗话·各家评语》足有五千多字，而他"自晨至于日入而毕，运笔如飞"。又如《读雪山房唐诗钞·凡例》有一万字，则"凡三夕抄竟"。这种书写速度，我认为一般人很难达到。明朝书画家董其昌说："子昂日能书万字。"这一万字当系一厘米大小的字。还有人说："康里巎巎日能书三万字。"依我看这一说法有点玄，不切合实际，即使是硬笔书写也难达到，何况颇有弹性的毛笔，还要不时地蘸墨呢？早在1917年余绍宋在京时，曾向国务院图书档案室借到李清所著《南北史合注》一书，因该书在清时属禁书，传世极少，限期归还，只能手抄。10月5日日记中有这样一段记载："晴，晨起即抄书。九时半到署，四时散归。仍抄书至夜十一时止，就寝。本日凡写一万八千余字。"

这个抄本现藏浙江图书馆，共30册。我曾借来看过，字径1厘米左右，草书，虽较潦草，但稍有草书基础的人都能辨认。一天之中除工作之外，还能书写1.8万字，真是神速。余绍宋本身认为写字宜速不宜缓，理由是：行笔迅捷，则能气贯神随、飘逸跌宕；若行笔缓慢，则难免板滞。我想他认为的宜速不宜缓，绝不是抄书那样的速度。抄书毕竟只是留下他所需的资料，实用性多于艺术性。

以上四件，则是见到书中有可保存者，随读随录，既是资料之积累，也是极佳的书法作品，因为随手录为自己使用，便极随意，自然流畅，毫无造作。可惜大多书于黄色的玉扣纸上，往往不被人重视。其实玉扣纸装裱后极古雅，余绍宋生前所临碑帖，或随手抄录的古诗文皆以玉扣纸书写而成，被朋友索去裱成册页，用以观赏。如他自书草书《黄山赋》被贺心培索去，所临《岳麓寺碑》被吴剑华索去，均精心装裱，且请名人题字，如此不胜枚举。

《草书四屏》，高138厘米，宽34.2厘米。纸地。作于1947年，内容为秦少游、王半山等人论诗语。款题："福庵先生吾兄教，丁亥春，余绍宋。"

这幅草书用狼毫书写而成，气势跌宕，笔法纯熟，颇具节奏感，直入晋唐人之堂奥，是我所见到余绍宋草书中的精品。1989年5月，余绍宋书画遗作展在北京中国美术馆展出，共展出6天，每天参观人数达1500多人。有一天，一位大约50岁的人在这幅书法作品前伫立良久，不肯离去，我便上前询问："先生以为这幅作品如何？"他说："当今在世的人，没有人能写得出来！"我连忙问："先生贵姓，何处高就？"他说："姓陈，在中央美院美术史论系任教。"可惜陈先生和我都没带名片，后来彼此也没能联系。当然陈先生的评论，也不能说是至理名言，但可存一家之说。2007年，中国美术学院出版社出版了《余绍宋书画集》，比较全面地展现了余绍宋书画方面的成果，可以让更多的人来了解、评论。

余绍宋晚年所书碑刻有如下数种：

重修浙江第二监狱记，民国三十五年（1946），余重耀撰文，余绍宋正书并篆额，石原在杭州。

新建温岭地方法院碑记，民国三十六年（1947），余绍宋撰文并正书，额未见，石原在浙江温岭。

重修魁星阁碑记，民国三十六年（1947），余绍宋撰文并正书，刘钧仲刻，石原在上海市东南川沙县。

朱三古先生墓表，民国三十七年（1948），余绍宋撰文并正书，所见为墓表底本。

周颂清墓志，民国三十八年（1949），童第德撰文，余绍宋正书，钟毓龙篆盖，所见为墓志底本。

鄞县叶君墓志铭，民国三十八年（1949），童第德撰文，余绍宋正书，龚心剑篆盖，所见为墓志底本。

余绍宋晚年所作绘画精品有如下数种：

《烟江叠嶂图卷》,高 23.7 厘米,宽 666 厘米,水墨纸本,作于 1945 年。自题云:"王晋卿此图久失传,曾见董香光所追拟者,所图景物不尽与东坡诗中所叙相同,是真善学古人。因亦以己意,更拟一卷,未知古今之人相越如何?识者鉴之。乙酉岁暮,余绍宋记于寒柯堂。"卷后又书东坡诗,自跋云:"董香光拟作卷后书东坡原诗,字极超妙,兹仿为之。知不免效颦之诮,所弗计也。越园灯下呵冻。"

王诜(1036—?),字晋卿,太原人。宋代著名书画家。画山水皴法以金绿为之,似古今观音宝陀山状。小景亦墨作平远,皆李成法也。东坡谓晋卿得破墨三昧。因年代久远,传世作品不多,余绍宋只见到过明代董其昌(即董香光)仿王晋卿的山水卷,于是自己也拟仿了一卷。全卷结构及用笔纯是他中晚年以后自己形成的风格。他虽然所见古代书画甚多,但常说宋元人书画难求,可从明代书画名家窥得宋元人笔墨。中晚年以后所作山水大多为披麻皴、小米点,而所作树木则有他自己特有的风格,不论勾勒、皴点都用书法的方法去画。我不必看款就能认出他的书画作品,画法几成一家。此幅水墨淋漓,山峦起伏,层岩叠嶂,云雾缭绕,气势极宏伟。2000 年应浙江省博物馆领导的要求,已无偿捐献给该馆。同时捐献的还有余绍宋的精品七件、明归庄的《墨竹诗翰卷》和明万寿祺为顾炎武所作的《秋江别思图卷》两卷,均有顾炎武等十余人题跋,最后有梁启超跋。

《青绿山水轴》,高 134.7 厘米,宽 52.2 厘米,纸本,作于 1946 年。款题云:"以写意设青绿虽非正宗,却可免板滞刻画之病。丙戌春夜,余绍宋写记。"

《松壑流泉》,高 133 厘米,宽 54.5 厘米,纸本,水墨,作于 1946 年。自题云:"寒斋独夜,万籁无闻。兴言弄翰,有怀古人。偶与古会,下笔有神。纵多疵累,气韵清纯。磊磊落落,是为天真。且自怡悦,茶熟香温。丙戌春夜,写成漫题。越园。"

以上山水两幅,均是余绍宋自家的风格。正如他自己题语中所言"纵多疵累,气韵清纯。磊磊落落,是为天真"。为了纂修浙江通志,他没有更多的时间作画,白天需去通志馆工作,所以这两幅画均作于夜晚。中国画笔墨的功夫,只需努力去学,天长日久自会学成,所谓熟能生巧。但画外的功夫,如学问、经历等并非人人可学成的,除了勤奋,还需要天分和悟性。我想这也是文人画与工匠画的不同处。绘画技巧是手技，只要锲而不舍，终可学成，而中国画的气韵、意境不是手技，非读书、游历则无法得之。这一点余绍宋和黄宾虹的看法很一致。余绍宋在回复黄宾虹的一封信中写道：

> 尊论画道兴衰与世运隆替之故，与夫思翁墨法之得失，皆前人之所未发，开我茅塞不少。弟生平亦喜学元明人笔法，于清代画家少所许可。（南田及三僧俱明遗民，不得被清朝人掠美。）嘉道以后，作者尤觉浅薄。诚如尊论笔墨尽失矣！近来画家肯读书者甚鲜，遂使高尚学术沦为手工技艺，良堪嗟叹！弟前所作《画法要录》及《书画书录解题》两书，正欲借以拯其失。

可惜黄宾虹致余绍宋函已在"文化大革命"中，与其他千余封当时名人致余绍宋的信件一同被毁，其中必有许多黄宾虹先生论画之语，以及大量的史料。至今思之，仍叹息不已。

《临沈长洲富春山水图卷》，高50厘米，宽1000厘米，纸本设色，作于1946年。自题云："临沈长洲富春山居图卷，丙戌三月，余绍宋。"又自作长跋云：

> 萧山韩宋法以所藏《沈石田富春山水长卷》见示，雄浑绝伦，自跋谓："两阅月始成。心与境融，境与图会，洋洋乎欲参造物者游。"可谓与神俱化，非夸词也。兴发漫临一过，五日而就。然仅临其大体，其布置有稍觉未安处，以意为之，不敢甚求其似。唯用笔则欲力追其神理耳。石翁此卷成于六十九岁时，予今年亦六十有四矣，更阅五年功力安能几及。况世务丛集，不能如翁之闲散从容耶。濡翰之余，但有愧叹，因记于后。越园自题于寒柯堂。

这幅十米长、半米高的巨幅手卷，余绍宋只花了五天时间，足见其作画如作书，非运笔如飞不可，否则，沈石田画了两个月，他怎么能在五日内完成呢？学过画的人都知道沈（石田）粗文（徵明）细，虽勾勒用的是沈石田的粗笔，但毕竟不是泼墨大写意，正如他自己所说的"世务丛集，不能如翁之闲散从容耶"。其实这时候他已没有时间可以作画，除了浙江省通志馆繁忙的工作之外，还需参加许多社会活动和与朋友们交往。他羡慕沈翁的闲散从容，他热爱富春山水的美丽，但他必须努力完成他主修的《重修浙江通志》。这幅长卷也许是余绍宋晚年所作最大的一幅山水，此后他很少画山水。1948 年在唐家仁的要求下，他曾画过一幅设色山水立轴，款题："予久未画山水，家仁世兄强使为之，真有三日不弹手生荆棘之感矣。戊子秋余绍宋记。"据唐家仁说："这是先生生前作的最后一幅山水画，值得永葆纪念。"①我以为完全有可能。这幅画如今仍然保存在唐先生家里。余绍宋晚年以写竹为主，偶尔也画松或梅等，但巨幅之作已经没有时间了。

余绍宋晚年所作墨竹，我所能见到的以 1948 年画给吴剑华和 1949 年画给王式园的两幅为最佳，而且两幅都是雨竹。

《半窗春雨》，高 77 厘米，宽 41.2 厘米，纸本，水墨，作于 1948 年。款题："半窗春雨，拟朱白民，剑华仁兄鉴，戊子立春，余绍宋。"

《雨中竹》，高 95.5 厘米，宽 34.5 厘米，纸本，水墨，作于 1949 年。款题："式园吾兄六十寿，己丑春仲余绍宋写竹。"

两幅一宽一窄，章法不尽相同。但只要略懂绘画的人，一看即知为雨竹。这时余绍宋的写竹已达炉火纯青的程度，信手拈来，纷而不乱，风雨晴雪各种自然环境下的竹，便可立即跃然纸上。可惜天不假年，己丑春仲为 1949 年 3 月，不久他就生病住院，6 月即离开人世。这幅《雨中竹》，或许是他画的最后一幅画。

书画润格及鬻艺生涯

余绍宋从 1928 年 9 月正式订润格，开始了以书画自给的生活。对于一位以书画润笔为主要生活来源的人，书画润格及能否售出事关重大。但目前只见到他当时的鬻画启事，未能见到润格内容。当时的物价还算比较稳定，到了 1934 年，在《东南日报》特种副刊《金石书画》上刊登的润格，当是 1934 年及此前的润格。到了抗战爆发，物价飞涨，又

---

① 唐家仁：《影墨缘》，香港文汇出版社 2004 年版，第 210 页。

几次重订润格。等到金圆券发行，又迅速贬值，润格已失去作用，书画也少人问津。目前所能见到的实行最久的余绍宋书画润格，就是1934年《金石书画》合订本前面所刊者，兹录如下：

介绍余越园先生书画

龙游余越园先生绍宋，前贰法部，声誉卓然。退食之暇，精研金石，尤工书画。平日深自珍啬，不轻以片纸只字与人，海内方雅，故无不知其为一代巨笔。著有《画法要录》十卷，续录十二卷，为中国画学开系统研究之始，而集其大成。又《书画书录解题》十三卷，搜集书画书籍，各为提要，尤多发前人所未及，津逮后学，厥功甚伟。今先生退隐西湖，屡征不起。同仁惜其作品流传太稀，谓尤以餍收藏者之望，共劝先生乘此清燕，广结墨缘，亦以百年来风雅之道寝衰，晚近作者，尤愧古人，正欲先生起而张之耳。其书各体皆工，作行草合山阴父子矩矱与章草法度为一，俯仰操纵，自成精熟，深得皇索之遗。其作画如作字，气韵天成，命笔在蹊径之外，识者叹为妙契北苑，颉颃元季浙中三大家云。谨为介绍，以俟同好之赏鉴。

山水画例

中堂　三尺四十元，四尺整纸七十元，五尺九十元，六尺一百四十元。

单条　三尺限于一尺阔者三十元，逾此以中堂计，四尺以上整纸对裁视中堂之半，四尺整纸四开二十元，五尺四开二十五元，四屏加二成，合景加倍，凡整纸三开者视中堂三分之一。

横幅　视中堂或单条加三成。

扇子　十二元，大扇加半。

册叶　每方尺十四元。

手卷　每方尺十二元，五尺以上加半，高逾一尺者酌加。

绘图　加二倍。极写意山水、枯木竹石、松竹依例七折。凡欲设色者须先声明，设青绿加倍，点景加倍，请求长题加倍，蜡笺金笺加半。凡逾所定尺度者，以所逾之尺计算。

书　例

中堂　三尺十二元，四尺十六元，五尺二十元，六尺二十四元，八尺四十元。

单条　横幅　视中堂之半，五尺四开五元，凡整纸三开者，视中堂三分之一。

楹联　视中堂之半，题跋加半。

册页手卷　每方尺六元，以上蜡笺金笺加半。

扇子　六元，大扇加半。

榜书　每字一尺四元，一尺五寸八元，二尺十六元，三尺二十元。

寿屏　每幅三四尺十二元，五尺十六元，六尺二十元，七八尺二十四元，以五行每行二十五字为限，字多另议。劣文不书。

碑志　每百字三十元，以寸余至二寸为限，字大另议。劣文不书。

凡行草依例七折，逾尺度同画例。

先润后写随封加二。

越园先生寓杭州菩提寺路萱寿里二号

东南日报社敬启者

这张书画润格单比较详细，使用时间也较长久。此前北京荣宝斋，上海朵云轩、九华堂裕记、荣宝斋和杭州浣花斋等南纸店都曾为余绍宋经销书画，当有他发出的书画润格单，但如今已无处可觅。今仅存的《寒柯堂画记》第五册所记 1948 年 9 月至 1949 年 4 月八个月内赠送友人及售出的书画就达四百件，而此段时间正值余绍宋去世前的几个月，是他作书画最少的阶段。可见他书画润格虽较高，但售出的书画也确实为数不少，以至他逝世时，家中除百余件自留作品外，就只有三五张已售但未及寄出的作品。作为一位一生中既从事修志工作，又从事书画理论撰述，又从事书画创作，且一生书画作品数以万计的人，生前书画如此畅销，确实为数不多。

曾见与此润格时间相距较近的"书画篆刻家润例汇刊"附在《西泠印社第二十四期书目》一书之后，共收入王一亭、吴湖帆、吴待秋、王二水、沙文若、马孟容、高丰、高显、楼辛壶等八十余名当时书画名家的润例。此时吴昌硕已经去世，书画价格最高的为吴湖帆，山水每平方尺为十二两（每两合一点五元），独以白银计算；其次为吴待秋，山水堂幅三尺六十元，四尺九十元；其余多数每平方尺都不足十元，有的每平方尺一至二元。我曾问过老一辈的人，当时大学的教授月薪一般为三五百元，知名度大的教授会高一些，那么教授的月薪可买像吴湖帆这样价格最高的书画名家的画十余平方尺，一般名家的画则可以买得更多一些，可见以鬻书画为生的书画家，如果市场状况不好，生活还是比较艰苦的。

余绍宋从1928年起均以鬻书画自给。抗战爆发，物价飞涨，他身居深山，当时交通不便，既不懂农耕，也无土地可耕，只有仍旧以鬻书画自给。好在他朋友满天下，而他当时名气之大可以说"天下无人不识君"，虽居深山，仍有以函来求作画者，虽战时远不如平时求书画者之多，但借以糊口还是不成问题的。由于物价飞涨，货币贬值，抗战以来多次修改润例，现存1943年第九次重订的书画润格，大致如下。画例："限于梅兰松竹，近以体衰，停写山水，必欲相属，须加四倍，即一元须五元也。工细及青绿恕不从命。"价格大致为每平方尺一百二十元，"又设色加半，点景加倍，请求长题加倍，蜡笺金笺加半，凡逾尺度者以所逾之尺计算"。书例：价格大致为每平方尺三十元。到了1944年，再次依例加倍。战时，那些曾为余绍宋代理销售书画的南纸店大多位于沦陷区，而他住在龙游沐尘或云和白龙山庄，所以《龙游余越园鬻艺润例》最后一条是："件寄龙游沐尘邮政代办所或云和文庙后廿五号。"

余绍宋虽然以鬻书画糊口，但他决不轻易为人作画。尤其是那些口碑不好的人，就是官再大、钱再多亦不为所动。如果受朋友之托，为某某高官作书画，只要不是名声不好的赃官坏官，他还是会画的，但往往写上某朋友嘱写为某某长官，绝不攀附。对自己很熟悉并视为朋友的高官则例外，这些被视为朋友并与之交往的高官，起码是富有正义感，或是能为民办实事的官员，如黄绍竑、阮毅成、贺扬灵等人。抗战时期，黄绍竑、阮毅成几乎是通志馆的常客，余绍宋为他们所作之画不计其数。这些书画上款往往题季宽吾兄（黄绍竑字季宽）、毅成世兄，有时降一辈题作毅成世长兄（阮毅成为余绍宋老友荀伯先生之子，实属晚辈）、培心吾兄（贺扬灵字培心），等等。

明末清初书画家诗人吴伟业与董其昌、李流芳、杨文骢、程嘉燧、张学曾、卞文瑜、邵弥、王时敏、王鉴友善，曾作《画中九友》歌以记之。到了20世纪40年代，词学家、书画家叶恭绰（1881—1968）曾作《后画中九友歌》，余绍宋也在其列。叶恭绰工书法，由颜真卿、赵孟頫入手，而取百家之长，自辟蹊径，书风峭拔刚劲，绰约多姿，跌宕有致，又善画竹石，画竹秀劲，多取元人神韵，每画则题诗其上，用笔运腕，雄柔苍浑，自成一格。中华人民共和国成立后历任北京中国画院院长、中央文史馆副馆长之职。他所作《后画中九友歌》云：

湘潭布衣白石仙，艺得于天人不传，落笔便欲垂千年。

齐白石

新安画派心通玄，驱使水石凌云烟，老来万迭同青钱。

黄宾虹

映安长须挌自妍，胶山绢海纷游畋，已吐糟粕忘蹄筌。

夏敬观

名公之孙今郑虔，闭关封笔时高眠，望门求者空流涎。

吴湖帆

更有嵩隐冯超然，俾夜作昼耕砚田，画佛涌现心头莲。

冯超然

王孙萃锦甘寒毡，子固大涤相后先，上与马夏同周旋。

溥心畲

越园避兵穷益坚，有如空谷馨兰荃，妙技静似珠藏渊。

余越园

三生好梦迷大千，息影高居青城巅，不数襄阳虹月船。

张大千

昙殊风致疑松圆，日视纸墨宵管弦，世人欲杀谁相怜。

郑诵先

以上内容当作于抗战期间，因叶恭绰与九人均多有交往，所以对每个画家的境况、书画特征都描述得恰到好处。叶恭绰与余绍宋有数十年交往，朋友间无话不谈，书信往来也很频繁。前面文字已提到叶向余询问写竹的方法。叶恭绰对余绍宋评价极高："有如空谷馨兰荃，妙技静似珠藏渊。"时间过去了六十多年，如今齐白石、黄宾虹、张大千已是天下无人不知的绘画大师，溥心畬、吴湖帆、冯超然也广为人知，而余绍宋、夏敬观、郑诵先三人则鲜为人知。余绍宋除宣传不够外，书画界的名声被他方志学和书画理论名声所掩也是原因之一。

余绍宋生前未开过一次个人书画展，也不肯出版个人书画集。他认为一个人的书画风格再多变，也是万变不离其宗，开个人书画展不如开集体书画展，方能体现百花争艳的气氛；出版个人书画集也是如此。他常说："吾国书画名家皆重品格，此种标榜及竞争之事不屑为也。"[①]正是这不屑标榜、竞争的品格，使他生前不肯出书画专集，以致后人难以了解他的书画水平。而他逝世后第三年又因极"左"路线影响，被戴上"官僚反革命"的帽子，含冤数十年，书画作品多次大量被毁，以致更无人敢宣传余绍宋，也没有出版社肯出版他的书画集。许多美术学院的教授对余绍宋也知之甚少，有的说他是书画理论家，不会书画；有的虽见过他的几张画，但说不出所以然来。记得十几年前我在浙江图书馆古籍部上班，遇到杭州师范学院的一位资深教授，当时已 60 岁左右，他和我大谈方志学。但当我和他谈起余绍宋的《龙游县志》和他主修的《重修浙江通志》时，他竟茫然不知余绍宋为何人！

近些年来，学术界对余绍宋书画理论的探讨和研究已有了一定的进步，几年前中国美术学院有一位本科生写了一篇学士论文就是论余绍宋的《书画书录解题》的，后来有一位博士生的博士论文也是研究余绍宋的书画理论的，又有吉林大学艺术系的研究生也以《书画书录解题》作为研究对象，最近又有一位中国美院博士，准备对余绍宋的书画理论和书画艺术进行综合研究。他们都直接或间接地找过我，要我为他们提供线索或资料，我毫无保留地为他们提供了一切我所知道的线索和我所掌握的资料。遗憾的是，我未能全部见到他们已完成的论文，而且这些论文也未必能够全部公开发表，所以在学术界影响不大。

近 20 年来，书画热遍及华夏大地，所以论述中国书画艺术的专刊及著作也出版了许多。有的文字涉及整个时代的书画面貌，有的则仅论

---

① 致吴湖帆函，原件藏上海图书馆。

及某一人或数人的书画风格和成就。我孤陋寡闻，所见不多，尤其单独论及余绍宋书画艺术的难得一见。我仅见数篇专论民国时期书画艺术的，都对余绍宋的书画艺术给予极高的评价。

王朝宾所撰《尚势出新的民国时期书法》一文，发表在 1988 年第六期《书法》杂志上。该文论及民国以来的书学发展趋势及书法阵容中的代表人物，余绍宋也是该时期的代表人物之一。文中说："民国时期的书法承清末碑学之余绪，纵势为尚，变古为新，南北兼收，碑帖并重，走上自觉发展的阶段。"述及民国时期具有代表性的书家时说："吴昌硕、康有为、李瑞清、于右任、沈曾植、余绍宋、郑孝胥、沈尹默等书家风格流派先后形成，交相辉映，对书坛产生极大影响，推动着民国书法的繁荣。"文章把民国时期的书家分为两代：第一代为生于清道光、咸丰间的书家，入民国则已人书俱老，如吴昌硕、康有为、沈曾植等人；第二代书家则生于光绪年间，他们的主要艺术活动和成就在民国时期。文章认为："民国第二代书家主要有于右任、王世镗、郑孝胥、谭延闿、丁佛言、李叔同、余绍宋、周树人、谢无量、沈尹默等。"又说："继沈曾植之后，王世镗、余绍宋、靳志、郑诵先等家之章草苍古妍润，皆自成面目。"惜该文仅四千字左右，所述不能尽详。

曾见著名美术史论家万青力所撰《南风北渐》一文，主要论述民国时期北京画坛的情况。全文连载于大型艺术双月刊《荣宝斋》2002 年第四、第五期（总第 17—18 期）上。全文洋洋万余言，其中有一章专论"余绍宋与宣南画社"，叙述当时史实，基本无误，评论也恰当公允，兹摘录若干文字如下：

> ……"宣南画社" 1915 年成立，是民国初期北京较早出现的美术社团，早于北京大学画法研究会（1918 年成立）、中国画研究会（1920 年成立）。由原司法界喜欢书画的同仁二十余人，公余从汤定之习画，每周聚会的雅集性质。陈师曾 1913 年来京，最早参与的画会活动即"宣南画社"。
>
> ……余绍宋的书画看不出曾受汤定之的影响，可能与他广博的

学养与个人性格有关。余绍宋"学与位俱显，才与艺兼长"①。其书画格古博深，笔墨沉厚茂密，显然受乾嘉金石学蒙养，与陈师曾气息相近。余绍宋勤于治学，著述甚丰，仅与书画有关的著作即达十余种，其中以《书画书录解题》最受学界推崇。余绍宋虽然是司法部高官，却有时数月领不到薪水。1924 年余绍宋开始订书画润格，同年教育部任命他出长国立北京美术专科学校，力辞未赴任。1927年，余绍宋又婉拒国立北京艺术专门学校校长林风眠之请（出任中国画科主任）。由此可知，余绍宋在美术界已是众望所归，确立了作为北京画坛领衔画家之一的地位。余绍宋是民初美术史上南风北渐的重要人物，他对北京画坛的形成有重要贡献。

另一部由李铸晋、万青力合著的《中国现代绘画史·民国之部》，由上海文汇出版社于 2003 年出版。该书将余绍宋列入新传统派画家，定位十分恰当。新传统派画家尊重传统，又不拘于传统，多数为文人学者。此派画家除余绍宋外，还列入吕凤子、潘天寿、郑昶、陈之佛、张大千、傅抱石等十余人。该书在介绍余绍宋时是这样叙述和评论的：

> 在这些新传统派画家中，首先要介绍的是余绍宋。余绍宋字越园，浙江龙游人。家学渊源，七代均善书画，而且富于收藏。壮年后，曾访名山大川，任职于北京，曾任众议院代秘书长、司法次长等职，又曾被邀任北京国立美术专科学校校长而未就。余绍宋著述丰富，曾主编《金石书画》《画法要录》等多种画史，画论书籍最重要的如《书画书录解题》等。
>
> 余绍宋不轻易为人作画，因此流传的作品不多。《湖上泛舟》为其佳作之一。全图结构源于元代画家倪瓒，但笔法接近徽派查士标等人。身为学者，自然对中国绘画传统甚为熟悉，因而画作亦以仿古为主，但仍略具个人风貌，是学者画家中代表之作。余绍宋在民国初期被尊为北京画坛领袖之一，从此幅画作水准来看，是名副其实的。②

① 林志钧：《龙游余君墓志铭》。
② 李铸晋、万青力：《中国现代绘画史·民国之部》，第 42 页。

家庭生活

　　一个人对待家庭、对待朋友的态度，往往能体现出他的人品、性格，所以即使是生活中的小事，也可以以小见大。关于余绍宋对朋友以及对待母亲的情况前面已有详述，这里只讲他的家庭以及生活小事。

　　余绍宋共有三个儿子，长子翼、次子献、三子遂都是正室曹氏所生。侧室周瑛无出，周氏晚年也与三个儿子住在一起。

　　长子翼，字意陶，生于1911年，卒于1989年。少年时随父在北京读书，后在天津南开读中学。余绍宋家教甚严，尽管很忙，还常抽空为儿子讲解课文、谈心，进行思想沟通。余翼后来毕业于复旦大学教育系，毕业后回衢州，在衢州中学任教，曾一度担任临海县教育科科长，后因患伤寒回杭养病，病愈后仍回衢中任教。衢州中学设有初级师范班，1944年余翼受省教育厅厅长许绍棣的委托，将衢州中学初级师范班改建为衢州师范学校，独立建校，并被委任为校长。战时十分艰苦，此时衢中设在山区石梁，衢州师范成立后，当然也在石梁。抗战胜利后，各校均迁回衢州城内。衢中原有校舍，修缮后仍可使用。而衢州师范系新建的学校，本无校舍，当时财政又极绌，政府只能解决一部分。于是余翼决定将余氏家祠腾出，作为衢州师范学校附属小学的校舍，一小部分作为教师宿舍。为此请示父亲，余绍宋慨然应允。为解决学校改建修缮校舍经费的问题，余绍宋还作书画数十幅义卖，以所得补充该项经费。

　　余氏家祠系余恩镲一系的支祠，所供祖宗灵位不多，名为乐寿堂，内有余氏子孙读书处，名曰励志书屋，系私塾性质。乐寿堂面积很大，房屋两千多平方米，院子更大，院落中还有一条小溪流过。所以作为附属小学，教室和操场都不成问题。从1945年秋一直到改革开放以前的30多年，衢师附小都设在乐寿堂。改革开放后，旧房陆续被拆除，仍在原地新建校舍。该校位于今衢州市化龙巷。余氏父子对衢州教育事业的贡献可见一斑。余翼解放后离开衢州师范学校，先后在辽宁义县、浙江宁波等地中学任教师。他在"文化大革命"中受极大冲击，直至1979年才得以平反退休回杭，至1989年5月16日因脑溢血在杭州去世。

　　二子献，字耆徽，1923年生，比长子整整小了12岁。中华人民共和国成立后毕业于浙江医科大学，一直在北京、兰州、杭州等地从事医务工作，1983 年退休后在杭州养老，今已过世。

三子遂，字叔愿，1928 年生。中华人民共和国成立初进华东军大读书，毕业后被分配到保定空军服役。不久退伍，到杭州灯泡厂工作，1988 年退休后在杭州养老，今已过世。

余翼 1934 年娶浙江海宁硖石高其黄之女高蛉缘为妻。高其黄为儒商，40 岁左右即去世。高蛉缘的祖父高振声为清光绪年间进士，高家也是海宁望族。余翼和高蛉缘共有二子二女，我是长子，我有一个姐姐、一个妹妹、一个弟弟。母亲高蛉缘只读到高小毕业，旧社会女子不能读书，加上父亲早逝，于是只得辍学。来到余家后，因在余绍宋身边，她依旧可以读书写字，所以能写一手好字。她 90 岁仍能读书看报。四个子女均在"文化大革命"前高中毕业，只有我的姐姐余孟嘉"反右"前于杭一中高中毕业，有幸大学毕业。"反右"以后，很重视家庭成分，自我以下均在高中毕业后失学。母亲勤劳善良，中华人民共和国成立后一切家务及养育子女的担子都落到她的身上。"文化大革命"前，她还在幼儿园担任教育员工作，"文化大革命"开始后被辞退。"文化大革命"结束后，她还在居民区担任义务社会工作十余年。今已过世。

1986 年，龙游县举办了余绍宋研究学会成立大会，各方学者、名人云集龙游，平日平静的小县城突然热闹非凡。当时有两位年届耄耋的老人也一定要来参加，说只要旁听就行。原来是当年余绍宋身边的龙游籍书童，一个名叫刘宗汉，一个名叫游章辉，两人都跟随余绍宋多年。游章辉曾在浙江省通志馆工作过，还能以作书画欢度晚年。他所画的墨竹，还真有那么一点余氏气息。研究会聚餐时，两位老人与余绍宋亲属同桌，畅谈老先生对他们如何如何的关心。余绍宋的儿辈与刘宗汉、游章辉也极熟悉，所以席间颇不寂寞。

早在 19 世纪末，正当余绍宋青年时期，曾为民族平等、民主自由、妇女解放而大声疾呼。虽然后来他没有直接参加到轰轰烈烈的反清斗争和民主革命中去，而是希望通过法制改革，实行民主政治，但是他在自己家里实实在在地实行了妇女解放、自由民主、平等博爱。虽然他在清末就做了个小京官，民初也做的是京官，但他不许仆人称他为老爷。除了家属之外，大家都称他为先生，年老之后称他为老先生或余先生，由此也足见他的民主思想和博大胸怀。

余绍宋外貌威严，体态魁梧，声音洪亮，不了解他的人，初见时多有些敬畏。其实他为人和蔼，谈笑中带有一种诙谐和有智慧的风趣。他乐于助人，更乐于提携晚辈；然而对某些自以为是的达官贵人，却敢于直接批评。当年在浙江省通志馆工作时，一直追随在余绍宋身边的两个青年人，一位是唐家仁，一位是刘衍文，都是龙游人，如今都已是白发苍苍的耄耋老人了。他们回忆当时的情况时有说不完的故事，好在两位先生都是著名学者，有些已付诸文字，可以传之久远。

唐家仁生于1924年，名画家唐作沛之子。擅书法篆刻。1943年浙江省通志馆成立时即在馆工作，直至通志馆1949年3月停办。中华人民共和国成立后赴北京，任中国电影家协会理事、原《大众电影》杂志副主编，并执行主编工作，编审。在浙江省通志馆工作时，他是20岁左右的小青年，负责图书室工作兼及民俗资料的搜集研究，所以每天的各种报纸都要浏览一遍，把有用的资料留下来。同时浙江省通志馆每天都有不少公函，凡馆长余绍宋发出的公函都要录一份存档，因唐家仁的字写得好，所以这任务就落到他的身上。因为他每天临摹余绍宋的字，后来就十分相像，几可乱真。唐家仁先生写了不少回忆文章，都是他亲眼所见、亲耳所闻、亲身所经历的一些史实，有十分重要的史料价值，兹录数条于后：

> 先生的起居生活，很有规律。每天天色微明，书斋的灯就亮了。这是他一天工作的开始。读书、补记昨天的日记，或致书好友，答复来信。
>
> 早餐后，稍事休息，或上班，或会客，或写作。要是上班，一般都在八时半到馆。省通志馆馆址在西湖静江路108号（静江路已改名，今为北山街）梅庐内。梅庐是一位上海资本家的别墅，一直空着，是租赁下来办公的。它面对孤山林和靖墓，院木葱茏，小楼回廊，倒也幽静。
>
> 先生每来馆舍，总是衣冠楚楚。夏天白色中式短衣裤，外罩浅色长衫；冬天长袍坎肩，黑布鞋，有时也戴黑瓜皮帽。马褂左上方的口袋里放着打簧怀表。裤脚常用黑布带裹起，想是早年在北京习

惯了的装束。走起路来，步履稳健，仪态不凡，一眼看去让人肃然起敬。

有的文章中提到省通志馆还有一位副馆长何炳松先生，就我所知，一直没有见到，似也没有听说过，也许是当时省府内定，而始终未到任（想是转引自台湾省《传记文学》杂志所载先生小传）。当时住馆的有总编纂孙延钊（孟晋）、编纂项士元（慈园）、宋慈抱（墨庵）诸先生；分纂的有钱南扬、洪焕椿（弗西）、祝鸿逵（子孚）、诸帮藩诸先生；时间太久，有的记不起了。

先生办事，井井有条。每有公文，总是很快处理，从不积压。在批示处总盖上专用私章，章为朱文"余绍宋"，外观晶亮透明，有如玻璃，他告诉我，是用美国飞机的残骸加工制作而成，一位朋友送的。我想当是硬塑料，可在当时却是一种不多见的东西。

…………

晚饭之后，夕阳西下，志馆同仁常在村野小道上散步。一次在白龙山上，先生从陈老莲谈到《水浒传》人物，又从人物谈到"赤发鬼"，他说"赤发鬼"就是衍文和我。我当即想起"赤发鬼刘唐"，心想先生真能逗人，觉得也真好玩。还问我：听说衍文迷上了一个花旦丹桂红，可有此事？我说那是大家开的玩笑，没有的事。……

不了解先生的人，都以为他道貌岸然，让人有几分敬畏，其实他常怀童心，且极诙谐。1944年盛夏，在云和大坪寓所，他患湿疹，光着上身，搽满用橄榄油调的药，胸背上还用纱布裹了几道。我去时，他正坐在竹椅上抽烟，一见我去，开口就说："家仁，我被害了！"我一惊，问怎么被害？他说："你看我五花大绑，就要绑赴法场，不得了啦！"我也打趣地回答："老先生放心，我们都会去劫法场的！"他也乐得笑了。

以上文字见于唐家仁先生《风物澄明新雨后——追怀余越园先生》一文，该文1986年作于北京，刊载在团结出版社1989年出版的《余绍宋》一书中。唐先生一生与电影事业和书法艺术结下了不解之缘，尤其是"文化大革命"之后又写了许多有关电影界和书画界的文章，收入了他的《影墨缘》一书中，该文也被收入，此书由香港文汇出版社2004年10月出版。

另一位是刘衍文先生，1920 年生，原上海教育学院（现已并入华东师范大学）中文系教授、上海文史馆馆员。刘先生略迟于唐先生进入浙江省通志馆工作。刘先生擅诗词研究，并且著作等身，专著有《雕虫诗话》《文学概论》《寄庐杂笔》等，最近又出了一本《寄庐茶座》，有许多谈到余绍宋的文章。刘、唐两先生在浙江省通志馆跟随余绍宋五六年之久。当时余已是六十多岁的老人，刘、唐二人正当青年，年龄差距在四十岁左右，但是老少之间关系很融洽，而余绍宋用人，不问出身，唯才是用。刘衍文被称为龙游才子，当年《寒柯堂诗》出版前余绍宋请刘衍文校读，于是有《校读〈寒柯堂诗〉删定本书后》一文，末书"龙游弟子刘衍文"。其时刘衍文只是二十余岁的青年，而文中所论各家诗之得失非常得体，余绍宋甚赞之，并刊于书后。

中华人民共和国成立后，刘衍文教授离开杭州，到了上海，任教于上海教育学院。"文化大革命"结束后，尤其是十一届三中全会以后，百废待兴，言路广开。刘衍文教授将多年来积累的成果，著书立说，公之于众，其中多有涉及余绍宋者。1984 年余绍宋冤案得以平反，在唐家仁、刘衍文两人的提倡下，1986 年龙游县成立了龙游县余绍宋研究学会。秋天，成立大会在龙游县举行，各级领导、各方学者云集龙游。我虽久闻唐、刘两位大名，这时才第一次见面，惜为时匆匆，未能从容向他们请教，从此便南北各一方，忙着自己的工作。虽有书信往来，但毕竟言之不详。好在唐、刘两位所经历者，都有文字记载。以下为刘衍文先生有关余绍宋的部分文字，摘录如下：

> 余先生毕竟是个有识之士。他爱的是人才，问的可不是学历，这不仅对我这个小同乡为然。例如，瑞安的宋慈抱墨庵先生和余先生无一面之雅，只是看到浙江省通志馆馆刊的征稿启事，就源源不断地写了许多文章来。宋先生年将耳顺，一直在家读书，从来不曾外出谋事。余先生和我对他的著述都大为欣赏。有一次晚饭后谈起，余先生说想请他来馆担任分纂。我插嘴道，以这样一个有学问的人，只叫他做个分纂，岂不太委屈了他。我以为不请则已，要请就应该请他做编纂，反正他是胜任得了的。余先生听了就立即致函省政府，将编纂聘书发了出去。按照当时的编制，编纂和分纂的等级相差很

大，编纂的底薪有五百六十元，分纂只有二百六十元和二百八十元两等。宋先生想来现在也必作古，但他始终不知道我曾经起过这样大的作用。然而要不是余先生乐于接受下属的意见，纵再多言，也是无济于事的。……

又如诸暨蒋麟振宰棠先生，年事极高。卒后，余先生命我整理其遗稿。余先生说："蒋先生未满二十岁就考取第五名举人，我小时候还读过他的墨卷哩。"可是后来他遭遇不好，如果没有余先生，连吃饭都会成问题的。余先生推荐他到浙江省政府做特务秘书(……所谓特务秘书者，只不过是官吏的清客，不是代写应酬文字，就是帮助鉴定古董，其中只要有一技之长的，如写字、作画、篆刻等等，通过一定的关系，都可录用为特务秘书。其地位较低……)，不意蒋先生担任特务秘书未久，由于落落寡合，不为上峰所喜，忽把他降调为科员。这种做法，是从来不曾有过的，其实是对蒋先生的莫大侮辱，蒋先生如何忍受得了？但不做吧，吃饭又成问题。好在随即浙江省史料征集委员会成立，余先生任主任委员，遂通过省政府聘蒋先生当了委员。旋即改组为浙江省通志馆，又聘蒋先生为编纂。要不是余先生，蒋先生的情况就不堪设想了。①

刘先生在另一篇题为《先师越园先生传说的真真伪伪》的文章中澄清了许多传说的真伪，有的是生前讹传，有的是死后谣传。该文也收入了《寄庐杂笔》。关于中华人民共和国成立前的一则是：1948年，当时浙江省建设厅厅长伍廷飏（字空展）有一天收到了一副对联、一个堂额。对联是两句成语"一筹莫展，四大皆空"，嵌其字；匾额为"耻与为堂"，隐其姓。很多人都认为是余绍宋的嘲谑。据说伍厅长为此气得要命，恨得要死！

刘衍文先生这时正在杭州新群中学教书，有位名叫王池的同事知道刘是余绍宋的弟子，就对刘说："令师真会开玩笑，挖苦人！"刘先生愕然不解，王池就讲了上述这件事。刘先生还是不相信，觉得完全是讹

_____

① 刘衍文：《未开花独赏，久屈蜇应伸——追念恩师余越园绍宋先生》，载《寄庐杂笔》，上海书店出版社2000年版，第339—340页。

传，就对王池说："越公决不会做这种事。他是副议长，有什么话不能在参议会上说，有什么顾忌不好在大庭广众中提出批评？何必要这样躲躲闪闪，采取不得志的读书人的做法，有如传说中的徐文长那样呢？何况我和越公相处多时，从没有听他谈起伍廷飏，倒是对财政厅长黄祖培时有不齿之辞，又说过黄的夫人太能干、最会帮凶。"

刘衍文先生终于找了一个机会，把上述情况向余绍宋讲述了。果不出所料，他听后很气愤地说："这真太不像话了！我吃了饭没事干了，才会想出这个办法来！这又有什么用呢！何必多此一举呢！要指责伍廷飏，直截了当地当着他的面、当着众人的面好了，岂不痛痛快快！难道我还怕得罪他吗？"

其实根据一个人的性格和人品，完全可以对某种传言予以否定，所谓谣言止于智者。然而，人群中总有那么一些劣根性特别严重的人，喜欢传播谣言，甚至制造谣传。刘衍文先生在《先师越园先生传说的真真伪伪》一文中，还讲述了"王梦白骂寿"的不可能性，云和白龙山庄浙江省通志馆梅家大院内鬼故事的传闻，龙游籍算命瞎子给余绍宋算命"瞎话三千"的事。文太长，不能一一摘录，有兴趣的朋友可以找《寄庐杂笔》和《寄庐茶座》一读。

余绍宋喜欢穿中式服装，除在日本留学四年着西装之外，基本以中式服装为主，而且以着长袍为主，重要场合则着长袍马褂。他身材高大，不胖不瘦，直至晚年也未发胖。我 17 岁时他就身高一米八，当时家里还存有他生前穿过的长袍，我曾玩着试穿，长袍下摆基本已拖到脚面，足见他是一米八以上的身材。

20 世纪初，知识分子中有的以蓄须为时尚，余绍宋上唇也留着一撮小胡子，而下巴不留须。他眼睛较大，鼻梁也很挺。声音很洪亮，性格很直爽，常常他在书房里与客人聊天，院子里的人都听得很清楚。他喜欢饮酒，而且酒量极好，在南方时以饮绍兴黄酒为主，并且要陈年的绍酒。据老一辈说，他最多一次能饮五六斤黄酒，但从未喝醉过。他很有自我克制能力，晚年也戒酒，除重要朋友相见偶尔破戒，一般日子都不饮酒。他也喜欢抽烟，烟瘾也很重，一般以卷烟为主，偶尔也抽雪茄烟。当时不知道抽烟对人体的危害很大，到晚年他虽然抽得较少，但未曾戒掉。

身后情况

1949 年 6 月 30 日，余绍宋在杭州菩提寺路萱寿里故居因患败血症医治无效，与世长辞。患病期间，陈叔通、马叙伦、邵裴子、金润泉、吕公望、凌砺深、高时丰、高时显、高时敷、徐行恭、徐沧一、阮性存、王式园、吴剑华、舒国华等朋友及弟子数十人前往病榻探望，老友林志钧等也特从外地前来探视，中西医王邀达、叶熙春、张星一、王雨霖等几乎每日必来诊病问候。当时医学不甚发达，终因无法治愈病殁。老友林志钧为其撰写墓志铭。

余绍宋去世后，生前好友及亲属两三百人前来吊唁。先是浮厝杭州净慈寺，1952 年安葬于杭州龙驹坞公墓。1966 年墓碑被砸。1969 年底，公墓改建为药物种植场，不及也不敢迁葬（当时迁葬要出示造墓证明和家庭成分证明书），所以只得听其自然。所有未及迁葬者的遗骸，均由药物种植场做深埋处理。

余绍宋去世仅一个多月后，全国政协筹委会发来邀请函，请他参加中国人民政治协商会议。如果余绍宋尚在人世，如果他参加了政协会议，那么他的历史乃至子孙后代的命运也许将会重新书写。在随之而来的噩梦中，在备受煎熬的岁月里，每每想起这一函邀请书，真是令人不胜感慨。

1950 年初，余翼、余献、余遂三兄弟将寒柯堂藏书捐献给浙江图书馆收藏。当时中华人民共和国成立不久，经济尚在恢复阶段，对私人所捐文物、书画没有什么奖励政策，只是由当时浙江省人民政府主席谭震林同志签发了一张奖状。奖状全文如下：

浙江省人民政府褒奖状

余翼、余遂等将其父余绍宋先生所遗寒柯堂藏书、碑帖壹万叁千余册悉数捐赠省立图书馆。该项书帖佳刻善本甚多，价值至巨，对于文化之保存与流通意义至大。核与中国人民政治协商会议共同纲领第四十一条，提高人民文化水平的原则深相符合，特授予褒奖状。此证。

主席　谭震林
1950 年 3 月
（浙江省人民政府印）

　　中华人民共和国成立初，余绍宋遗属这一义举在浙江省应该是第一例。此后不久，对捐献文物者国家给予一定的经济奖励，有的还比较丰厚。

　　在余绍宋遗属捐赠文物的第二年，也就是余绍宋逝世的第三年，一个噩梦从天而降。1951 年 8 月，龙游县军管会来到龙游河西街八号（今改为祝家巷）余绍宋的旧屋，表示要借用该房。数日后，龙游县人民法庭送来了该庭的刑事判决书。该判决书既无原告也无编号，而被告赫然是已死亡三年的余绍宋。判决书用钢板刻印，繁体直行，毛边纸，无标点符号。

　　这张莫须有罪名的判决书发出之后，龙游县人民法庭又通知杭州、衢州等地法院，没收了余绍宋在两市的所有遗产。从此，在"官僚反革命"帽子的阴影下，痛苦和惶恐如影随形地伴随着余绍宋的遗属。财产没收事小，而子孙两代人的求学、就业处处受到歧视，身心俱损，不堪回首。三十多年来，唯有夹着尾巴活着而已。直至"文化大革命"结束后，长子余翼、长孙余子安经无数次的申诉，最后由邓小平同志办公室批示，在省委、省政府的关怀下，1984 年 9 月 10 日，龙游县人民法院以龙法（84）刑申字第 76 号判决书，撤销了该院 1951 年 8 月对余绍宋的错误判决；1985 年 2 月 18 日，浙江省杭州市中级人民法院以杭法刑监（85）55 号判决书，撤销了原杭州市人民法院（52）财处字第 169 号对反革命罪犯财产处理判决书和（57）杭法刑监字第 276 号刑事判决书。玷污了余绍宋名声，湮没了他一生的成就，并使他遗属身历百劫的三十多年的沉冤终于得以昭雪。

龙游余君墓志铭

林志钧

君讳绍宋，字越园，姓余氏。上世居龙游之柳村，后移居城中后高山七果园。曾祖讳恩镖，广东连州知州。祖讳福溥，江西特用知府。父讳庆椿，龙游凤梧书院山长。连州公廨组归，以龙游故宅毁于兵燹，移寓衢州，遂奠居焉。君年十三，遭父丧，哀戚如成人。年十六为诸生。又三年食廪饩，旋留学日本，毕业政法大学。归国，以法政科举人授外务部主事，时为清宣统二年。洎国体变易，君南归。民国元年，就浙江法政专门学校教务主任，兼教习。二年，北上充众议院秘书，旋任司法部佥事兼署参事。三年，任参事。予宣统间识君北京，至是任职司法部参事，日相接，踪迹益密，公余商讨古今学术流别，旁及艺事。君擅书法，善用奇局，而沉厚茂密，行间有遒健深博之气。时武进汤定之先生游京师，嗜书，多见名迹，以家学通六法，君与予获交定之。同时，萧屋泉、贺履之、陈师曾诸先生皆精绘事，亦常相过从，月一二会，多集君西砖胡同寓斋，君之学画自此始。民国四年，帝制议起，予辞部事，授课国立法政学校，任教务长，君于时亦兼校课。八年，予任司法部民事司司长，翌年君代理司法次长。十年三月，迁司法次长，十二月辞职，任法律馆顾问。十四年，与予同允善后会议法制专门委员，君又充宪法起草委员会委员。十五年三月再任司法次长。金佛朗案起，君去官以表抗议，示不挠，世多称之。十六年，司法储才馆成立，任予学长，未遑就，推君，果称职。十七年，君亦辞学长职，南归居杭州。予时授课北大、清华两校，留北京。自是与君南北暌隔，盖无时不相念，每南行必过杭州，视君寒柯堂，相与握手倾谈为乐。别时，君则写山水或竹石小帧以赠。二十六年，任国立中央大学教授。是年八月，抗日战事起，君奉母返里，旋移居龙游南乡之沐尘山中。予时困处处津沽，友好音讯殆绝，君独从沐尘辗转探悉予所在，远道笺札相存问，又辄为写山水或竹石小帧寄赠，迹雅而情温，意长而谊笃，此岂可求之于寻常朋辈间哉！君向不甚为诗，至是避寇山居，乃有所作，诗多感时伤乱愤世语，而苍莽雄直，时近杜陵，固君才气高举使然，亦身所遭历有以致之也。诗成积数十首，即作小行书寄予，属为论次。如是数年不辍，集若干篇，今所刻寒柯堂诗集是已。二十七年，被选为浙江省参议会参议员。三十一年，由龙游迁云和，被选为浙江省第二届临时参议会副议长。三十二年，浙江省通志馆成立，聘君为馆长，设馆云和。僻壤荒陬，人材、载籍两乏，其筚路蓝缕，草创擘划之劳，十百倍于常时。而浙省通志，自清雍正时续编以来，二百余年文献湮缺，民国初年设局重修，既又中辍。君受任，奋然不顾时势之艰，为之草定体例纲要，不循旧志轨辙，区为二十九编，都五百零四章，其编曰记者二，曰考者十二，曰略者十二，曰谱者二，曰表传者一。编章之下，详分节目，此不独浙江各旧志，即各省新旧志书，亦罕见兹例。更折中实斋章氏及近贤诸说，别为浙江文征一书附焉。造端宏大，可为观止。寇既败退，通志馆迁杭州，君亦返杭，与馆中诸贤，分工协力，志事益精进。三十七年，予南下游杭，留宿君家三日，君戊寅寄予诗："逃死光阴垂老日，今生重见恐无时。"乱离久阔，竟获再聚，予年逾七十，正不知能复几面，乍晤，把双臂，为之怅慰交集！而聆君谈转徙衢处间，困顿孤苦之余，通志馆重负，竭心力未尝稍婴退，则为之倾服且喜。顾是时，馆事以绌于费，薪米且不继，既成之稿，印资无从出，仅由市府以征粮调查需参考，给款抽印志稿财务略之田赋一章，已累然巨帙。斯志不仅以繁富称，君盖参用史裁，兼尚科学，如旧志仍星野之说，君则商诸竺君可桢，根据天文学决弃此说不用，其一例也。又如地理考中之地质、气候，民族考中之民族特质及其分布、方言、风俗，与夫特殊少数民族，社会考中之社会衍变及解剖、革命运动、学术文化运动、社会事业，物产考中之动、植、工、矿诸物，及其特产，他若交通、水利、政治、经济、财政、法律、教育诸大端，又如工人、农民生活状况、劳资问题、团体组织、合作事业等等，皆论列及之。君谓今日修志当切合时代，不宜依傍前人，惮于改制。越园讲旧学，而其为言如此，其识解有过人者。浙为东南学术荟萃之区，斯志凡浙人著述，自汉唐以下迄于民国，又省外、国外人有关浙省著作，咸登于录。而关于存佚及待访各书，皆有统计，其为例亦至善。今年春，通志馆卒停办，君与予书，深恨不能竟其事。予曾去书，问著述考、金石考两种已成书否。君来函，同仁所编著述考，各书皆有提要，凡一百余万言，金石考十八万余言，皆已成。其他部门成者尚四百余万言，今举束高阁耳！予复书宽慰之，而私亦为慨叹不已。岂知越数月，君且弃吾辈以去，天乎！老来丧朋友若丧性命，四十载肺腑之交，闻君丧直不知吾身之犹在人间不也。回忆君在北京编成空前名作之《龙游县志》，又《书画书录题解》《画法要录》诸书，时予旦夕相与上下议论，君恒虚受不以为厌，是诸作予又皆见其成，引以为至乐。今乃见通志之忽然以断，复闻君之丧，呜呼，今昔之感，生死之际，独安能无痛哉！君为人倜傥有大志，长身岳立，目光炯炯照人，豪饮未尝见其醉。作书画则虽酒后必精严有法度，其画别出机轴，圣处几自名一家，居官不随俗俯仰，勤而慎，案无留牍，而措施裕如，其政绩世所共见，不具述。所著书，尚有《补新旧唐书艺文志》及《画学师承记》《佛教艺术》，垂成皆因乱散失。君事太夫人至孝，归衢州定省，岁数往返不知倦。太夫人今年八十又八岁。君既逝，家人不敢以闻。呜呼！君万万不可死而竟死，此又何说哉！君生于清光绪九年癸未十月初六，卒于民国三十八年六月三十日，寿六十又七。室曹氏，侧室周氏，子三：翼、献、遂。孙男二：子安、力生。孙女二：孟嘉、怀仲。将于某年月日，卜葬于杭州某地。铭曰：

学与位俱显，才与艺兼长。胡光仪之遽泯，岂时命之相妨！亭亭寒柯，天其雨霜。归形兹壤，纳铭永藏。

1949 年 7 月

余绍宋大事年表

1883 年（清光绪九年） 1 岁

旧历十月初六，生于浙江省衢县（今衢州市）化龙巷。

1887 年（清光绪十三年） 5 岁

开始识字。

1889 年（清光绪十五年） 7 岁

开始入家塾乐寿堂读书，业师为王耀周先生。

自幼聪颖，曾祖父镜波公十分喜爱，课余必督促他温习功课，并常讲乡先贤少年时的故事给他听，如"饶州之罗鸡得金""忠肃之化龙枕鼓"等。所以虽自幼生长在衢州，却很神往龙游故乡。

1893 年（清光绪十九年） 11 岁

曾祖父谢世，享年 86 岁，卜葬于龙游县北上山徐之阳。随祖父、父亲送灵柩至龙游，第一次踏上故乡土地。安葬毕又归衢州。

1895 年（清光绪二十一年） 13 岁

父延秋公掌教龙游凤梧书院，随父居书院读书为时半年，渐通晓故乡俗语，也渐留心乡邦故事。

是年祖父滋泉公谢世，父延秋公居丧致毁，也卒于这一年。

1896 年（清光绪二十二年） 14 岁

因祖父、父亲相继去世，又回衢州居忧读书。

此后数年中，留意经世之学，并涉览群书，对于史学尤为喜爱。

1899 年（清光绪二十五年） 17 岁

是年岁试，府试第五名，县试第三名。

自父去世后，家境日渐贫苦，常常为县学撰写文稿，以所得赏金补家中日常开支。

从是年起开始记日记，直至去世前从未中断。今存世者不及总数之半。

1900 年（清光绪二十六年） 18 岁

自此后三年均在家设馆教书，学生有徐仲宣等人。空暇仍为县学撰文。

是年北京发生义和团运动，衢州、江山等地也有杀洋人的事情发生，全家曾暂迁杭州。

1903 年（清光绪二十九年） 21 岁

是年清政府废除科举制度，龙游县开办了新学堂，曾任学长一席，为期半年。任课之余奋发读书，遇有关本县事情便笔录之，日久积稿渐多，与旧方志相互考校，发现《康熙龙游县志》舛讹很多，于是成《旧志订伪》一篇。

1905 年（清光绪三十一年） 23 岁

在江山中学堂任教，与马叙伦等人共事。

旧历十月二十六日，与安徽绩溪曹闻韶次女曹越弟结婚。

1906 年（清光绪三十二年） 24 岁

仍在江山中学堂执教，后因慈禧太后肖像案，离开学校去日本留学。①到日本后先入交通学校铁道专业，不久即转入东京法政大学研读法律。

1907 年（清光绪三十三年） 25 岁

与同学凌士钧合作翻译日本人泉二新熊讲述的《刑法泛论》，由上海彪蒙书屋出版。

1910 年（清宣统二年） 28 岁

毕业于日本东京法政大学，归国后以法律科举人授外务部主事。最迟在这一年结识梁启超、林志钧。

1911 年（清宣统三年） 29 岁

旧历八月十四日，长子翼（字意陶）生于衢州化龙巷。
纳周瑛为侧室，周无出。

1912 年（民国元年） 30 岁

任浙江法政专门学校教务主任，兼教习。又任浙江私立法政学堂教员。

1913 年（民国二年） 31 岁

赴北京任众议院秘书，不久任司法部佥事兼署参事。
10 月，政治会议开幕，由司法部派选任政治会议议员。

1914 年（民国三年） 32 岁

任司法部参事。
6 月，政治会议结束。

---

① 据新近发现的钦差出使日本国大臣发给余绍宋留学日本的证明书，余绍宋到东京的时间是光绪三十一年，也就是 1905 年。而据江山档案馆所藏毛云鹏的回忆和马叙伦的《我在六十岁以前》一书，江山中学堂事件发生在 1906 年。这时间上的差异成了一个悬案，待以后详加考证。

1915 年（民国四年）　33 岁

任司法部参事。

于公余从汤定之学画，并成立宣南画社。司法界同仁林宰平（志钧）、梁和钧（敬錞）、胡子贤（祥麟）、杨劲苏、孟纯苏、刘崧生、余戟门、蒲伯英等十余人一同参加。后来陈师曾（衡恪）、贺履之（良朴）、萧厔泉（俊贤）等名画家也来参加。画社每周集会一次，作画吟诗，谈艺论文，纯属民间学术团体。参加者不论地位高低，来不迎去不送。因多集于先生所居之西砖胡同，西砖胡同位于宣武门之南，故名"宣南画社"。

1916 年（民国五年）　34 岁

继仟前职，并任高等文官惩戒委员会委员。

1917 年（民国六年）　35 岁

7 月，张勋复辟，曾一度辞职，不久即平息。

8 月，任国务院战时国际事务委员、司法部主任委员。

9 月，抄校李清所著的《南北史合注》。①

1918 年（民国七年）　36 岁

5 月，为"明杨椒山先生狱中手植榆树"题字、题诗，并付刻石，石在北京。

6 月，与凌砺深、梁和钧赴南方各省考察司法。途经杭州访老友阮荀伯、经寿庵等人。并应经寿庵的请求，为修葺"巢后阁"撰写楹联，又重书林文忠公旧联一副。

1919 年（民国八年）　37 岁

元旦，撰《徐馨山太姻丈墓志铭》一篇。

---

① 余绍宋逝世后，《南北史合注》抄本及校本均捐献给了浙江图书馆，但后来先生亲手批校本部分遗失。1989 年由全国图书馆缩微中心按浙江图书馆（以先生和胡子贤共同完成的抄本）誊清本影印出版。

5月4日,爆发五四运动。先生对当局蔑视司法、逮捕学生十分不满。撰写《詹世诠传》一篇。

为汪志庄(展)题所藏旧拓《西门豹祠堂碑》凡二千余字。又题《查梅壑手札》等。

独力编著《刑事诉讼法条例》一书,由北京第一监狱署出版。又与余棨昌、李祖虞合编《实用司法法令辑要》,也由北京第一监狱署出版。

所著《行政法总论》由北京法政专门学校出版。

编成《最新行政法规》,由北京公慎书局出版。

1920年(民国九年)　38岁

继任前职,仍兼北京法政学校课。

元月,表伯梁鼎芬在北京去世,安葬在梁格庄。绘《梁格庄会葬图》一卷,此卷有曾刚父、陈宝琛、朱益藩、胡子贤、陈师曾、吴昌绶、康有为、黄节、袁励准等二十余人题诗题跋。

3月,购入衢州化龙巷翟姓旧宅"通奉第",遂改"通奉第"为"春晖堂"。

8月,与龙游人朱晚香商议修县志事。

10月、11月,因司法次长张云博请假,代理司法次长职。

1921年(民国十年)　39岁

元月,又奉命代理司法次长职。3月7日就任司法次长职,在职期间曾实行一些积极措施。

3月,因总长董康丧叔请假,代理司法总长职务。

7月,提议募款设法律图书馆。

9月,赴南方各省考察司法。

10月底,返衢州为母亲褚太夫人六十诞辰祝寿。龙游县筹备修《龙游县志》,被聘为总纂。

12月,在京会见日本著名画家渡边晨亩。

编校《节庵先生遗诗》。

12月28日,辞司法次长职。

主编《外国法学丛书》,由司法部参事厅出版。

1922 年（民国十一年） 40 岁

继任高等文官惩戒委员会委员。继任司法部参事。受聘修订法律馆总纂，辞不受，改聘为修订法律馆顾问。仍兼北京法政学校课。

起草《法院编制法》。

编辑《法律草案汇编》，由北京修订法律馆出版。

编辑《梁节庵先生遗诗》，撰写《梁节庵先生遗诗集缘起》。

1 月，跋《先德遗墨卷子》凡十余条。

2 月，为梁启超先生五十大寿作画。

阅读章学诚《文史通义》第八卷，并拟订《龙游县志》编纂条例，不依向来通例，亦不全用章氏说。

3 月，因政府数月未发薪水、拣旧书画出售以补炊米。

5 月，因感画学凌夷，邪魔外道猖獗，颇思辑一书，以便初学。遂着手辑录古人论画语，去其浮泛玄妙之言，分类编排，并加以解释，定名为《论画集释》，又改名为《画法汇抄》。此即 1926 年出版的《画法要录》之缘起。

6 月，为钟琴庄之父作《钟岐山先生家传》一篇。

9 月，校先曾大父《吴越杂事诗》并跋其后，付印。

10 月，省亲赴衢州、龙游，先祖所创龙游滋福堂药店始由先生及胞弟筱秋独力经营。

汪慎生（溶）为先生作四十岁小像，陈师曾（衡恪）题字，黄晦闻（节）题诗。

是年龙游县设修志局，公推祝康祺坐办局务，并设局员两人，采访员八人，而撰文则由先生一人承担。

1923 年（民国十二年） 41 岁

北京法政学校欲聘为校长，辞不受。

辑成《万历龙游县志辑佚》一册（稿本）。

更定祝康祺所编《龙游县志采访员章程》凡十九条。撰写《名宦传》。

为龙游北乡题"灵鹫岩"三大字。又写"青霞"二大字，刻于衢州烂柯山岩上。

为邵伯䌹（章）作《万松兰亭斋图》一卷。

为靳云鹏母寿作画。

为沈衡山（钧儒）题其尊人手摹《夏承碑》。

拟定《龙游县志采访纲要》八章近四十条。

撰《重刻万历壬子龙游县志序》一篇。

《梁节庵先生遗诗》刻成，分赠亲友。

被北京法政学校推举为筹备大学委员。

6 月 24 日，由骡马市大街西砖胡同迁入新居东单牌楼三条胡同。

次男献生，字耆微。

8 月，《万历壬子龙游县志》重刊成书。

10 月，辞去修订法律馆顾问职，兼任北京国立法政大学教授。

1924 年（民国十三年） 42 岁

因需潜心致力于《龙游县志》的编纂，除任北京国立法政大学教授外，辞去一切职务。

2 月，为平谷县书写"渔阳故址"四大字，付诸刻石。为朱子厚书"清慎勤"三大字。

7 月，北京美术专门学校校长陈延龄聘先生任教席，辞不受，再请方允诺。

9 月，教育次长马叙伦请先生出任北京美术专门学校校长，辞不受。

11 月，北京美术专门学校教务长汤文聪特来劝先生出任校长，仍辞不受。

12 月 2 日，教育部送来北京美术专门学校聘书，马叙伦打电话通知先生必须在次日到校就职。

12 月 5 日，初识徐志摩、郁达夫。

再辞北京美术专门学校校长职。

得梁节庵旧藏《归庄墨竹诗翰卷》、万寿祺赠顾炎武《秋江别思图卷》两卷。

书画开始订润格。

1925 年（民国十四年） 43 岁

2 月，"新月社"来函邀入社。法制院函派先生为善后会议法制专门委员。

3 月，为罗钧任（文干）作《岳阳城图》。

4 月 11 日，《龙游县志》志稿全部告成。

4 月 26 日，举行宣南画社十年纪念会，二十余人参加。

作《法政大学同学录小序》一篇。

南归省亲，重整家祠乐寿堂。

7 月，北京电告已推先生为浙江省国宪起草委员（委员长林长民）。

编校《画法汇录》（即后来出版的《画法要录》）。撰写《王耀周先生墓志铭》一篇。为沈钧儒画《雷峰遗影图》。

再次任修订法律馆顾问。

《龙游县志》全书完稿，梁启超为之作序，送京城印书局印刷。12 月，作县志勘误表。

调查法权筹备委员会开会，参议会成立会诸人公推先生为主席。

1926 年（民国十五年） 44 岁

燕京大学请梁启超、梁漱溟、张君劢、胡适之及先生分讲中国文化研究，先生分讲美术，因嫌范围太广，致函徐志摩，只讲绘画一门。

3 月，再次就任司法次长。

4 月，因反对段祺瑞执政府制造三一八惨案等事件，未待上辞职书，即被免去司法次长职。

5 月 6 日，在燕京华文学校为旅华欧人讲中国绘画。讲稿在《晨报》副刊上连载，后来南开学校有排印本，名为《中国画学源流之概观》，并有英文译本。

7 月 15 日至 9 月 15 日，因患痔瘘住院手术治疗。

12 月，故宫博物院维持会成立，与马衡、陈垣等 14 人由会长指定为常务委员。

《画法要录》出版。林宰平作序，汤定之题签，黄晦闻题扉页。1930 年中华书局再版，再版时初编分装四册，二编也分装四册。1970

年台湾影印再版。1991 年北京中国书店再版时缩印成一册。

为北京陶然亭画《龙泉寺补罗汉图》，并题诗于画上。

是年开始学画梅，着手修家谱。

1927 年（民国十六年）　45 岁

1 月，司法储才馆成立，任学长兼教务长（梁启超任馆长）。

兼任北京师范大学教授。

林风眠请先生出任北京艺术学校中国画科主任，力辞，后允任画史、画法两科教授。

开始研习章草。撰并书《祝康祺墓志铭》。

夏，为卓君庸（定谋）题章草草诀歌。为林宰平画《设色山水册》十页。

7 月，移居天津郭芸夫家，与梁启超毗邻，自此朝夕过从。

8 月，辞司法储才馆学长兼教务长职，辞去北京政府内的一切职务。

9 月，为梁启超题黎二樵画。梁为先生题所藏旧拓《急就章》和《月仪帖》。

梁启超作书致张元济，为先生在商务印书馆谋事。

10 月中旬，乘新铭轮抵沪，在沪逗留旬余。

11 月，返衢州，从此结束宦游生涯。

1928 年（民国十七年）　46 岁

春，校订郑渭川（永禧）《衢州县志稿》。

2 月 13 日，离衢州，经杭州、上海、天津，于 3 月中旬抵北平。旋返天津，仍住友人郭芸夫家。在津寓居时，每日读书画类书籍，并一一作解题。常与梁启超谈论学术。是时，梁启超方从事《中国图书大辞典》的编纂，先生则草创《中国美术史》，撰写《书画书录解题》。为考查诸书画书籍之存佚，在梁启超寓所查检目录书籍百余种。

《初学鉴画法》刊登在南开学校校刊上。

6 月，为梁思成新婚画册页四页。

7 月，将南归，以旧藏清查士标大幅山水赠梁启超。

7 月 20 日，启程南归，29 日抵达杭州，在北山街原 82 号赁屋侨居

（今此屋已拆除）。

8月15日，游烟霞洞，题名石上。再游石屋洞，见壬子岁题名尚在。

8月31日，迁居法院路（今庆春路孝女路口）。因庭院中有梧桐两株，曾一度名其斋曰"双梧桐馆"。

10月21日，约孙虞才（智敏）、高鱼占（丰）、高欣木（时显）、高络园（时敷）、武劼斋（曾保）、叶品三（为铭）、范耀雯、程仰坡（学銮）、凌砺深（士钧）、徐心庵（瑞徽）等人，在孙寓组织"东皋雅集"。雅集为谈艺论文、切磋书画艺术的民间学术团体。后来发展到三四十人，如马夷初（叙伦）、陈伯衡（锡钧）、都小蕃（俞）、徐曙岑（行恭）、阮性山、徐沧一（行）等。雅集每月一二会，多集于杭州城东之皋园（俗称金衙庄），故定名为"东皋雅集"。历时十年而不衰，直至日寇侵华、社友云散才被迫停止活动。

11月，为黄晦闻（节）作《沙河重九登高图》。画《西溪泛舟图》。是年更号寒柯。三子遂生，字叔愿。

1929年（民国十八年） 47岁

黄节约赴广州任广东省通志馆总纂。广东省教育厅许厅长发来聘函。后因黄节离粤，又因财政收缩，先生未赴任。

梁启超在北京协和医院去世，悲痛万分。

继续作《书画书录解题》条目，编辑《画法要录》二编。

5月，撰《衢州新志序》一篇。

8月，西湖博览会聘先生为艺术馆委员，辞未受。

为高野侯绘《梅王阁图》。

作《秋晚》一幅，此图后曾送往莫斯科、柏林、纽约、东京展览，并有影本流传。

9月，叶恭绰约先生加入中国现代绘画展览会。

作《西溪秋伐图》横幅，作《竹石长卷》，长二丈四尺。

应马叙伦之嘱，与高鱼占合作《溪楼延月图》。

1930年（民国十九年） 48岁

继续作《书画书录解题》，编写《画法要录》二篇。

叶恭绰、黄宾虹、马公愚、郑曼青等人敦请先生担任上海文艺学院
教席，未即允诺。

2月，为陈叔通题《百梅书屋图》，并书陈《百梅书屋记》一文于
该图上。

撰并书《陈孝侯墓志铭》。

1931年（民国二十年） 49岁

凡先生1937年以前所作之诗俱不存稿，是年存诗一首。

8月，为丁辅之作《兰亭图》。赠书画作品100余件（书87件、画20件）
给上海筹募各省水灾急赈会，以所得款全数助赈。

12月，撰并书《郑渭川墓志铭》，凡一千三百余字。

鲁涤平过访，询问治浙方略。12月31日，迁入菩提寺路萱寿里自
建新居。

1932年（民国二十一年） 50岁

《书画书录解题》12卷、6册印成出版。题《延景楼》额，楼在金衢庄。
书《郑文礼墓志》。

春仲返衢省亲，拨款修家祠乐寿堂，夏初回杭。

8月，书《厉樊榭先生祠堂记》，马叙伦撰文，王福庵篆额。以自
临大痴《富春山居图》赠凌士钧。

9月，拟订家谱凡例。9月27日，友人陈哲侯驰书责问先生何以不
出山，并谓罗钧任（文干）再三再四相招，俱不应，实在不近人情。

10月，游天童寺、阿育王寺、普陀山等名胜。为陈洵绘《海绡楼
填词图》。

11月，为湖北人余毅题《赵松雪夫妇书画合壁》。

12月，赴衢省亲，翌年元月返杭。

1933年（民国二十二年） 51岁

编辑《龙游高阶余氏家谱》。

元月，与东皋雅集社友合作长卷，并题卷后。

为高鱼占画《淮园寿苏第二图》并作记一篇（《淮园寿苏第一图》

1930 年陈陶遗绘，马叙伦撰记）。

2 月，赴龙游、衢州省亲。龙游吕赋真以镜波公原藏"河图""洛书"两砚归还，为此先生设宴以表答谢。始以"归砚楼"名其斋，并撰《归砚楼记》。

3 月，应杭州市政府之聘，任杭州市名胜古迹古物保存会委员。

为王遽达题宋代宫廷画《无款夜景》绢本立轴。为邵裴子作《弢庵图》。

6 月，杭州市政府重修保俶塔，先生写《金刚经》《心经》各一卷，交程仰坡置诸塔顶。

7 月，书《重修绍兴大禹陵碑》（章太炎撰文，高丰篆额）。

秋，为顾梅羹题《梅道人写竹卷》，为陈众孚题《陈亦禧书卷》，为高鱼占画丈六巨幅松、竹各一幅。

10 月，为郭芸夫画山水 12 页。

11 月，书《蹇季常先生墓表》（林志钧撰文）。

为北平图书馆所编《梁氏饮冰室藏书目录》作序，并题扉页。

1934 年（民国二十三年）　52 岁

作山水长卷，画四季景物，全卷长达四丈，因母亲在旁观其成，历时一月余，甚得天伦之乐，因命名为《归砚楼娱亲图卷》。

3 月，重修《龙游高阶余氏家谱》书成。7 月，在龙游举行谱成告庙典礼。

6 月，出任《东南日报》特种副刊《金石书画》主编。

为余铁山题《沈狮峰山水卷》。

8 月，书《重修杭州西湖岳忠武王庙碑》，王孚川（廷扬）撰文。

为黄节题《李西涯慈恩寺》稿。

9 月 23 日至 11 月 11 日，游济南、天津、北平、南京等地。在京时，为荣宝斋画木刻水印信笺十余页，为卓君庸题《宋仲温书法两种》，为王立生题《张二水画幅》。

12 月，写对联四十余副，以所得润金，全数充作龙游县赈灾之用。

1935 年（民国二十四年） 53 岁

2 月，与于右任在杭州聚丰园相见，一见如故。

3 月初，赴广州，一为祭扫在粤祖茔，二为黄节后事及旅游。在粤时寓黄子静家，子静富收藏，遂得观历代名迹。为黄子静题《王石谷六段横幅》、题《吴墨井长卷》，为何冠五题《黄鹤山樵梧轩图》，又为人题《清湘画册》。又为黄子静作《小画舫斋图》。

绘《罗浮纪游》小册页，凡 14 页。又作画赠黄子静等人。

3 月为董康绘《箱根胜揽图》。为谭瑑青绘《聊园填词图》。

4 月底，由粤赴沪，参观故宫运英物品展览会。

为香翰屏题所藏《宋高宗扇册》。为汤定之作墨竹四屏。

5 月游金华北山，复返衢州、龙游省亲。

7 月，为邢震南题《吴小仙山水》，为阮性山题《八大山人画梅》。

10 月，与张暄初（载阳）、袁巽初（思永）、钱士青（文选）等同游天台、方岩等地，归后作《天台双阙图》，并题长跋赠暄初。

1936 年（民国二十五年） 54 岁

春，与王邈达等人游虞山、善卷洞、庚桑洞、无锡等名胜。

9 月，为胡芷香题《应真像卷》。

10 月，撰文并书《郑雪江纪念碑》。

为程仰坡题《西湖保俶塔残经》卷子。为黄子静题《赵松雪书道德经墨迹》《华新罗花鸟卷》。

浙江各府均刻有丛书，而衢州府未刻过丛书。先生因嘱江山毛春翔先将四库著录及存目各书书名录出，以便求访，为衢州刻丛书做好准备工作。旋因战事起，人力物力均缺乏，此举未能兑现。

是年，撰写《续四库全书提要》中的子部艺术类提要（另一位撰稿人为班书阁）。

《汪慎生花鸟册》出版，为题数语代序言。书《孙伯兰墓志铭》并篆盖（陆劼甫撰文）。

12 月，为郭芸夫作松、竹、梅小册 12 页。

1937 年（民国二十六年） 55 岁

3 月，赴南京参加制宪国民大会。为《越风》杂志社《西湖》增刊，画封面《永明妙旨》青绿山水。

4 月，在国立中央大学讲演《国画之气韵问题》。27 日，记录稿刊登在《东南日报》学苑栏上。

5 月，为于安澜所辑《画论丛刊》作序。

7 月 7 日，卢沟桥事变爆发。《金石书画》被迫停刊。中央大学迁校于重庆沙坪坝，校长罗家伦聘先生为该校教授，以母老辞，并以诗代柬。

8 月中旬，为避日寇，携眷离开杭州，先到衢州，复到龙游，开始了为时八年的山居生活。

10 月，应阮毅成之请，撰《故浙江省政府委员兼司法厅长阮君墓志》。阮君讳性存，字荀伯，为毅成之父。

11 月，在《战时特刊》上发表《记荷蕖抗日之阮荀伯》一文。向龙游县抗敌后援会赠送书画作品多件，以所得款项支援抗日前线。

冬，避居董村七天，复迁居沐尘乡，在此居住多年。

暮冬，老友徐心庵病故柯山，有《哭徐心庵》诗四首。

1938 年（民国二十七年） 56 岁

隐迹湖山，游历永康方岩、缙云仙都、丽水、武义等地，留下不少歌颂祖国大好河山、痛恨日寇入侵的诗篇。

10 月，游龙丘山，归后作《龙丘山感赋》一首，并绘巨幅《龙丘山图》，为平生得意的写实作品。

1939 年（民国二十八年） 57 岁

4 月，被选为浙江省第一届临时参议会参议员，后来被推选为副议长。居永康高园村舍。

5 月，为林志钧作二尺墨竹四屏。

8 月，为陈屺怀作松、竹、梅、兰册 12 页。

9 月，与张忍甫、金润泉等人作黄山三日游。

11 月 6 日，浙江省第一届临时参议会举行第二次大会，先生提出拟请省政府设委员会，征集通志、县志材料，以重文献案。

12 月，方岩寿山公园建立"浙江省抗战阵亡将士纪念碑"，黄绍竑、陈屺怀撰文，先生书丹。

是年存诗四十余首。

1940 年（民国二十九年） 58 岁

春，应龙游县县长周俊甫之请书"宝珠"二大字，并有记。

由于隐居山乡，更多地接触下层民众，看到日寇入侵给人民带来极大的痛苦，于是有《庚辰谣》之作，深刻地反映了人民的疾苦。是年存诗二十余首。

为吴湖帆画《绿满池塘草图》。

7 月，撰并书《第十集团军抗日阵亡将士纪念碑》。原石在衢州，今已毁。

11 月，浙江省第一届临时参议会第四次大会开幕。先生代表全体参议员致辞，并提出粮食管理方法等四个提案。

12 月，撰并书《胡夫人周氏墓表》，石在龙游。

1941 年（民国三十年） 59 岁

元月，书上年所撰《黄山西海排云亭记》。自作《沐尘岁寒三友图》并题诗其上。为劳挺生画《镇溪楼图》。为贺培心临万年少《秋江别思图》，尽录原题跋并附记此卷源流于所临图上。为袁巽初画《鼎湖峰图》。

2 月，为陈叔通绘《听园校书图》。

夏，日寇入侵诸暨，金华震动，省政府临时撤至松阳。先生与阮毅成一起举行战地赈济会。

9 月，应阮毅成嘱作新群中学校歌，旋由女教师尤氏谱曲。赴该校讲演，题为《求学之目的与乐趣》。

书《陈炽昌墓表》。

11 月，赴龙游战时中学校讲演，书"估量肚皮吃饭，抖擞精神读书"大对联，悬于饭厅。以劫余藏书八千卷赠给龙游县立图书馆，并作诗一首示馆长祝鸿逵。

1942 年（民国三十一年） 60 岁

日寇入侵浙东，先生自沐尘暂迁遂昌石练，居住近 40 天。又迁至龙泉住溪，居住了三个月。7 月，日寇退出衢属。8 月，旅居云和，复返回沐尘。

阮毅成、许绍棣议定成立浙江征集史料委员会，任先生为主任委员，并请先生推荐委员名单。

3 月，应黄绍竑之请，为李宗仁、李济深、黄旭初三人各画六尺墨竹一幅。

被选为浙江省第二届临时参议会副议长。

为贺培心临归玄恭《墨竹及越游诗》卷，并录原跋。

1943 年（民国三十二年） 61 岁

因遁迹云和寄居北乡河坑，有五言杂兴 24 首之作。

秋，被浙江省赈济会推举赴温州旧属各县视察赈务，遂有永嘉、雁荡、瑞安之游。游仙岩寺，观梅雨瀑，作诗一首书后刻于翠微山麓。

8 月 1 日，浙江省通志馆在云和大坪村成立。先生出任馆长（孙延钊任总纂）。

《寒柯堂宋诗集联》五卷付印，书前有壬午自序，后有余重耀、祝子孚两跋。

12 月，发表《略评旧浙江通志兼述重修意见》一文。

12 月 15 日，浙江省第二届临时参议会在云和孔庙大成殿举行开幕典礼，先生以副议长代理议长职务致辞，向大会提及三点：（1）促进宪制；（2）纾缓民力；（3）扶植正气。

1944 年（民国三十三年） 62 岁

2 月，以清乾隆旧纸书自作《游龙丘山感赋》长诗一首赠阮毅成。归里省亲，兼巡视旧衢属各县赈灾情况。

3 月，与吕公望、罗霞天、马寅初等人发起征集"阮公荀伯法学奖学金"。

5 月，在《东南日报》上开辟《文献汇刊》专栏，撰发刊辞并题刊头。

该专栏刊登浙江省通志馆有关文献资料，每月 1 日、16 日各出一期。

7 月，丽水沦陷，先生自云和避难至景宁。秋冬之际寇退，复自景宁移归云和南溪乡大坪村白龙山庄。

12 月 18 日，浙江省第二届临时参议会在云和孔庙大成殿举行第三次大会休会典礼，先生以副会长的身份致辞。

1945 年（民国三十四年） 63 岁

正月初，阮毅成邀先生饮酒，因雪阻未能赴约，填词一首赠阮毅成，调寄《烛影摇红·新年大雪》。先生平日不填词，是篇见载于阮毅成《记余绍宋先生》一文。

2 月 15 日，《浙江省通志馆馆刊》创刊，先生撰发刊词并题写封面，此刊共出五期。

撰《蒋宰棠先生纪念特辑》小序。

3 月，《读书与修养》一文发表在《胜流》第一卷第五期上。第二届美术节在南平举行美展，先生有松、竹、梅三巨幅参展。

6 月，《啸之初步研究》一文发表在《胜流》第一卷第十二期上。

8 月，日本宣布无条件投降，先生欣喜万分。

9 月，离开云和大坪，居衢州静岩。

10 月，返回杭州居萱寿里。浙江省通志馆迁至杭州北山街"梅庐"办公。

11 月，抗战胜利后首届行政会议在杭举行，先生以副议长身份致辞，提出三点期望：（1）积极扩展救济工作；（2）调整各项税捐；（3）确保地方治安。并勖勉各专员、县长要以父母之心对待民众，"公仆"也须有父母官的态度。同时也强调了保存文献及修浙江通志的重要性。

旧历岁暮，作《烟江叠嶂图卷》，笔墨淋漓，一气呵成，是晚年精心之作。

1946 年（民国三十五年） 64 岁

3 月，《义乌兵事纪略序》一文及《云和大坪闻日本投降口占用杜老闻官军收河南河北韵》诗六首，发表在《浙江省通志馆馆刊》第二卷第一期上。

4月，省政府主席黄绍竑调离浙江，绘《西泠送别图》相赠，画卷引首邵裴子题字。

撰《浙江文征例议》，发表在9月份的《胜流》杂志上。

9月，浙江省参议会开会，先生被选为参议员。

11月，《东南日报》刊登先生所作松、梅各一幅。赴南京参加国民代表大会。

1947年（民国三十六年） 65岁

4月，在浙江省参议会第七次会议上，作浙江省通志馆工作报告。

5月，撰并书《新建温岭地方法院碑记》。

9月，撰并书《重修魁星阁碑记》，石在江苏省川沙县。国画展览开幕，先生所作松、兰、竹参加展出。

11月，以社会贤达身份被选为国大代表。

冬以社会贤达身份，参加行宪后第一届中央民意代表选举。

《寒柯堂诗》四卷付梓成书。高鱼占题扉页，陈叱怀、陈叔通、蒋麟振等诗友序跋或贺函。

1948年（民国三十七年） 66岁

3月，赴南京参加第一届国民大会第一次会议。

6月，《重修浙江通志体例纲要及目录》初稿付印，先生为题端。同时印就的有《田赋》。

10月，《东南日报》刊登了《革命元老访问记》，被采访者除先生外，还有吕公望、黄元秀等人。为《东南日报》专栏《每周画刊》题字。

1949年（民国三十八年） 67岁

元月1日，在杭州礼堂举行美展。先生讲"美展与国防"。

元月，浙江人民促进和平委员会成立，被公推为主任委员。竺可桢、吕公望、金润泉等人任常务委员。

为陈叔通作七尺山水大中堂。为杭州市女青年会发奖作红梅一幅，题为"群芳领袖"。

3月，向新组阁的何应钦面陈二事：（1）金圆券信用破产，新内阁为稳定国内经济，应采取新型措施；（2）士兵待遇太差，亟应尽量提高，副食费亦应由中央统筹，不应加重人民负担。

3月8日，浙江省通志馆停办。

4月，浙江省临时救济委员会成立，吕公望为主任委员，先生及竺可桢等人为常务委员。

6月初，住进浙江病院输血（起初因拔牙出血不止，后谓患胃出血），虽经中西医会诊仍无法治愈，后诊断为败血症。6月下旬，长子翼自衢州来杭省亲。6月30日下午，在杭州萱寿里寓所病逝。

老友林志钧有《哭越园》诗一首，并为撰写《龙游余君墓志铭》。

身后年表

越园先生去世后，浮厝杭州净慈寺，1952年迁葬杭州龙驹坞公墓。1966年，墓碑被红卫兵砸碎。1969年底，龙驹坞公墓改建为药物种植场，不及迁葬，遗骸已被深埋处理。

1950年3月，余翼等兄弟三人将先生所遗寒柯堂藏书一万六千余册、古书画碑帖及自作书画等数百件，悉数无偿捐献给浙江省人民政府。9月，省人民政府主席谭震林签署了褒奖状，予以表扬。

1951年8月，龙游县法庭无端将已故两年之久的余先生定为官僚反革命分子，龙游、衢州、杭州房产被没收，自留文物及房屋中的所有物品、用具也全部被没收。

1956年3月，母亲褚太夫人去世，享年95岁。8月，当时浙江省省长沙文汉指示有关部门重新审查"余绍宋反革命案"，未果。

1958年，陈叔通出资影印余越园、黄宾虹、宣古愚、汤定之诸人书画册，选印先生书画作品二十余幅，惜印数太少，今已很难见到。

1966年秋，破"四旧"风起，先生流传于民间的大量作品被毁。

1971年11月，阮毅成撰写了《记余绍宋先生》一文，连载于《传记文学》第十八卷第二期至第十九卷第四期上，后来收入阮先生所著的《彼岸》一书中（1972年2月台湾传记文学社出版）。

1972年4月，台湾"商务印书馆"再版了先生遗著《寒柯堂诗》。书后附印了《寒柯堂集外诗词》和《寒柯堂文录》。阮毅成撰写了《寒柯堂诗作者余越园先生身世考》《寒柯堂诗跋》二文。马寿华作序，叶公超为封面题字。

1974 年，台湾《传记文学》第二十五卷第三期载梁和钧先生在美国撰写的《余庐谈往》一文，副标题为《余（越园）、林（宰平）交谊特述》。

1979 年，上海辞书出版社出版的《辞海》"书画书录解题"条目下，介绍作者时误作 1882 年生。

1979 年，《书法》杂志影印了先生所作章草一页。

1980 年，上海人民美术出版社出版的《中国美术家人名辞典》"余绍宋"条目下，误作 1882 年生于广州。

1980 年，台湾"中华书局"影印出版《书画书录解题》。

1982 年 12 月，香港《大成》杂志第 109 期发表了阮毅成撰写的《记余绍宋、溥心畬二先生——回忆两幅有纪念性的名画》一文。

1982 年，《中国地方史志》第三期刊登了魏桥撰写的《方志学家余绍宋》一文。

1982 年，浙江图书馆光电刻印了先生主修的《重修浙江通志初稿》，共 125 册。

1982 年，浙江人民出版社影印出版了《书画书录解题》，版权页不列著者姓名。

1983 年，香港《大成》杂志第 121 期载阮毅成撰《余绍宋先生晚年手札——纪念余绍宋先生百年诞辰》及《余绍宋先生身世考》二文，先生遗著《金石书画》发刊词及《编辑余谈》也同时刊出。

1983 年，《浙江学刊》第三期载余子安撰《余绍宋与方志学》一文。

1983 年 9 月，台湾"中华书局"影印出版了《书画要录》初编、二编。是年，台湾成文出版社影印出版了先生所撰《龙游县志》，并收入"中国地方志丛书"。遗憾的是所收入的《龙游县志》系初稿，仅 4 卷，而完整的 42 卷本却没有收入。

1984 年，浙江人民出版社出版洪焕椿编著的《浙江方志考》一书，以较大篇幅评介了先生所撰的《龙游县志》及主编的《重修浙江通志初稿》。

1984 年，浙江省社会科学研究所（现已改名为浙江省社会科学院）

主编的《浙江人物简介》一书中介绍了余绍宋。

1984 年，浙江师范学院历史系光电刻印了民国《龙游县志》。

1984 年 9 月，经邓小平同志办公室批示，有关部门复查，对余绍宋的冤错案予以平反，并落实政策。但许多具体问题，至今拖延未能解决。

1985 年，由刘衍文、唐家仁等人倡议，在中共龙游县委、县人民政府等领导的高度重视和大力支持下，酝酿成立"余绍宋研究学会"，印发了《余绍宋研究通讯》第一期，至今已出了七期。

1986 年 2 月，浙江省博物馆在杭州文澜阁举办了"余绍宋作品藏品展览"，展出先生书画作品四十余件、藏品二十余件。崔健、刘德昆、崔云溪、戴盟等省委领导参观了展览会，省文化厅副厅长毛昭晰在开幕式上讲话，龙游县委特派代表来杭祝贺。

1986 年 4 月，杭州古旧书店影印出版了《浙江省通志馆馆刊》。

1986 年 11 月，在龙游县举行了"龙游余绍宋研究学会"成立大会。大会收到了北京、上海、杭州等地的学术团体、专家学者发来的贺电、贺信及题词等六十多件。经修复的余绍宋故居被辟为先生生平事迹及作品陈列室。启功先生为陈列室题匾"樾园余荫"。会议期间，举办了一次小型余绍宋书画作品展览。前来参加"龙游华岗研究学会"成立大会的林默涵、罗竹风、吴富恒等先生也参观了展览会。与此同时，龙游余绍宋研究学会印发了《寒柯堂诗》影印本。

1987 年，《朵云》第 12 期发表黄萍荪《余绍宋其人其事》一文。

1987 年，香港《大成》杂志第 163 期刊载黄萍荪撰写的《余绍宋·空谷兰馨》一文。

1988 年 8 月，魏桥等人合著的《浙江方志源流》一书由浙江人民出版社出版，该书第八章以较大篇幅评介了先生在方志领域的成就。

1988 年，《古今谈》杂志载劳乃强撰写的《余绍宋的避寇和避难诗》一文。

1989 年 5 月，由中国美协、浙江省美协、龙游县文化局联合举办，龙游县政府出资的"余绍宋书画遗作展"在北京中国美术馆举办。龙游县委书记叶继革、宣传部长楼阳生、文化局长张希龙等领导亲赴北京，为书画展做准备工作，县长钱铭为展览请柬题字。参加布展准备工作的还有唐家仁、余子安等人。北京学术界、美术界的知名人士启功、周谷城、董寿平、沈鹏、郁风、谢冰岩、刘正成等先生参观了展览会。方毅、林默涵等领导也参观了展览会。北京美术馆馆长、著名美术雕塑家刘开渠抱病参观了展览会。展览历时六天，在京的龙游乡贤及首都万余名观众参观了展览。

1989 年 5 月 16 日，正值"余绍宋书画遗作展"在京展出时，长子余翼在杭患脑溢血，医治无效不幸逝世，享年 79 岁。

1989 年 10 月，应衢州市博物馆要求，在北京展出的余绍宋书画作品运往衢州，在孔庙展出。

由龙游县政协文史资料委员会编辑、北京团结出版社出版的《余绍宋》一书出版发行。

1990 年 3 月，合并缩印的《画法要录》初编、二编，由北京中国书店出版发行。惜缩印太小，极不实用。

1990 年 9 月，由浙江省政协文史资料委员会编辑、浙江人民出版社出版的《浙江近代学术名人》一书出版发行，书中选入朱馥生所撰《近世学者余绍宋先生》一文。

1993 年《朵云》第一期（总第 36 期）发表郑志《兼治方志与书画艺术的余绍宋》一文，同期载杨汛桥所编的《余绍宋年谱》一篇。杨汛桥所编年谱因所取材料中若干文章有不少失实或时间错误，故影响年谱质量。

1993 年，旧历十月初六为先生诞辰 110 周年纪念日。浙江省博物馆于同年 12 月 22 日举办了"余绍宋先生书画遗作展"以资纪念。同时在该馆举行了"纪念余绍宋先生诞辰 110 周年座谈会"，在杭学术界及书画界五十余人参加了座谈会。展览会期间，美国汉学家艾思仁适来杭访问。艾思仁精通汉语言文学，并且对先生的《书画书录解题》非常钦佩。艾思仁在杭期间，在余子安、谷辉之、余昊的陪同下，参观了余绍宋遗作展和浙江省博物馆。画展持续至 1994 年元月底。

1994 年，《古今谈》第三、四期合刊，载劳乃强撰写的《余绍宋和阮毅成的交谊》一文。

1995 年 5 月 25 日，《人民日报》海外版载裘樟松撰写的《学问渊博，才艺兼长——余绍宋先生书画展观后》一文。

1996 年 1 月，《古今谈》载劳乃强撰写的《余绍宋和邻竹斋》一文。

5 月,《北京政协》第五期载劳乃强撰写的《宣南画社传雅韵》一文。

1999 年,余绍宋先生逝世 50 周年。5 月,《中国书法》第五期载《余绍宋专题》,选刊了先生各个时期的书法 17 幅;刘江教授撰《风物澄明新雨后——余绍宋其人其书》,唐家仁先生撰《不废江河万古流——纪念余绍宋先生辞世五十周年》,两文同期刊出。

1999 年 6 月,拙编《余绍宋书画集》由香港翰墨轩出版有限公司出版。但该出版公司未经编者过目,擅自改变编者意图,任意缩放版面,而且加入该社自藏的余氏作品 6 幅,其中 2 幅为赝品,另 2 幅为应酬品,影响该书的质量。

1999 年 8 月,标点横排简化字本《龙游县志》(共 4 册)由语丝出版社出版。

2001 年初,浙江省社会科学院组织编撰"浙江文化名人传记丛书"。余绍宋以方志学家、书画理论家入选。

2003 年 2 月,福建海峡文艺出版社出版了余昊所著《学者书画家余绍宋》,3 万多字,80 余幅图片。余绍宋虽然并非海派画家,但也列入"从海派到现代大师丛书"系列。余昊是余绍宋曾孙女,系浙江省博物馆馆员。

2003 年 12 月,北京图书馆出版社出版了《余绍宋日记》,仅存 1917—1942 年的日记,每部精装本 10 册,同时还出版了拙编《余绍宋书画论丛》一书。

2006 年 4 月,浙江文化名人传记丛书之一《亭亭寒柯·余绍宋传》一书,作者余子安,由浙江人民出版社出版。

2007 年 12 月由杭州恒庐美术馆策划,浙江省博物馆、中国美术学院、浙江省美术家协会及龙游县文化广电出版局共同举办了"余绍宋书画展",并由横庐美术馆主人席挺军先生出资,由中国美术学院出版社出版了《余绍宋书画集》。

2008 年 3 月,《余绍宋:画学及书画实践研究》一书,作者毛建波,由中国美术学院出版社出版。

2008 年,《余绍宋论方志》一书,鄢卫建编,黄山出版社出版。

2009 年 6 月,正值余绍宋先生逝世 60 周年之际,由浙江省博物馆编辑中国文化艺术出版社出版了《中国美术名家精品集·近现代篇·余绍宋卷》。同时举办了"中国美术名家系列作品特展·近现代篇·亭亭寒柯——余绍宋作品展"，以此纪念。

2011 年 8 月，《余绍宋章草书谱》由西泠印社出版社出版。

2012 年 10 月，龙游文库系列之一，标点横排简化字本《余绍宋日记》（共 5 册），由中华书局出版。

2012 年 12 月，《中国艺术文献丛书·书画书录解题（上中下）》标点本由浙江人民美术出版社出版。

2014 年 9 月，余绍宋先生于 1934 年至 1937 年主编的《东南日报》特种副刊《金石书画》共 87 期影印本，由浙江人民美术出版社出版。

2015 年 8 月，《中国艺术文献丛刊·余绍宋集》由浙江人民美术出版社出版。

2016 年 1 月，衢州文库·名人集成《亭亭寒柯·余绍宋》由商务印书馆出版。

2016 年 5 月，《中国艺术文献丛刊·画法要录》（全二册）由浙江人民美术出版社出版。

后 记

先祖父余绍宋先生一生勤奋好学，爱好广泛，凡所涉猎之学科，无不锲而不舍，认真研究。天道酬勤，他一生不懈努力，终于在方志学、书画理论、书画艺术、法学、目录学等方面取得了较大的成就，尤其在方志学和书画理论方面的成就更被学术界推崇。遗憾的是他死不逢时，身后蒙冤三十余年，以致史料大量散失或被毁。尤其是"文化大革命"、破"四旧"时，大量尚存于民间的书画作品、家谱、友朋信札等史料都付之一炬。如今余绍宋已去世七十多年，与其同辈的知情朋友已无一人在世，即使弟子、子侄辈尚在人间者也寥若晨星，硕果仅存者若刘衍文等也都年登耄耋。

余绍宋生前未曾写过自传，也未闻有过自订年谱之举。至今七十多年中，仅有他去世时由老友林志钧所撰《龙游余君墓志铭》一篇，此后有阮毅成所撰《记余绍宋先生》一文（约3万字），另有台湾《传记文学》杂志曾载余绍宋小传一篇（千余字）。数十年来未有人为余绍宋写过传记，所以要写一本《余绍宋传》，其困难可想而知。对我来说虽然义不容辞，但因水平有限，完成此书困难更多。多年来，我留心旧报纸、旧杂志，零星资料也搜集了不少，但要写一部完整的传记确非易事。余绍宋一生非常勤奋，仅日记一项就足以说明。他17岁开始写日记，直到卧病去世前，五十几年从未中断，可惜大半被毁，今仅存1917年元月至1942年3月共24年零3个月的日记，其间一天也不缺。但日记所记以学问、书画、交友等为主，很少记时事和生活中之事。此外可供参考者就是他的遗著和书画遗作等。

早在三十多年前，先君、先伯父尚在人世，经他们回忆，我曾为余绍宋编订年谱一篇，几经增补，已4万余字，对他的一生有了一个较为系统的记录。因年谱前半部分与正文多有重复，故尽量删简，以大事年表形式，附在正文之后。

我虽已退休多年，但常因公出差，断断续续写来，如今总算可以脱稿。但自己展阅，总觉得有多处不尽如人意。水平所限，亦无可如何！权当抛砖引玉，保留史料而已。在本书的写作过程中，得到多方朋友的帮助。如关于《龙游县志》《衢县志》和重修《浙江通志》三个小节由衢州日报社的鄢卫建先生执笔。鄢先生曾参与新修《龙游县志》和《衢州市志》编纂工作，对方志学十分熟悉，目前正在搜集余绍宋论方志学方面的论文、为方志所作序跋、读书心得等文章，已编辑成《余绍宋论方志》一书。

余绍宋在各时期所作书画代表作部分，则由小女余昊代为搜集资料，并且有一部分由余昊执笔。余昊在浙江省博物馆书画部工作，对近现代书画比较熟悉。

此外，本书的打印、校对等工作得到王杭林、郑丽军女士和吴志坚先生的大力支持。在此表示我由衷的感谢！

另有一点，即余绍宋日记中1917年元月至1921年11月13日部分称《余庐日记》，该日记分甲集二卷、乙集四卷、丙集五卷；从1921年11月14日起改名为《春晖堂日记》，《春晖堂日记》不分集，只分卷。北京图书馆出版社出版时，统称为《余绍宋日记》，分为10册精装，标以页码。中华书局也于2012年出版了《余绍宋日记》点校整理本。由于以上原因，本书引文和注文中对余绍宋日记的称谓多有不统一之处。如要修改统一，不但麻烦，而且很可能出错，所以在此加以说明，望读者见谅。

2020年11月

图书在版编目(CIP)数据

余绍宋传 / 余子安著 . —杭州：浙江工商大学出版社，2020.12

（龙游文库 . 2019）

ISBN 978-7-5178-4212-5

Ⅰ . ①余… Ⅱ . ①余… Ⅲ . ①余绍宋－传记 Ⅳ . ①K825.72

中国版本图书馆 CIP 数据核字（2020）第 259526 号

余绍宋传

YUSHAOSONGZHUAN

余子安 著

责任编辑	沈明珠
封面设计	天　昊
责任印制	包建辉
出版发行	浙江工商大学出版社
	（杭州市教工路 198 号　邮政编码 310012）
	（E-mail:zjgsupress@163.com）
	（网址:http://www.zjgsupress.com）
	电话:0571-88904980,88831806(传真)
排　　版	杭州天昊文化艺术有限公司
印　　刷	浙江千叶印刷有限公司
开　　本	710mm×1000mm　1/16
印　　张	128
字　　数	1860 千
版 印 次	2020 年 12 月第 1 版　2020 年 12 月第 1 次印刷
书　　号	ISBN 978-7-5178-4212-5
定　　价	298.00 元（全九册）